21世纪高职高专院校规划教材

应用文写作

主　编　樊秀芳　佟　伟
副主编　郑　瑛　李雪莲　张玲玲　高玉清　陈淑俊
参　编　杨　杰　葛爱洁　邱明会　铁大娟　徐朝晖

机械工业出版社

本教材共十一章，内容包括绪论、日常应用文、礼仪应用文、专用书信应用文、事务应用文、行政公文类应用文、书信日记、启事应用文、经济应用文、宣传应用文、法律应用文。每种应用文都从概念、特点、种类、结构、写法、写作要求等方面进行阐述，每个文种都选录了典范例文，节后还设有“思考与练习”。

本教材适合技工院校的师生使用，也适用于职业技术学校和职业高中的师生使用。

图书在版编目（CIP）数据

应用文写作/樊秀芳，佟伟主编. —北京：机械工业出版社，2012.8（2021.8重印）

全国技工院校“十二五”系列规划教材

ISBN 978-7-111-38943-9

Ⅰ.①应… Ⅱ.①樊…②佟… Ⅲ.①汉语-应用文-写作-技工学校-教材 Ⅳ.①H152.3

中国版本图书馆CIP数据核字（2012）第172235号

机械工业出版社（北京市百万庄大街22号 邮政编码100037）

策划编辑：郎 峰 马 晋 责任编辑：郎 峰 马 晋 王 慧

版式设计：霍永明 责任校对：赵 蕊

封面设计：张 静 责任印制：郜 敏

北京富资园科技发展有限公司印刷

2021年8月第1版第2次印刷

184mm×260mm · 16.25印张 · 402千字

3001—3200册

标准书号：ISBN 978-7-111-38943-9

定价：49.80元

电话服务 网络服务

客服电话：010-88361066 机 工 官 网：www.cmpbook.com

010-88379833 机 工 官 博：weibo.com/cmp1952

010-68326294 金 书 网：www.golden-book.com

机工教育服务网：www.cmpedu.com

全国技工院校“十二五”系列规划教材
编审委员会

序

“十二五”期间，加速转变生产方式，调整产业结构，将是我国国民经济和社会发展的重中之重。而要完成这种转变和调整，就必须有一大批高素质的技能型人才作为后盾。根据《国家中长期人才发展规划纲要（2010—2020年）》的要求，至2020年，我国高技能人才占技能劳动者的比例将由2008年的24.4%上升到28%（目前一些经济发达国家的这个比例已达到40%）。可以预见，作为高技能人才培养重要组成部分的高级技工教育，在未来的10年将会迎来一个高速发展的黄金期。近几年来，各职业院校都在积极开展高级工培养的试点工作，并取得了较好的效果。但由于起步较晚，课程体系、教学模式都还有待完善与提高，教材建设也相对滞后，至今还没有一套适合高级技工教育快速发展需要的成体系、高质量的教材。即使一些专业（工种）有高级工教材也不是很完善，或是内容陈旧、实用性不强，或是形式单一、无法突出高技能人才培养的特色，更没有形成合理的体系。因此，开发一套体系完整、特色鲜明、适合理论实践一体化教学、反映企业最新技术与工艺的高级工教材，就成为高级技工教育亟待解决的课题。

鉴于高级技工教材短缺的现状，机械工业出版社与中国机械工业教育协会从2010年10月开始，组织相关人员，采用走访、问卷调查、座谈等方式，对全国有代表性的机电行业企业、部分省市的职业院校进行了历时6个月的深入调研。对目前企业对高级工的知识、技能要求，各学校高级工教育教学现状、教学和课程改革情况以及对教材的需求等有了比较清晰的认识。在此基础上，他们紧紧依托行业优势，以为企业输送满足其岗位需求的合格人才为最终目标，组织了行业和技能教育方面的专家精心规划了教材书目，对编写内容、编写模式等进行了深入探讨，形成了本系列教材的基本编写框架。为保证教材的编写质量、编写队伍的专业性和权威性，2011年5月，他们面向全国技工院校公开征稿，共收到来自全国22个省（直辖市）的110多所学校的600多份申报材料。在组织专家对作者及教材编写大纲进行了严格的评审后，决定首批启动编写机械加工制造类专业、电工电子类专业、汽车检测与维修专业、计算机技术相关专业教材以及部分公共基础课教材等，共计80余种。

本系列教材的编写指导思想明确，坚持以达到国家职业技能鉴定标准和就业能力为目标，以各专业的工作内容为主线，以工作任务为引领，由浅入深，循序渐进，精简理论，突出核心技能与实操能力，使理论与实践融为一体，充分体现“教、学、做合一”的教学思想，致力于构建符合当前教学改革方向的，以培养应用型、技术型、创新型人才为目标的教材体系。

本系列教材重点突出了如下三个特色：一是“新”字当头，即体系新、模式新、内容新。体系新是把教材以学科体系为主转变为以专业技术体系为主；模式新是把教材传统章节模式转变为以工作过程的项目为主；内容新是教材充分反映了新材料、新工艺、新技术、新方法。二是注重科学性。教材从体系、模式到内容符合教学规律，符合国内外制造技术水平实际情况。在具体任务和实例的选取上，突出先进性、实用性和典型性，便于组织教学，以提高学生的学习效率。三是体现普适性。由于当前高级工生源既有中职毕业生，又有高中生，各自学制也不同，还要考虑到在职人群，教材内容安排上尽量照顾到了不同的求学者，适用面比较广泛。

此外，本系列教材还配备了电子教学课件，以及相应的习题集，实验、实习教程，现场操作视频等，初步实现教材的立体化。

我相信，本系列教材的出版，对深化职业技术教育改革，提高高级工培养的质量，都会起到积极的作用。在此，我谨向各位作者和所在单位及为这套教材出力的学者表示衷心的感谢。

原机械工业部教育司副司长

中国机械工业教育协会高级顾问

郝广发

前言

本书注重实用，讲求实效，选材广泛，内容丰富，基础理论简明扼要，知识点清楚明确，着重介绍了各类应用文的写作方法和技巧。全书共十一章，内容包括绪论、日常应用文、礼仪应用文、专用书信应用文、事务应用文、行政公文类应用文、书信日记、启事应用文、经济应用文、宣传应用文、法律应用文。每种应用文从概念、特点、种类、结构、写法、写作要求等方面进行阐述，力求做到精要、好懂。每个文种都选录了典范例文，作为读写的示例。宣传应用文和法律应用文还附有例文分析。例文的选用以思想内容好、语言规范、格式正确、能够作为学习的范例为原则，具有短小精悍、新颖突出、富有时代感的特点。知识的迁移、能力的训练是本书的一大特色。本书突出了思维和写作能力的训练，指导学生运用所学知识，结合例文，通过写作训练来提高学生的写作水平。为了方便学生及时复习巩固所学知识，每一节后都设有“思考与练习”，便于课堂教学与课下训练。

本书在编写中，借鉴、参考、援引了国内同类教材和著作中不少有益的资料，也博采了丰富的网络资源，在此对这些资料的作者一并表示深深的谢意！

由于时间和能力有限，书中疏漏之处在所难免，敬请各位专家、同仁不吝赐教，也望广大读者多提宝贵意见，以便再版时修订，使之日臻完善。

编　者

目 录

第一章　绪　论

1

学习目标

1. 理解应用文的基本概念，了解应用文的分类情况及其作用。
2. 初步了解应用文的一般特点，明确学好应用文的基本要求。

第一节　应用文写作概述

一、应用文的概念

应用文是国家机关、企事业单位、社会团体以及人民群众在日常工作、生产和生活中交流经验、处理事务、沟通信息、互通情况时使用的具有惯用格式和实用价值的文章的总称。

应用文使用的广泛，已经到了无所不在的程度，几乎涉及各个领域、各个部门、各个阶层及每个人。例如，科研单位的人员需要用学术论文；政府机关指导工作需要用公文；工商企业经营需要合同；打官司需要诉状；即使个人，生病了不能上课也需要写张请假条。相对于其他文体来说，应用文的使用频率要高得多。许多人可以一辈子不写小说、剧本、诗歌、散文，但他在工作、生活、学习中却免不了要写应用文，小到写张请假条，大到写计划、总结、论文等。正如我国著名的教育家叶圣陶先生所说的那样：大学毕业生不一定要能写小说诗歌，但一定要能写工作与学习中实用的文章，而且非写得既通顺又扎实不可。叶圣陶先生在这里所说的“工作与学习中实用的文章”，就是指我们应用写作课所学习的各种文章，一般称之为“应用文”，也有人称之为“实用文章”。

二、应用文的分类

应用文广泛应用于各种不同的社会交际领域，因其目的、性质、特点、使用范围、格式的不同，而形成众多的文种。根据实际应用，现大致划分为以下几类。

（一）日常应用文

主要包括条据、便条等。

（二）礼仪应用文

主要包括祝词、贺词、贺信、贺电、欢迎词、欢送词、开幕词、闭幕词、感谢信、慰问信、表扬信、批评信、请柬、邀请书、聘书等。

（三）专用书信应用文

主要包括介绍信、证明信、推荐信、求职信、倡议书、建议书、挑战书、应战书、决心书、保证书、申请书、辞职书、履历等。

（四）事务应用文

主要包括规程、规则、细则、办法、会议记录、简报、计划、总结、汇报提纲、述职报告、调查报告等。

（五）行政公文类应用文

主要包括命令（令）、决定、公告、通告、通知、通报、议案、报告、请示、批复、意见、函、会议纪要等。

（六）书信、日记

主要包括书信、日记等。

（七）启事应用文

主要包括启事、海报等

（八）经济应用文

主要包括合同、说明书、广告等。

（九）宣传应用文

主要包括新闻、通讯、广播稿、演讲稿、解说词等。

（十）法律应用文

主要包括民事起诉状、刑事自诉状、上诉状、经济纠纷起诉状、申诉状、答辩状等。

应用文种类很多，上述列举的仅是最常用的一部分。

三、应用文的特点

应用文作为一种独立的文章样式，虽然与其他的文体有许多共同之处，但它还有自己的显著特点。

（一）广泛性

应用文写作的内容涉及社会生活的各个领域，使用范围非常广泛，这是它区别于其他文体的显著特点。人们在日常生活、学习和工作中，互相联系，商洽事情，交流思想，表达感情，离不开事务应用文；党和政府宣传各项方针、政策，颁布重要法规，任免、奖惩有关人员，对重要事项或重大行动作出安排，召开会议等，离不开公文；社会团体、企事业单位办理公务，进行有效管理，也处处需要应用文。总之，无论办公务还是办个人私事，时时处处都需要应用文。

（二）实用性

与文学创作能带给读者审美感受不同，应用文是为解决现实生活和工作中的实际问题而写的，具有明确的实用性。如借条，就是作为一种凭证；介绍信，就是为了联系有关单位事宜；简报就是为了向上级反映情况，向下级或平级通报情况；会议纪要是记载、传达会议议定事项和主要精神，要求与会单位周知、遵守、执行。所以，应用文应从实际出发，为事造文，避免写不着边际的文章。

（三）真实性

真实是应用文的生命，实事求是是应用文写作的出发点。应用文的“真实”是客观真实，所反映的情况，使用的材料必须确凿可靠，不仅人、事、时间、地点是真实的，而且数字也必须真实可靠，准确无误。它不像文学作品那样，可以进行艺术概括，塑造典型，任意虚构和夸张，否则就不能达到解决问题的目的。

（四）时效性

应用文是为解决具体问题而作，实用性决定了应用文的时效性。这就要求必须在规定的时间内撰写、制发、贯彻执行，一旦错过处理问题、解决矛盾、有效沟通的最佳时机，会给工作带来损失，造成不良后果。

（五）规范性

应用文具有相对的固定格式。格式是在长期写作实践中形成的。这些格式有的是约定俗成的，成为惯用格式。例如，所有的借条都必须写明向谁借、借什么、借多少、什么人借、借出日期等内容；有的应用文是进一步“法定成规”的，如各类公文文体。

应用文格式的规范性体现在：制作程序和文面格式的模式化，尤其是行政公文，从拟稿到发出都有严格的规定。应用文外在结构模式化是从标题、正文到落款都有相对固定的格式与要求。写作相同文体时内在思路和内容元素的安排与结构也都有一定的规律和模式。可以说，写作应用文应该“循规蹈矩”。只有这样，应用文才便于掌握，也便于沟通、理解和执行，发挥其社会功能。

四、应用文的作用

应用文从它产生之日起，就服务于国家机构的政权统治、政务管理；服务于社会团体、行业的业务往来；也服务于百姓日常生活中的社会交往、信息传递。在当今社会中，应用文在经济、政治、科技、文化、军事乃至工农业生产的各个领域中，都发挥着很大的作用。其社会功能可以概括为以下几个方面。

（一）管理作用

无论是中央方针、政策对地方各级机关、团体、企事业单位实施逐层贯彻落实，还是基层单位落实、执行方针政策时的逐层向上反馈信息的过程，都需要有关公文发挥双向互动的管理作用。

（二）信息作用

传递信息，联络感情，沟通思想，应用文可以跨越时空，缩短国内、国际交往的距离。几乎全人类在谋求生存发展的过程中，应用文都以其方便快捷的形式，实现相互配合，发挥着不可替代的信息功能。

（三）认知作用

人类研究生存面临的各种课题，都需要从实际出发，调查研究，总结经验，分析现状，从纷繁复杂的信息材料中找出规律性的东西，计划并预测未来，推动事业的发展，开拓更为广阔的生存发展空间。应用文的操作使用过程，恰恰就是人类从感性认识到理性认识飞跃的思维过程，伴随着人类认识自然规律，实现人与自然和谐发展的全部过程。应用文起到了认知作用。

（四）文献作用

各种不同历史时期的应用文，大量地记载了该时期真实的历史事件，以及事件发生过程的具体情况，累积了人类思维的成果，保留了自然科学、人文科学、社会科学方面的精确数据，作为档案材料，供后人查询、参考、借鉴、使用。功在当代，利在千秋，这便是应用文的文献作用。

五、应用文的历史沿革

“应用文”一词，最早见于宋代张侃的《拙轩集跋陈后山再任教官谢启》一文：“骈四俪六，特应用文耳。”正式提出“应用文”这一名称的，是清代学者刘熙载，他在《艺概》中指出：“辞命体，推之即可为一切应用文字。应用文有上行，有平行，有下行。重其辞乃所以重其实也。”但应用文实际应用的历史却更为悠久，只是在历代的名称不同罢了。

早在殷周时期，刻在甲骨文上用于占卜的叫做“卜辞”，在《尚书》中收录的商周文书则称为“诰”、“誓”、“命”。后来，应用文不断发展，秦汉时代的诏制奏表，魏晋的令、书、颂、笺，被称为“文书”、“文案”等。唐宋以来的图籍表册、碑碣志铭、法律条例，都是应用文。“公文”一词，出现在东汉末年。元、明、清时期，应用文稳定发展，趋于定型化。辛亥革命以后，应用文从古体到今体发生了巨大的变革。

1921 年，中国共产党建立后即有自己的公文。1942 年规范《陕甘宁边区新公文程式》，1951 年颁布《公文处理暂行办法》，后经多次完善，于 2000 年 8 月 24 日确定《国家行政机关公文处理办法》。其他文种随社会需要应运而生，普遍应用于现代社会生活的各个领域，在不同历史时期管理社会事务及实现社会、政治、生活目标的活动中发挥着极其重要的作用。在中国特色的社会主义市场经济条件下，应用文是任何企事业单位和个人日常工作、生活中不可或缺的一个重要工具。

第二节　应用文的写作基础

一、应用文的主旨

（一）应用文主旨的概念

应用文主旨即写作者在行文中表现出来的现实意图、主张或看法。它居于文章的核心，材料的选择、结构的安排、表达方式和语言的运用都要符合主旨的需要。主旨统帅其他要素，是文章的灵魂。

（二）立旨的作用

写任何体裁的文章，都要先确立中心，古人称“立意”。一般文章的立意，是作者通过对客观现实的观察和体验，综合、概括全部材料引出的思想意义。它在很大程度上是现实生活和作者心灵碰撞的产物，带有一定的主观性。因此，不同作者对同一事物可以概括出不同的主题。大多数应用文主旨，是不能带有撰拟者个人主观色彩的，尤其是行政公文、事务类、法规类等应用文，其制发者是特定的，是代表国家或某一机关、团体表明态度，提出主张，主旨不应以个人好恶为转移。

主旨在整个写作过程中具有重要作用。它同材料、结构、语言一样，是构成应用文的要素。且主旨在其中占特殊位置，是应用文的“灵魂”、“统帅”，是衡量应用文写作成功与否的主要依据，也是决定一篇应用文价值的首要因素。

(1) 主旨统帅着材料　材料要根据主旨的需要，决定取舍，即选取最能说明、证明主旨的材料，材料要能为表现主旨服务，主旨蕴涵在材料之中。

(2) 主旨制约着结构　结构应服务于表现主旨的需要，正确地反映事物发展规律和内部联系。材料选用的详略、顺序安排的先后、思路前后的照应，都应以利于表现全文基本精神或主要意图为出发点。

(3) 主旨指挥着语言　语言是表现主旨的工具，应服从主旨的调遣。一篇应用文，采用何种语态，运用哪些词语，如何把话说得准确、严谨、得体，都应视主旨需要而定。杜牧在《答庄充书》中说：“是以意全胜者，辞愈朴而文愈高，意不胜者，辞愈华而文愈鄙，是意能遣辞，辞不能成意，大抵为文之旨如此。”在此道出了主旨同语言的关系，即“意能遣辞”，而“辞不能成意”。

总之，主旨统率着文章的各个要素，也就是说，构成文章的每一个要素都由主旨来统率。

二、应用文的材料

（一）应用文材料的概述

材料是表现主旨的一系列事实和道理，其中包括理论根据、政策法律根据以及其他人的一些看法、主张。

应用文的材料包括素材和题材。素材是指作者从社会生活中提取的，尚未经过加工提炼的原始材料；题材是指经过作者选择、提炼加工过的生活事件或生活现象。素材是第一手材料，是直接材料，它源于作者的生活体验；题材是第二手材料，是间接材料，它源于各种传播媒介，如书籍、报刊、电影、电视、网络等。

材料是写作的基础，主旨是从材料中提炼出来的。材料是文章的血肉，要想把应用文写得有血有肉，内容丰富充实，就要积累与占有大量的材料。

积累与占有材料的途径主要有三个方面。

1. 查阅文献资料

文献资料中保存了大量的信息，特别是党和政府机关的文献档案，记录了党和政府的方针、路线、政策、法规、准则和规定，对这些文献资料的收集、整理和积累，对我们研究问题、撰写文章，具有重要的借鉴意义和很高的参考价值。

2. 调查研究

调查研究是人们获得第一手材料的重要方法，应用文写作要占有充分的材料，调查研究是收集材料的好方法。不论是通用类应用文（如行政公文和公用事务应用文），还是专用类应用文，都要通过调查搜集有关材料，然后对调查得来的材料进行深入研究，搞清事实真相，摸清楚事物的规律，这样，写出来的东西才能使人信服。有些人不注重研究调查，遇事想当然，或调查不深入，偏听偏信，以偏概全，导致推断错误。因此，我们在撰写应用文时，特别是涉及国计民生、司法活动、经济管理和学术活动的应用文，一定要在深入调查研究后再动笔。

3. 学习积累

撰写应用文，需要有宽广的知识面。这就要求我们在平时要注重学习马列主义、毛泽东思想、邓小平理论和“三个代表”的重要思想，学习党和国家的方针政策、法律法规，学习业务知识，学习本单位、本部门的规章制度，多方面积累知识。通过学习积累了丰富的知识，遇到问题，才能有针对性地运用这些知识去认识和分析问题，继而解决问题。

（二）应用文材料的选取

搜集、积累的大量材料必须经过审查、选择、加工才能写入文章，这个过程称为选材。选材的基本要求有以下几点。

（1）选材要准确　例如，调查报告、简报之类，要求记叙的部分较多，选取材料就要具体一些，要有一些准确的、动人的、有说服力的、能反映事物本质的细节。

（2）选材要真实　应用文材料的真实不仅指在公务活动中实实在在发生和客观存在的事情，而且还指其发生、发展和终结全过程中的每一个细节都是千真万确，经得起实践检验的。

（3）选材要典型　典型的材料是指最具有代表性的，最能反映事物本质和规律的材料。能说明同一主题的材料很多，选择材料就要在同类材料中选出最生动、最有特点、最有说服力的。这样可“以一当十”，用较少的语言阐明较深刻的道理。

（4）选材要充分　材料的充分指记叙文要有充分的事实，议论文要有充实的论据，应用文要有充足的理由。

（5）选材要新颖　选材新颖指选取符合新的形势要求，能说明当前最迫切需要解决的问题的材料，一般是指新发生的事物、新发现的事例、新出现的理论观点等。公文最能反映新的、实际的问题，其时限性和针对性很强，撰写公文一定要注意选择最新的材料。

三、应用文的结构

（一）应用文的结构概述

应用文的结构是指对应用文的内容进行的组织安排。应用文的结构就是将观点和材料、内容和形式进行有机组合的架构，才能形成一篇完整的文章。

一篇应用文包括标题、开头、主体、结尾几大部分，但在具体安排时，要根据不同文体的特点来安排结构。关于具体的文体结构，将在后面叙述。应用文结构的总的要求是：完整、严谨，条理清楚，层次分明，段落清晰，避免松散与重复。

（二）应用文结构的安排

应用文的结构安排主要包括：总体布局、安排层次、划分段落、设计开头、安排结尾、处理过渡、安排照应等。

（1）总体布好局　一篇文章总体上有一个布局。一般来说，内容繁杂的、篇幅冗长的文章，结构要复杂些；内容简单的、篇幅短小的文章，结构要简单明了一些。

（2）安排好层次　层次安排是指安排文章内容表达的次序。层次又称意义段或结构段，层次与层次之间存在着密切的关联，合理安排层次，有利于文气畅通，从而获得很好的表达效果。

（3）划分好段落　段落又称自然段，它是文章中最直观的结构形式。划分段落，俗称分段。分段的大体原则是一个中心意思为一个自然段，切忌杂乱。段落的长短要符合内容表达的需要。表达庄重、均衡的事物，其段落应长短匀称、轻重相当；表达曲折、生动的内容则宜使段落有所参差，长短相济。

(4) 设计好开头 常言道，万事开头难。难在“首句标其目”。应用文的开头一般采用“开门见山”式的方法，但在需要并允许的场合，有些应用文体也可采用生动形象的艺术开头方法，如描绘环境引出人物、巧用比兴、抒情起笔等。

(5) 安排好结尾 好的结尾有助于强化主题，归拢全文，增强其表达的效果，让人读来饶有味道，增强感受。

(6) 处理好过渡 过渡是使文章前后连贯、气脉畅通的文字。它把一段段文字，一层层意思连缀在一起，使整篇文章严谨、浑然一体。

(7) 安排好照应 即注意前后内容的关照呼应。常见的照应方式有：首尾呼应，即开头和结尾相照应；前后呼应，即文章内容中的前伏与后垫相照应；文题照应，即在行文中照应标题。需要注意的是文章并不需处处照应，在自然明白的地方安排照应就是画蛇添足。

四、应用文的语言

应用文的语言，要求准确、鲜明、简练、生动。一般不宜过多采用积极修辞手法，而应注意字词的确切使用，注意长话短说、简明扼要。因此，掌握应用文的语言特点，对提高应用文写作水平至关重要。

(一) 准确

要根据不同对象、不同事件，用确切语言反映事物的本质，表明自己的态度和意见。如《国务院关于严禁年终突击花钱，制止滥发奖金的通知》中明确表示：“对违反国家财经纪律的，要进行批评教育，给予必要的纪律处分；情节严重的，以经济犯罪论处。”这段话，表达了对于问题一般和问题严重的，采用了不同的处置方式，不仅能够体现党的政策精神，而且根据程度的不同准确地掌握了用词的分寸。

(二) 鲜明

应用文既然是日常工作生活中“应用”的一种文体，就必须要求语言清楚明白，态度明确无疑，使人一看就懂并能付诸实践。要尽量避免使用表示猜测的模棱两可的副词，如“大约”、“也许”、“似乎”等。避免错别字的使用，标点符号选择恰当，也是保证应用文语言鲜明的有效措施之一。

(三) 简练

语言简洁，用词精练，这是在准确、鲜明基础上提出的更高要求。

为了使语言简练，文章中经常使用一些专用词语与固定的习惯用语，如“此复”、“函告”、“可行”、“如期”等。为了精练地概括事实或分析认定问题的性质，还常常使用富有概括力的成语或俗语，如国务院发布施行的《企业职工奖罚条例》中所用的四字成语就有40多个，如“忠于职守”、“廉洁奉公”、“舍己为人”等。

简洁要以明白为前提，如果只是为了“简”而压缩字句，该说的话不说或说不清，该用的词不用或乱用，导致语气不连贯，意思不明确，那就影响了表达。

(四) 生动

应用文尽管不同于文艺作品，需要通过塑造形象、描写细节、虚构夸张等手段来增强效果，但应用文的语言也需要生动形象，尤其是总结、调查报告等一类文书，若三言两语干巴巴几条，则一定不能引起阅读兴趣，反之，生动活泼的语言能起到更好的效果。至于私人往来的书信，更不能用枯燥无味的语言，而应以情意真切为上。

五、应用文的写作技法

写作技法是指在写作过程中为了达到写作目的所采用的各种技巧和方法。应用文写作是一种有明确目的的写作活动，从接受任务、搜集材料、集中构思、编制提纲、起草撰拟到修改定稿，始终围绕写作目的来进行。为了达到应用文的写作目的，就必须讲求写作技巧。

应用文种类繁多，写作目的各异，但从写作技巧上分析，不外乎是叙述情况、说明问题、分析原因和表述意见。因此，在撰写时主要采用记叙、描写、抒情、论证、说明等技法。作者应当根据不同的写作目的，选用不同的写作技法，使文章内容得到充分体现，以增强文章的表现力、说服力和感染力。

1. 记叙的技法

记叙是以记载与叙述人物、事件、管理的动态和发展过程来表述思想的一种表达方式，在应用文写作中使用范围广泛。叙述的方法有很多，在应用文写作中常用的叙述技法有以下几种。

（1）概括叙述法　指抽取多种同类事物发展变化的共同特点进行叙述的技巧和方法。这种方法不是对事物进行量的简单压缩，而是对其本质的精心概括。在应用文写作中，有些情况不需要给人具体细节的感知，只要求理性的认识，往往使用概括叙述法。

（2）简略叙述法　指对某一情况或事件作简明扼要的叙述。概括叙述法是横向的，多个事物的；而简略叙述法是纵向的，一个事物的，其内容是某一时间或情况的发生经过，但叙述时要简练、明确，突出重点。简略叙述法要根据表达的需要选准叙述主线和要点，选择主要的，省略次要的，然后将其连缀起来。叙述点越多就越详细，叙述点越少就越简略。

（3）详细叙述法　指在文章中具体再现事件经过，使人获得可感知的认识方法。这种方法有利于将事情的来龙去脉交代清楚，给人以完整的印象。

2. 描写的技法

描写就是用生动、形象的语言文字把人物、事物和景物的形态与特征具体地描绘出来的一种表达方式。在应用文写作中，描写常同记叙一起使用。描写多用于个人事务应用文、财经应用文和科教应用文写作中，行政公文和公用事务应用文写作中很少使用。

3. 抒情的技法

抒情就是抒发感情。抒情是文学创作中的一种重要表达方式，它同样适用于应用文写作中。应用文写作具有很强的针对性和目的性，为了使读者接受应用文中的思想和观点，就不能只满足于客观的叙述、冷静的说理，而往往要在叙事和说理的过程中，掺进作者的思想感情。但应用文的抒情往往是间接的，作者一般不在文中直抒胸臆，而是将自己的感情倾注在叙事和说理的过程之中。

4. 论证的技法

论证就是用论据来证明论点。论证的技法是指运用概念、判断和推理的逻辑方法，来剖析论点和论据之间的内在联系，反映客观事物，揭示内在本质与规律，阐明作者的主张的一种表达方法。这种技法在公用事务应用文和专用应用文中经常运用。常用的论证技法有以下几种。

1）事例论证法，是以列举事实作为论据来证明论点的一种论证方法。事例论证要求论据必须典型，具有较强的说服力。在运用事例论证法时还应进行适当分析，以揭示其与论点的逻辑关系。

2）引用论证法，是引用人所共知的已被证明的道理、原则作为论据，来证明自己观点的方法。这些论据主要有伟人言论、科学公理、政策法规、格言谚语等。在运用引用论证法时，应注意以下三点：一是引用的事理或言论与论点真正构成一种紧密的内在联系；二是对引语要作一些分析说明，不能引完后就下结论；三是引语不宜过多，否则会淹没作者自己的观点。

3）因果论证法，是通过事物间的因果联系进行论证的方法。它可以由原因推出结果，也可以由结果追溯原因。

4）排他论证法，这是一种间接论证方法，为了证明自己的观点正确，先证明与这一观点相矛盾的观点是错误的。

5）引申论证法，是通过对某一结论进行合乎逻辑的引申、放大，使其荒谬性显露出来，从而证明自己的观点正确的方法。

6）比喻论证法，是用人们比较熟悉的事物比喻人们很不熟悉的或抽象的道理或事物的论证方法。这种方法是比喻修辞在论证中的活用。

5. 说明的技法

说明是指对事物和事理进行介绍、阐述的一种表达方式。说明的技法就是用一定的表达技巧说明事物和事理，以增强文章表达效果的技巧和方法。说明的重点是表现事物发展变化形成的结果，而不去分析论证形成的原因。目的是告诉人们“是什么”、“是怎样”，而不去回答“为什么”、“怎么形成的”等问题。应用文写作中常用的说明技巧有以下几种。

1）定义说明法，是用精练概括的语言对某一事物的本质属性或某一概念的内涵作出确切说明的方法。这种方法是通过揭示邻近属和种之差来进行的，简称“属加种差定义”。具体方法是先找出这个概念的属概念，然后把定义概念看做是该属中的一种，并与同一属其他种进行比较，找出被定义概念所反映的这一对象与其他种之间的差别——种差。最后将属和种差联系起来，揭示出被定义概念的内涵。在应用文写作中，给概念下定义一般不是十分严格的，有时是为了解释已经确定的概念，有时是为了重新规定一个概念的含义，在这些情况下，经常使用说明词语定义和规定词语定义的方法。说明词语定义是只对某个词语已经确定的含义加以说明的定义；规定词语定义是指找一个语词规定一个新的意义的定义。

2）诠释说明法，是指对事物的性质、规律、特点等进行说明的方法。在应用文写作中，制定规章制度，签订经济合同，撰写公文通知，写作商品说明书等常用这种方法说明事物的内容、范围等。

3）划分说明法，是指以对象一定的属性作为标准，将一个属概念的外延划分成若干小类，以明确其外延的方法。在应用文写作中，一般情况下，划分是有条件的。首先，必须对写作的内容全面了解，有所分析。其次，要遵循划分的原则。划分的原则有三：①划分必须相称，即所划分的各个外延之和必须等于概念的外延；②划分的类要相互排斥，不能相容；③划分不能越级。应用文写作中的划分，大多都带有明显的业务特点，一般以业务规范或惯例为基础来划分。因此，强化业务能力是写好应用文的关键。

4）比较说明法，是指通过事物之间的比较，揭示差异，说明事物特征的方法。这种比较有横比和纵比两种：横比是指两种同类事物之间的比较；纵比是指同一事物前后的比较。公用事务应用文和专用类应用文中经常运用比较说明法来说明问题。

5）数字说明法，是指运用数据说明事物的方法。这是一种用事物的量说明事物的质的方法。应用文写作中专业性较强的文种揭示差异和分析问题常用数字来说明，甚至有些应用文的构思过程就是对各种数字的分析过程，没有数字材料就无法写作。

6）举例说明法，是指列举有代表性的实例说明事理的方法。这是一种通过个别认识一般的说明方法，给人以真实感，具有启发性，可以起到举一反三的作用。在公用事务应用文和专用类应用文中，为了使文章具体可感，经常采用这种说明方法。

思考与练习

一、填空题

1. 应用文是国家机关、企事业单位、社会团体以及人民群众在日常工作、生产和生活中交流经验、__________、__________、__________时使用的具有__________、__________的文章的总称。

2. 应用文具有________、________、________、________、________的特点。

3. 应用文的主要作用是__________、__________、__________和__________。

4. 应用文主旨即写作者在行文中表现出来的__________、__________或看法。

5. 主旨在整个写作过程中具有__________、__________、__________的重要作用。

6. 选材的基本要求有________、________、________、________、________。

7. 应用文的语言，要求________、________、________、________、________。

8. 应用文的写作技法是指在写作过程中为了达到写作目的所采用的________和________，因此，在撰写时主要采用________、________、________、________、________等技法。

二、判断题（正确的画对号，错误的画错号）

1. 应用文的写作不能运用虚构、想象和夸张等手法。（ ）

2. 应用文不一定要求绝对真实，实话实说，有时可以用艺术手法。（ ）

3. 应用文的结构安排主要包括：总体布局、安排层次、划分段落、设计开头、安排结尾、处理过渡、安排照应等。（ ）

4. 应用文的实用性要求材料翔实、精确，符合客观实际。（ ）

5. 应用文为了使语言简练，文章中经常使用一些专用词语与固定的习惯用语，如“此复”、“函告”、“可行”、“如期”等。（ ）

6. 在应用文写作中，有些情况不需要给人具体细节的感知，只要求理性的认识，往往使用简略叙述法。（ ）

三、选择题

1. 填入下面横线的语句，与前面语句衔接最恰当的一项是（ ）。

《政府工作报告》不但以很长的篇幅谈论经济，______________________________。

A. 而且许多新的经济词汇和提法，如同一串亮点出现在报告中，给人以深刻的印象

B. 而且给人印象最深刻的是，如同一串亮点般的新的经济词汇和提法，出现在报告中

C. 而且给人印象最深刻的是，报告中有一串亮点，出现了许多新的经济词汇和提法

D. 而且许多新的经济词汇和提法，如同一串亮点在报告中出现，人们留下了深刻的印象

2. 下列句子用语得体的一项是（ ）。

A. 这两种提法，第一种是专家的观点，第二种是一位普通大学应用写作教师的拙见

B. 听说贵公司在经营方面存在困难，你们如需要指点的话，我们将不吝赐教

C. 学生会经过调查研究，写出了《我院食堂服务质量调查报告》，文中提出了改进意见，并且责成学院领导研究落实

D. 奉上拙著一本，鄙人才疏学浅，书中谬误甚多，特此敬请斧正

四、简答题

1. 什么是应用文？应用文具有哪些特点？
2. 应用文有哪些作用？如何理解这些作用？
3. 应用文格式的规范性体现在哪些方面？
4. 应用文写作材料的来源有几种？

五、改错题

下面是某社区业主委员会关于安装数字电视机顶盒的通知，其中有一些用语不得体，请指出并修改。

9 月 5 日，××区广播电视局电视服务中心特派人到各户安装数字电视机顶盒，各户均需留人，否则，一律不予安装。

不得体之处：____

修改：____

2

第二章　日常应用文

学习目标

1. 理解并掌握借条、收条、领条、欠条的概念、格式和写法以及写作要求。
2. 能撰写借条、收条、领条、欠条。
3. 理解并掌握请假条、留言条、托事条的概念、格式和写法以及写作要求。
4. 能撰写请假条、留言条、托事条。

第一节　条　　据

一、条据的概念

条据是人们在处理钱、物的过程中，为了手续清楚或作为凭证而写出的字据。

二、条据的种类

常用的条据有借条、收条、领条、欠条等。

三、条据的写作要求

1）文字要简明，一般只写事实，不用说理分析。

2）数字要清楚，必要时要大写。数字大写用汉字壹、贰、叁、肆、伍、陆、柒、捌、玖、拾，不用阿拉伯数字或汉字一、二、三、四、五、六、七、八、九、十，这样可防止数字被添加或修改。

3）署名应是亲笔签写的真实姓名。重要的条据签名之后还应盖章或按上指印以示负责。

4）要写明日期。

5）不要用铅笔或红墨水书写。

6）用词准确，书写端正，防止歧义或误认。

（一）借条（借据）

1. 借条的概念

借条也叫借据，是单位或个人借到钱、物时写给出借方作为凭据的一种条据。

2. 借条的基本格式和写法

借条一般来讲包括标题、正文、落款三部分。

（1）标题　借条的标题可以由两种方式构成：一种是直接由文种构成，即在正文上方中间写上“借条”或“借据”字样；另一种是在第一行中间写上“今借到”作为标题，而正文的其他内容放在下一行顶格写，其实这是一种省去标题的借条的写法。

（2）正文　正文是借条的主体部分，常用“今（兹、现）借到”做开头，然后写清从哪里借到的，是什么东西，数量多少。要写出所借的钱、物的数目及物品的品种、型号、式样、规格等。借出方也需写清楚。写明归还的具体日期或大致时间，有较为复杂的情况，则要写明基本归还的方法。钱、物的数量要用大写，钱的尾数后应加“整”字。然后另起一行空两格写上“此据”，以示郑重，其后不加标点。

（3）落款　要写上写借方的单位名称和经手人姓名或借方个人的姓名。必要时需加盖公（私）章，以示负责。单位、个人名称前一般写上“立据人”或“借款人”字样。日期写在署名下，年、月、日要写全，不能只写月、日。

3. 借条的写作要求

1）借钱、物一方在钱物归还后，应将借条收回或当面销毁。

2）借钱、物一方在写好借条后，务必要认真清点所借东西的数量，以防一些不必要的麻烦。

【例文1】

借　　条

今借到学院“学生互助基金”捌拾元整，下月10日前归还。

此据

借款人：×班学生　李×

×年×月×日

【例文2】

借　　条

现借到学院财务处人民币伍仟元整，借期为三个月。

此据

借款人：语文教研室　张×

×年×月×日

【例文3】

今　借　到

学院体育室篮球陆只、乒乓球拍叁副、羽毛球拍肆副，明日归还。

经手人：×班　黄××

×年×月×日

【例文4】

今　借　到

学院广播室"百年经典，影视金曲"碟片壹张，后天归还。

经手人：教务处　邱×

×年×月×日

(二) 收条

1. 收条的概念

收条也叫收据，是单位或个人收到钱、物时写给对方作为今后查对的凭据。

2. 收条的适用范围

1）原来借钱、物或欠钱、物一方将所借、欠的钱、物还回时，借出方当事人不在场，而只能由他人代收时可以写收条。如果当事人在场则不必再写收条，而只把原来的借条或欠条退回或销毁即可。

2）个人向单位或某一团体交有关费用或财物时，对方需开具收条，以示证明。

3）单位和单位之间的各种钱、物往来，均应开具收条。当然，在正式的场合下，一般都有国家统一印制的正式的票据，这属于另一类情况。

3. 收条的基本格式和写法

一个完整的收条，通常由标题、正文、落款三部分组成。

(1) 标题　标题写在正文上方中间位置，字体稍大。标题的写法有两种：一种是直接由文种名构成，即写上"收条"或"收据"字样；另一种是把正文的前三个字作为标题，而正文从第二行顶格处接着往下写，如用"今收到"、"现收到"、"已收到"作为标题。

(2) 正文　正文一般是在第二行空两格处开始写，但以"今收到"为标题的收条是不空格的。正文常用"今（兹、现）收到"做开头，然后写明收到某人、某单位的钱、物的数量，以及物品的种类、规格等情况。正文写完后另起一行空两格写上"此据"二字，其后不加标点。

(3) 落款　落款一般要求写收钱、物的单位名称或个人的姓名，署上收到的具体日期，一般还要加盖公章。

是某人经手的一般要在姓名前署上"经手人"的字样。是代别人收的，则要在姓名前加上"代收人"字样。

4. 收条的写作要求

1）在写收条时，务必清点好所收到的物品、钱款的具体数额，做到准确无误、不出差错。

2）是替别人代收的，应写上"代收到"字样，在文尾署名时用"代收人"三个字。

3）收条的语言一般较为简单，篇幅往往短小精悍，不涂改，数目要大写。

【例文1】

收　条

今收到市“帮学助困基金会”资助我的学费人民币肆仟元整。

此据

×院×班　丁×

×年×月×日

【例文2】

今　收　到

新亚公司赠与我院的方正7188型台式电脑壹套、HP6型激光打印机壹台及电脑桌壹张。

此据

×学院培训中心（盖章）

×年×月×日

【例文3】

代　收　到

×班张××同学还给董×老师的网球拍叁副，完好无损。

此据

代收人：李×

×年×月×日

【例文4】

代　收　到

数学教研室的王××老师还给物理教研室的杨×老师的演出服壹套。

此据

代收人：刘××

×年×月×日

（三）领条

1. 领条的概念

领条也叫领据，是单位或个人领取钱、物时写给对方作为凭证的一种条据。

2. 领条的种类

（1）以署名者的情况划分　领条依其署名者的情况划分可分为两类：一类是个人在领取钱、物后写的领条；一类是某单位在领取钱、物时所写的领条。

（2）以所领东西划分　若依其所领东西来区分领条的话，则领条可以分为领款条和领物条两种。

3. 领条的基本格式和写法

领条通常由标题、正文、落款三部分组成。

（1）标题　领条的标题一般由两种方式组成：一种是直接由文种组成，即写上“领条”或“领据”字样，写在正文正上方，字体稍大；另一种是以正文内容的前三个字为标题，即以“今领到”作为标题，这类标题的正文需顶格写。

（2）正文　正文一般从标题下一行空两格处写起，常用“今（兹、现）领到”做开头，然后写从哪里领取，领取的东西都有什么，其数目有多少。有的领条还要写出所领物品具体的用途。若正文所涉及的物品种类较多，则可单独列表表示。正文写完后另起一行空两格写上“此据”二字，其后不加标点。

（3）落款　落款即要在正文右下方写上单位名称、经手人的姓名。个人领取的则写上个人的姓名。姓名下面署上发文日期。落款处一般需加盖公章和私章。

4. 领条的写作要求

领条写作应注意下列几点内容：

1）领条上应如实记录所领取的钱、物数量及品种，领取钱、物要当面点清。

2）领条所列的数字要求大写。领取钱款时，要在数字后面加个“整”字，如“陆佰元整”，以免被别人增删。

【例文1】

领　条

今领到学院财务处发给×班的助学金壹仟伍佰叁拾捌元整。

此据

领款人：张××

×年×月×日

【例文2】

今　领　到

学院实习处发给×班的实习工作服、钳工组合工具各伍拾叁套，工具箱钥匙伍拾叁把。

此据

领物人：徐××

×年×月×日

【例文3】

领　条

今领到总务处给机电系学生会办公室的下列办公用品：

办公桌肆张（三抽屉和二抽屉各贰张）；沙发壹套（陆件）；茶几壹张；文件柜（铁质中号）壹个；电话机壹部。

此据

经手人：王×

×年×月×日

【例文4】

编号：001			品名：安全帽
时间	数量	车间	领取签收
9月1日	伍个	一车间	张××
9月2日	陆个	二车间	王××
9月3日	柒个	三车间	李××
……	……	……	……

（四）欠条

1. 欠条的概念

欠条也叫欠据，是交付预订物品或归还财物时，尚拖欠一部分而给对方出具的条据。

2. 欠条的种类

欠条可以有不同的分类。

欠条从发文的角度看可分为两类：一类是单位欠个人或其他单位的钱、物时所出具的欠条；另一类是个人欠他人或单位的钱、物而写的欠条。

从欠条的发文对象看，欠条也可分为写给单位的欠条和写给个人的欠条两种。

从欠条的内容看，欠条还可分为欠物条和欠款条两种。

3. 欠条的基本格式和写法

欠条一般由标题、正文、落款三部分组成。

（1）标题　欠条的标题一般由文种名构成，即在正文上方中间以较大字体写上“欠条”或“欠据”两字，也有的在此位置写上“暂欠”或“今欠”字样作为标题，但这种标题正文则在下一行顶格写。

（2）正文　欠条的正文是欠条的主体部分。拖欠钱、物的情况不同，正文的写法也不一致。对尚有部分拖欠的情况，欠条正文一般常用“原借到……已还……尚欠……”样式。对赊账财物的情况，欠条正文一般采用“今欠付××款……”样式开头，然后注明偿还的日期。正文写完后另起一行空两格写上“此据”二字，其后不加标点。

（3）落款　落款要署上欠方单位名称和经手人的亲笔签名，是个人出具的欠条则需署上立欠方个人的姓名，单位的要加盖公章，个人的要加盖私章。署名的正下方要写上年、月、日。

4. 欠条的写作要求

1）欠条是付还欠物、欠款或索要欠物、欠款的凭据，所以在写欠条时不可潦草从事。同时，欠条要好好保存，以防丢失。

2）欠条是人们在日常交往中的一种借还凭证，一般不具有法律约束力，因此必要时可在立欠条时经由一定的法律程序，以防后患。

3）欠条务必要字迹清晰，不可涂改。若不得不改动的，则需由改动方在改动处加盖公章（私章）或个人签名。

4）钱款数要大写。

【例文1】

欠　　条

由于所带现金不够，尚欠财务处住宿费陆佰元整，明日还清。

此据

×班　王××

×年×月×日

【例文2】

欠　　条

原借赵×同志人民币叁佰元整，已还贰佰元整，尚欠壹佰元整，两个月内还清。

此据

林××

×年×月×日

【例文3】

今　　欠

××装修公司装修费捌仟陆佰元整，于×年×月×日付清。

此据

欠款人：×××（签名或盖章）

×年×月×日

思考与练习

一、填空题

1. 条据是人们在处理钱、物的过程中，为了__________或__________而写出的字据。

2. 常用的条据有__________、__________、__________、__________等。

3. 条据的写作应做到文字要__________，数字要__________，必要时要大写，数字大写要用汉字。

4. 借条是__________或__________借到钱物时写给__________作为凭据的一种条据，写作时对所借钱或物的__________、__________、__________等要写清楚。

二、判断题（正确的画对号，错误的画错号）

1. 借钱、物一方在钱、物归还后，应将借条收回或当面销毁。（　　）

2. 在写收条时，务必清点好所收到的物品、钱款的具体数额，其他可以不写。（　　）

3. 领条上所列数字必须大写，领取钱物时要在数字后面加上“整”字。（　　）

4. 欠条一般不具有法律约束力，所以立欠条时字迹可以涂改。（　　）

5. 条据上的文字、数字涂改后要加盖公章或私章。（　　）

6. 条据上提到的钱、物数字，一定要用阿拉伯数字写清楚。（　　）

三、选择题

1. 条据的署名应用（　　）。

A. 真实姓名　　B. 笔名　　C. 昵称　　D. 绰号

2. 借条标题的写法，最合适的一种方式是（　　）。

A. 正文上方中间用稍大字体写上“借条”或“借据”字样或者写成“今借到”三个字

B. 必须写“借条”

C. 只能写“借据”

D. 写“借到”字样

3. 不属于收条适用的范围的是（　　）。

A. 归还钱、物时，借出方当事人不在场，而只能由他人代收时

B. 归还钱、物时，借出方当事人在场，把原来的欠条或借条退回或销毁时

C. 归还钱、物时，借出方当事人原来的借条或欠条遗失时

D. 个人向单位或某一团体交有关费用或财物时

4. 借了个人或公家的钱、物，归还了一部分，还有部分拖欠，对所欠部分所打的条据，叫（　　）。

A. 借条　　B. 欠条　　C. 收条　　D. 领条

5. 条据落款处日期的正确写法是（　　）。

A. 必须准确写明何年何月何日　　B. 可以省略日期不写

C. 写出何日即可，不必写年月　　D. 写明几月几日，不必写年

四、简答题

1. 一个完整的收条，通常应由哪几部分组成？

2. 写领条应该注意哪些问题？

3. 什么是欠条？

4. 写欠条应注意哪些问题？

五、请指出下面条据中不妥当的地方并改正

1.

借　　条

今借到张×人民币50元整。

借款人：李×

×年×月×日

2.

今　领　到

×公司发给×工作组的奖金叁仟肆佰元。

领款人：王×

六、应用文写作

1. 张×向李×借人民币450元，一个月内归还，请替张×写张借条。

2. ×年×月×日，××市百货公司发给××路百货商店《商务应用文》46本、《市场

心理学》36 本。请根据上述内容写一张领条。

3. 徐×在 2011 年 8 月 9 日借给杨×20 000 元人民币，请你帮他们先拟一张借条。杨×在 9 月 30 日还了 5 000 元，并取回了借条，现在请再拟一张欠条。

4. 领导派你去外地出差，财务处决定先行给你一笔出差费用 2 000 元，请出具一张收据。

第二节 便　条

一、便条的概念

便条是一种简便的书信体，用来向别人说明事项，不用邮寄，而是托人转交、直接面交或留置交与。

二、便条的种类

常用的便条有请假条、留言条、托事条等。

（一）请假条

1. 请假条的概念

请假条是因事或因病不能出勤，要向单位、组织或领导请示给予假期的便条。

2. 请假条的基本格式和写法

一张请假条，通常由标题、称呼、正文、祝颂语、落款五部分组成。其中标题用“请假条”即可；称呼不必用敬语，平时怎么称呼就怎么写，写时要顶格；正文直接写请假的原因、起止时间（两天以上的，须写明从哪天起至哪天止）。末尾常以“特此请假”、“请予批准”、“请予准假”作结。正文写完后，在正文下一行空两格写上“此致”，再在下一行顶格写上“敬礼”，后边可加叹号，也可以不加标点（注：也可以不写“此致、敬礼”）。落款即署名和日期。署名写在正文右下方；最后是日期，另起一行写在署名的下面。

如果因病请假，还应附上医生开具的病假证明单。

3. 请假条的写作要求

请假理由必须充分，要符合有关规章制度，有些请假条还须经过有关负责人的批准才能有效。

【例文 1】

请　假　条

刘老师：

昨夜我突然发烧，经医生诊断为重感冒。今晨我仍觉头昏脑胀、四肢无力，特请病假两天（有医院病休证明），请予批准。

此致

敬礼

您的学生：李××

×年×月×日

【例文2】

请 假 条

林主任：

我孩子突然发烧，急需送医院治疗。因此，今天上午不能到单位上班，特请假半天，请予批准。

杨×

×年×月×日

（二）留言条

1. 留言条的概念

留言条是访问他人未遇见时写下的便条；有时替别人接了电话，将电话内容记下来转告，也叫留言条。从广义上说，凡因故不能面谈而将有关事项简要地写下来告知对方的便条都是留言条，比如父母上夜班时给尚未放学回家的孩子的留言，告知他到哪儿去吃晚饭等。

2. 留言条的基本格式和写法

一张完整的留言条，一般包括标题、称呼、正文、落款四部分。标题多用“留言条”三个字，但多数时候并不加标题；称呼要和平时一样；内容要简明；落款即署名和日期。署名可以是全名，也可以是小名或外号等，但必须让对方明确知道是谁；日期，有两种写法：一是写月、日、时、分，二是只写“即日”二字。

【例文1】

郭×同学：

今天下午我和冯×来你家，准备同你商量明日团支部组织参观“市青年志愿者在行动图片展览”一事，恰巧你外出未归。今晚8点半我们再来找你，望你在家等候。

张×

×年×月×日

【例文2】

王主任：

刚才来找你商量春季招生一事，你不在。下午三点你在办公室等我。

新×

×年×月×日

【例文3】

留 言 条

孙×：

下午到你家，只有你儿子在。我托他将存有会议所需资料的U盘转交给你，明日赴会，勿忘携带。

张×

×年×月×日

（三）托事条

1. 托事条的概念

请人办某些事情，又因故不能当面相托，将所托之事留言告知，就是所谓的托事条。

2. 托事条的基本格式和写法

托事条的写法与留言条相同，要注意的是所托之事必须是对方比较容易办到的，而且估计对方是愿意受托的，否则可能会引发一些误会、不快，甚至矛盾。

【例文1】

王老师：

听说你明天去北京出差，若方便，请代我购买一张北京地图和一册故宫资料（要详细一点的），钞票请你先代垫，回来再向你付清。有劳大驾，不胜感激！

高×　拜托

×月×日

【例文2】

托　事　条

××公司储运处：

你公司需要的办公文具已运到，特托人带来信条告知，请在明天上午8时来我公司一门市部购买。

××办公文具公司

×年×年×日

思考与练习

一、填空题

1. 请假条正文应直接写明请假的__________和__________。

2. 一张完整的留言条，一般包括__________、__________、__________、__________四部分。

3. 写托事条要注意所托之事必须是对方容易办到的，而且估计对方是__________受托的。

4. 留言条是指因故__________而将有关事项简要地写下来告知对方的便条。

二、判断题（正确的画对号，错误的画错号）

1. 写请假条时，如果是因病请假，应附上医生开具的病假证明单。（　　）

2. 请假条的标题用“请假条”即可；称呼不必用敬语，平时怎么称呼就怎么写。（　　）

3. 留言条署名可以是全名，也可以是小名或外号等，不必让对方明确知道是谁。（　　）

三、选择题

1. 常用的便条有（　　）。

A. 请假条、借条　　　　B. 留言条、收条

C. 请假条、留言条、托事条　　D. 托事条、领条

2. 一张请假条，通常由（　　）组成。

A. 标题、称呼、正文、祝颂语、落款五部分

B. 标题、正文、落款三部分

C. 标题、称呼、正文、落款四部分

D. 标题、称呼、前言、主体、结尾五部分

四、简答题

1. 写请假条应注意哪些问题？

2. 留言条的落款和日期有哪几种写法？

3. 写托事条要注意哪些问题？

五、请指出下列便条中的错误并改正

1.

请　假　条

王老师：

您好！今天是星期天，按理明天我应该到校，可我因故不能按时到校了，还望您原谅并准假，不胜感激，此致敬礼！

学生××

×年×月×日

2.

留　言　条

小慧：

今天下午我们来找你，你不在，明天我们再来，你必须在家等我们。

王×

即日

六、根据下列材料写作

×××班×××、×××两位同学今天清晨护送×××同学去××医院看病，上午无法上课，请你以班长的名义代写请假条。

3

第三章　礼仪应用文

学习目标

1. 理解并掌握祝词、贺词、贺信、贺电、欢迎词、欢送词、答谢词、开幕词、闭幕词、感谢信、慰问信、表扬信、批评信的概念、特点、基本格式和写法以及写作要求。
2. 能撰写以上各类应用文。
3. 能区别欢迎词与欢送词的不同点。
4. 熟练掌握请柬、邀请书、聘书的概念、基本格式和写法。
5. 能撰写请柬、邀请书、聘书。
6. 能掌握请柬与邀请书的异同。

第一节　祝词、贺词、贺信、贺电

一、祝词

（一）祝词的概念

祝词是泛指对人或事表示祝贺的言辞和文章。

（二）祝词的特点

（1）篇幅短、容量小　祝词一般篇幅短、容量小，多是介绍，表示祝愿，交流感情，不宜长篇大论。祝词只是各种活动的开头、开场白，所以不宜过长，否则会喧宾夺主，影响活动的整体效果。

（2）讲求与场景气氛的和谐融洽　祝词是交际应酬的一种方式，它十分讲究与交际环境的一致，要适应环境气氛，如大会的祝词应庄重典雅，宴会的祝词应轻松愉快。

（3）格式写法比较固定　各类祝词都有其相对固定的格式，这表现在他们都有问候、祝贺、祝愿、赞颂和希望等词语。四种类型的祝词结束语都有相对固定的语句。

（4）表达思想含蓄 这是由祝词应酬交际的特点所决定的。含蓄委婉地表达自己的意思，话不能说白说尽，给听众留有回味思量的余地。

（三）祝词的种类

祝词可分为祝婚、祝寿、祝酒和祝事业四种。

（1）祝婚 对内部员工或外部有名望、有业务联系的公众结婚表示祝贺，祝愿新郎新娘新婚后美满幸福，赞扬他们的容貌、才干和结合。

（2）祝寿 对内部员工或外部有名望、有业务联系的公众的生日表示祝贺，赞扬他们的品格、经历及业绩，祝愿其健康长寿。

（3）祝酒 祝酒词在外交和公关活动中使用频率最高。在各种正式宴会、酒会上，通过祝酒词传递祝酒者的美好祝愿，并把自己对客人的欢迎和感激之情热情洋溢地表达出来。

（4）祝事业 常用于会议开幕、开业典礼、工程竣工、展览剪彩以及周年纪念等活动中，赞扬此事的重要意义，祝愿此事顺利通过并取得圆满成功。

（四）祝词的基本格式和写法

祝词一般由标题、称谓、正文、祝颂语和落款五部分组成。

（1）标题 祝词的标题有两种写法：一种是在第一行正中写“祝词”两字；另一种是加上致词者及致词场合，如“×××在××会议上的致词”。大型会议的致词往往采用双标题的写法，正题表明致词的内容，副题则由会议名称和文种组成。

（2）称谓 在标题下一行顶格写被祝贺者的称呼。为了表示亲切和尊重，要用全称并加上敬辞与头衔，还要按长幼尊卑安排好顺序。

（3）正文 在称呼下一行空两格写正文。

首先，向接受祝贺的单位、人员致意，表示祝贺、感谢或慰问。

然后，简要叙述所祝事项的意义和已经取得的成绩并作出相应评价，表示致词者的关心、支持、赞扬、鼓励、学习等态度。

最后，对事物发展提出希望、要求，表达良好的祝愿。

（4）祝颂语 另起一行空两格写“预祝会议圆满成功”、“祝愿事业兴旺发达”、“预祝工程早日竣工”等作为结束语。祝酒词往往写“为了大家的身体健康、工作顺利，干杯”。如给老人祝寿，一般写“祝×老福如东海，寿比南山”。

（5）落款 在正文右下方署明单位名称或个人姓名以及致词的时间。

（五）祝词的写作要求

1）写明祝贺的事由。必须在祝词中说明向谁祝贺，祝贺什么，为什么祝贺等。有的还要述及被祝贺人与事的意义。节日或特定活动的祝词往往还要对被祝贺者提出希望和要求。

2）语言应简洁概括，具有强烈的感情色彩。祝词的语言应简洁明快，字里行间充满热情，使人听了感到温暖、愉快，受到教育与鼓舞。祝婚、祝寿、祝酒词语言要求幽默生动，富有哲理，表达得温文尔雅，以显示致词者的风度。

【例文1】

在欢迎××经理来厂
洽谈业务宴会上的祝酒词

经理先生：

尊驾光临，不胜荣幸！相信在平等互利、真诚合作的基础上，我们这次洽谈一定能取得圆满成功！欢迎经理先生对我们的工作提出宝贵意见。

我提议：

为××经理的身体健康，

为我们的相识，

为我们第一次真诚的合作，

干杯！

赵××

××年×月×日

【例文2】

祝　婚　词

各位亲友、各位嘉宾：

今天是赵×先生和李×小姐新婚之喜。我谨代表两位新人的同学和朋友向他们表示最热烈的祝贺！祝贺他们喜结连理，也祝贺他们的天作之合！

赵×与李×是大学同班同学，毕业后又同在一个单位工作。是共同的理想、共同的事业使他们结合在一起，这种结合的基础是最坚实、最牢固的。

我们衷心希望赵×和李×在婚后能互敬互爱，互相体贴，互相关怀，互相帮助。要尊敬双方的老人，要处理好家庭与事业的关系。在事业上比翼双飞，在生活上永结同心、永浴爱河，白头偕老、永远幸福！

陶×

×年×月×日

【例文3】

×××先生60寿辰祝词

尊敬的×老：

今天是您60寿辰，我们怀着十分崇敬的心情向您致以真诚的祝贺！

作为一位老艺术家，您把自己的全部精力都献给了您喜欢的听众，您也因此得到了全国听众的爱戴。如今，不知道您鼎鼎大名的人实在是太少了。

您的许多作品中都蕴涵着深刻的做人道理。您用精湛的艺术表演，把这些道理传达给听众，使大家在享受艺术的同时，潜移默化地受到教育，您不愧是一位具有高超艺术造诣并善于寓教于乐的艺术大师。

现在，欣赏您的××表演，已经成了许多人业余文化生活的重要内容，在城市的公园里，在农村的树阴下，尤其在出租车内，随时都能听到您那独具特色的声音。

×老，您已经60岁高龄，还那样精神矍铄、孜孜不倦地为听众创作精神食粮。我们在深深地被您那种为艺术而献身的精神感动的同时，也诚恳地提醒您注意保重自己的身体，因为听众需要您的健康，需要您长久地为他们提供艺术精品。

值您60寿辰之际，祝您永远健康愉快，艺术之花长开。

您忠实的听众

×年×月×日

二、贺词

（一）贺词的概念

贺词是用于表示祝贺和道喜的言辞与文章。

（二）贺词的特点

贺词的作用及特点与祝词大体相同。

1）贺词的篇幅可长可短。少则几个字，多则几百字甚至上千字。

2）贺词种类繁多，风格多种多样。贺词有很多种，在不同的场合和节日要用不同的贺词，如乔迁贺词、升学贺词、企业贺词、新春贺词等。

3）贺词要求感情真挚，切合身份，用语准确可靠。

（三）贺词的基本格式和写法

贺词一般包括标题、称谓、正文、祝颂语和落款五部分。

（1）标题　在第一行的正中写“贺词”两个字。

（2）称谓　第二行顶格写被祝贺者的单位名称或个人姓名。要求与祝词相同。

（3）正文　贺词的正文一般包括以下内容：

1）概括说明祝贺的事由，热情地赞颂其所取得的成绩。

2）分析对方取得成绩的原因及意义，并给予恰当的评价。

3）向接受祝贺者提出祝愿、希望和要求，鼓励对方继续努力，争取更大的成绩。有的还要表示用自己的实际行动向对方学习。

（4）祝颂语　另起一行空两格写向被祝贺者表示美好祝愿的话。

（5）落款　在正文右下方署明单位名称或个人姓名以及致词的时间。

（四）贺词的写作要求

1）内容应实事求是，赞扬和评价要恰如其分。

2）语言精练概括，篇幅不宜过长，力求短小精悍。

3）感情要真挚强烈，发自内心，言辞要优美。

（五）贺词与祝词的区别

在某种场合贺词可以同祝词互用，但其与祝词所包含的意义并不相同。一般，祝词的对象是事情未果，表示祝愿与希望。贺词的对象是事情既果，表示庆贺和道喜，用于取得胜利、取得突出成绩、节日隆重集会和其他值得庆贺的事情和场合。

【例文1】

贺　词

约翰逊先生：

欣悉您被任命为国际复兴开发银行的第一副行长，特此向您祝贺。这一荣誉对您来说是受之无愧的，我想再没有别人比您更适合担任这个职务。我知道您对此无所追求，而且可能还并不向往，但我希望它给您带来了喜悦。这种荣誉无疑是承认您卓越贡献的一种表示。

请代我向您夫人致意。我想她一定会为您感到骄傲。

您忠诚的×××

×年×月×日

【例文2】

贺　词

××先生：

我得知你的儿子××以优异的成绩从著名的××省理工学院毕业了。你对他那卓越的造诣一定感到快慰，他无疑是你全家的骄傲。

我为你高兴，并向你表示最热烈的祝贺。我相信，他所取得的成绩将使他今后无论做什么工作都能取得成功。

真诚预祝他成功、幸福。

你诚挚的××

×年×月×日

【例文3】

校庆贺词

忆往昔，桃李不言，自有风雨话沧桑；

看今朝，厚德载物，更续辉煌誉五洲。

金秋时节，丹桂飘香。欣闻母校一百周年校庆，怀着喜悦的心情，写了这封信，以表达我们对母校由衷的祝贺！

饮水思源，作为岳中校友，我们深切地感谢母校的栽培，也密切关注着母校的建设和发展。在岳中百年华诞之际，预祝校庆活动圆满成功！祝愿母校积历史之厚蕴，宏图更展！再谱华章！

忆往昔，博学石旁，岳中的一草一木，老师的一颦一笑，仍记忆犹新。在那绿色的校园里，我们手握春光烂漫的年华，编织着人生的七彩之梦。

百年的风雨兼程，母校几经沧桑，奋发图强，赢得桃李满天下，为祖国培育了数万计的各类人才。回顾过去，我们无比自豪，展望未来，我们信心十足。我们相信，母校的百年华诞将成为承前启后、继往开来、开拓创新和再创辉煌的新起点。

在这特殊的日子里，我向母校致以最诚挚的祝福，愿母校永远年轻，永远充满生机！

此致

敬礼

×届毕业生：侯××

×年×月×日

三、贺信

（一）贺信的概念

贺信是表示庆贺的书信的总称。当有关单位、个人有喜事时，我们都可以使用贺信的形式表示祝贺。

（二）贺信的特点

贺信可以用来表彰、赞扬、庆贺对方在某方面作出的贡献。这类贺信具有表扬和慰问的特点，如祝贺重要会议的召开，某项工程的竣工或某一科研项目取得较大成果等。也有的是对人的寿辰、婚姻喜庆表示祝贺。所以，贺信的用词感情热烈真挚，语言明快流畅，措辞得体，言简意赅，力求短小精悍，篇幅不宜过长。

（三）贺信的种类

（1）对大会的祝贺　某些活动、会议有重要意义，有关单位、领导甚至个人都会到场表示祝贺。这种祝贺词，一般有三个内容：一是祝贺会议召开；二是赞扬会议的意义；三是提出希望或表示态度。如果是上级单位，还可以阐述上级对该单位的指导方针，提出当前工作的要求。

（2）对人取得突出成绩的祝贺　某单位或个人，在某方面取得了突出的成绩，单位的上级、关系单位或亲朋好友，到会表示祝贺。

（3）对担任新职的祝贺　当党和国家的领导人，通过法定的程序被推选出来的时候，友好的国家就会来电祝贺。这既是国与国之间友好的一种表示，也是对新的领导人的一种鼓舞。

（4）对单位喜庆日子的祝贺　每个单位都有喜庆日子，如工厂建厂多少周年等。较有影响的单位，往往会举行庆祝活动，上级、兄弟单位或有关的人，往往也会发言、致电或亲临祝贺。近几年来，有不少校庆活动，这类贺词、贺信、贺电使用频繁，有些还以诗的形式来表达感情。

（5）对老人寿辰的祝贺　给老人祝寿，是我国的传统习惯。祝寿词的内容，一般是祝老人“寿比南山，福如东海”，也有称颂老人的崇高气节和事业成就的。

（四）贺信的基本格式和写法

贺信一般包括标题、称谓、正文、祝颂语、落款五部分。

（1）标题　第一行居中用较大字体工整地写上“贺信”两个字。在报刊上发表的贺信，标题一般为“给×××的贺信”。

（2）称谓　顶格写被祝贺单位和个人的姓名。写给单位的要写全称，写给个人的可加“同志”等相应的称呼。称呼之后加冒号。

（3）正文　另起一行空两格起写贺信的内容。贺信的内容可分段来写，一般应包括：

1）简略叙述当前的形势，说明对方取得成绩的社会背景，或重要会议召开的历史条件。

2）概括说明对方在哪方面取得了成绩，分析对方取得成绩的原因。如果是祝贺重要会议的召开，应说明会议的内容及其重要性。如果是寿辰贺信，应简练、概括地说明对方的贡献和品德。

3）表示热烈的祝贺、赞颂。有时还可以写祝贺者的决心。

4）抒写热情的鼓励、殷切的希望及双方共同的理想。

贺信的内容不是统一的，要根据具体情况来写，写时应注意内容要简明扼要，感情要真挚强烈，语言要准确流畅。

（4）祝颂语　另起一行空两格写上表示祝愿的话，如“此致、敬礼”、“祝大会圆满成功”、“祝您长寿”等。

（5）落款　另起一行，在右下方写发信单位或个人姓名，署名下边写年、月、日。

（五）贺信的写作要求

1）感情真挚。贺信在于沟通感情，无论是哪一种，感情一定要真挚，不能矫揉造作、华而不实。

2）短小精悍。篇幅不宜太长，达意即可。

3）时间及时。或事前、或事中、或事后，一定要把握好时机。感谢一般应在受到帮助后立即表达；祝贺、慰问一般应在对方取得进展、成绩之时，重大活动及庆典、节日或中间表达。

【例文1】

贺　信

××市学生联合会第一次代表大会：

在祖国改革开放深入进行，“四化”建设蓬勃发展的大好形势下，在市委的直接领导下，我市学生联合会第一次代表大会胜利召开了。我们××学院全体学生谨向大会表示热烈的祝贺！

这次大会的召开是我市全体学生的一件大事。它将激励我们为推进改革开放，促进四化建设而努力学习。

我们全体同学决不辜负党和人民的殷切期望，一定要努力学习，奋发进取，勇攀科学高峰，争做四有新人，以实际行动庆祝这次大会的召开。

预祝大会圆满成功。

××学院学生会

×年×月×日

【例文2】

朱镕基给陈岱孙的贺寿信

陈岱孙先生：

欣逢先生九五大寿，本已定于明日登门拜谒，敬贺寿辰，适因公须即日离京，未克践约，怅何如之。

先生年高德劭，学贯中西，授业育人，六十八年如一日，一代宗师，堪称桃李满天下。我于一九四七年入清华，虽非入门弟子，而先生之风范文章，素所景仰。清华经济管理学院成立后，始得求教于先生之机缘，得益良多。

今逢大寿，唯愿先生健康长寿，松柏常青。学生有幸，幸何如之。特此

恭祝华诞

朱镕基

一九九五年十月十九日

【例文3】

贺　信

中国体育代表团：

值此新春佳节之际，欣闻我国体育健儿在盐湖城冬季奥运会上不畏强手，顽强拼搏，夺得我国冬季奥运会历史上的首枚金牌，实现了冬奥会金牌零的突破，全国人民为之欢欣鼓舞。这是你们团结一致、艰苦奋斗、严格管理、科学训练的结果，也是我国几代冰雪健儿多年共同努力的结晶。我代表党中央、国务院向你们表示热烈的祝贺和亲切的慰问。希望你们再接再厉，为祖国赢得更多的荣誉。

祝你们春节愉快！

李岚清

二〇〇二年二月十七日

四、贺电

（一）贺电的概念

贺电是表示祝贺、赞颂的电报。多用于重要会议召开或闭幕、节日、纪念日、事业取得成功、某项工作取得突出成绩、开业庆典、结婚或寿诞等值得庆贺的事，以表达发报人的良好祝愿。一般因距离遥远，不能亲自到场祝贺，为了及时而庄重地表达祝贺之意，而采用贺电。

（二）贺电的特点

贺电的特点是感情充沛，语言明快，言简意赅，短小精悍，及时迅速。

（三）贺电的种类

根据内容的不同，贺电可分为三种类型：一种是对于取得巨大成绩，作出卓越贡献的集体或个人表示祝贺；一种是对重大活动、重大喜事表示祝贺；还有一种是对重要人物的寿辰表示祝贺。

贺电可以直接发给收电人、收电单位。也可以直接登报、广播，面对广大群众进行宣传。

（四）贺电的基本格式和写法

贺电一般由标题、称谓、正文和落款四部分组成。

（1）标题　贺电的标题有三种写法：第一种是在第一行正中写“贺电”二字；第二种标题由发电单位、事由、受电单位和文种组成，如“中共中央、全国人大常委会、国务院

对广西壮族自治区成立三周年的贺电”；还有一种双标题的写法，正题由发电单位、受电单位和文种组成，副题说明贺电的内容，如“中共中央、国务院、中央军委向从事试验的全体同志致敬电”，副标题为“热烈庆祝发射运载火箭取得巨大胜利”。

（2）称谓　在第二行顶格写收电单位或个人名称。

（3）正文　应重点写明祝贺的事由，即向谁祝贺，祝贺什么和为什么祝贺等。有的贺电还论及被祝贺的人和事的意义。节日或某些特定纪念活动的贺电往往还要向被祝贺者提出新的要求和希望。

（4）落款　在正文右下方署明发贺电的单位名称或发电人姓名及发电的日期。

（五）贺电的写作要求

1）篇幅不宜过长，文字应仔细斟酌，颂扬要恰如其分，提出的希望与要求要切合实际。

2）语言应精练、热情、诚恳、有鼓舞作用。

【例文1】

贺　电

××大学：

欣悉贵校举办首届“挑战杯”大学生科技节，我谨代表××市委、市政府并以我个人的名义，向科技节表示诚挚的祝贺！

多年来，××大学坚持党的教育方针，大力推进教育改革，发挥自身优势，教、科、研并举，培养输送了大批符合现代化建设要求的合格人才，为全省特别是××市的经济社会发展作出了重要的贡献，赢得了社会各界的广泛赞誉。

世纪之交，继往开来。当今世界竞争日趋激烈。科技和人才的竞争已成为经济腾飞的关键因素。大学是培养和造就高素质、创造性人才的摇篮。举办大学生科技节活动，对于引导大学生树立崇尚科学、锐意创新的精神，促进教科研结合具有积极的推动作用。相信贵校一定能够在跨世纪发展的历史进程中，坚持教育改革发展的正确方向，继续发挥科技兴国、科技兴邦的生力军作用，不断开创人才培养、知识创新的新局面，为我省、我市改革开放和现代化建设提供更多的人才支持和知识贡献。

预祝科技节圆满成功！

中共××省委常委、××市委书记×××

×年×月×日

【例文2】

致市人民政府的新春贺电

××市人民政府：

值此新春佳节来临之际，我们谨代表××区人民，向你们并通过你们向贵市人民致以节日的问候和良好的祝愿，对贵市在过去一年里取得的辉煌成就表示热烈的祝贺！

过去的一年，我们紧紧围绕加快建设大城市的奋斗目标，锐意进取，开拓创新，团结拼搏，克难攻坚，实现了经济社会持续、协调、健康发展。这些成绩的取得，离不开贵市的关心、支持和帮助。在此，我们表示诚挚的谢意！

××年，我们将高举邓小平理论和“三个代表”重要思想伟大旗帜，全面落实科学发展观，进一步解放思想，抢抓机遇，扎实工作，推动经济社会更快更好地发展。在新的一年里，让我们进一步增进友谊，加强交流与合作，努力开创区域合作、携手共进的新局面！

祝贵市经济繁荣富强，社会和谐进步，人民生活幸福！

中共××××区委
××××区人民政府
×年×月×日

【例文3】

校庆贺电

尊敬的校领导：

正值母校校庆之际，致信一封，以表达对母校的祝贺之情。

11月1日是母校八十年校庆之日，很遗憾，没有办法亲自参加，远在西南的99届学子仍向母校献上最衷心的祝福，希望母校能在今后的日子里再创辉煌！

作为99届毕业生，转眼间从学校毕业已经两年了，从母校获得的知识与能力使我们在两年的大学生活中获益匪浅。如今，每每回想起在校的那段日子——老师的谆谆教导、同学的互助友爱、浓厚的学习风气、丰富多彩的课余生活——所有这些，不但成为我们记忆中的宝贵财富，也成为我们在大学中学习、生活能力体现的源泉。到了新的学习环境，对母校的思念和感激之情便愈加深切。毕竟，一个人的中学时代是其价值观、世界观形成的重要阶段，学校所营造的民主、平等、正直向上的风气，使我们懂得了成为一个真正的人比单纯地学习知识更加重要的道理。

现在的我们，在法学的殿堂中畅游，却时刻未敢忘记母校教给我们的“尚德、睿智、唯实、创新”。作为今后法律天平的执掌者，我们愈加感受到这种精神的可贵，正是在这种精神的指引下，我们逐渐领悟到了一名时代青年所肩负的责任，今后不断完善自我的过程也将会沿着这样的方向继续下去。

最后，再次祝贺母校八十周年华诞，相信母校的明天必会更加美好！

99届毕业生
×年×月×日

【例文4】

贺　电

尊敬的×××学院领导及广大的教职员工：

在这辞旧迎新、充满节日喜庆的日子里，我们共同迎来了×××学院十周年华诞庆典。我谨代表××公司对学院的华诞庆典表示热烈的祝贺！对为社会辛勤培育知识人才的广大教职员工，致以亲切的慰问和良好的祝愿！

×××学院作为一所创建十年的××××学院，通过学院领导及广大师生的不懈奋斗，在正确的办学理念和市场定位下，逐步发展成一所具有独到办学特色的新兴学院。×××学院秉承了×××深厚的人文底蕴及优良传统，汇聚成务实创新的管理风格，成为了学院前进的动力和走向成功的保障。十年的办学历程得到了政府、社会，尤其是企业的高度认可，是一个非常伟大的创举。

×××学院与×××有着长期友好的战略合作关系，学院坚持“背靠企业、面向市场、办出特色、服务行业”的办学宗旨，在面对办学环境、企业市场日新月异的机遇和挑战下，造就了一批懂知识、钻技能的社会实用人才，达到了提升学生就业素质，满足企业用人需求的良好社会效益。自从××年正式建立校企合作关系以来，学院在近十年中源源不断地为×××输送了大批德、智、体、劳全面发展的优秀人才，他们均已在集团中成长为各业务管理的骨干，为集团的发展壮大提供了人才保障。同时，集团还得益于学院提供的在职进修和培训合作项目，通过人才培养，相得益彰，校企互助、互惠互利、多赢格局更为广阔，意义更为深远。

今天的十周年华诞庆典，不仅仅是隆重热烈的庆典，更是学院发展历史上的里程碑，是推动学院进一步发展的重要机遇。我衷心祝愿学院能够抓住历史机遇，加快改革与发展，成为在汽车服务领域培养高级技能人才的支柱产业学院。

希望学院教职员工继续努力，为开创学院更加辉煌灿烂的明天而不懈奋斗！

××公司

×年×月×日

思考与练习

一、填空题

1. 祝词是泛指对人或事表示__________的__________和__________。

2. 贺词是用于表示__________和__________的言辞和文章。

3. 贺信是表示__________的书信的总称。

4. 贺电是表示祝贺、__________的电报。多用于__________召开或闭幕，节日、纪念日、事业取得成功、某项工作取得突出成绩、开业庆典、结婚或寿诞等值得庆贺的事，以表达发报人的__________。

二、判断题（正确的画对号，错误的画错号）

1. 祝词是各种活动的开头、开场白，所以不宜过长。（　　）

2. 祝词常用于重大节日、重大会议、重大典礼和重大活动。（　　）

3. 贺词与祝词都是用于表示祝贺和道喜的言辞和文章，但所包含的意义并不相同。（　　）

4. 贺信的内容都是统一的。（　　）

5. 贺电文字应仔细斟酌，颂扬要尽可能高调点。（　　）

三、选择题

1. 祝词可分为（　　）。

A. 祝婚、祝寿、祝酒、祝事业　　B. 祝节日、祝纪念日、祝会议召开或闭幕

C. 祝婚、祝节日、祝纪念日　　D. 祝寿、祝酒、祝节日

2. 贺词包括（　　）。

A. 标题、称谓、正文、祝颂语和落款五部分

B. 标题、正文、祝颂语、落款四部分

C. 标题、称谓、正文、落款四部分

D. 称谓、正文、祝颂语、落款四部分

3. 贺电的特点是（　　）。

A. 感情充沛、语言明快、言简意赅、短小精悍、及时迅速

B. 感情平实、语言简洁、及时迅速、表达详尽

C. 感情充沛、及时迅速、短小精悍、表达详尽

D. 语言简洁、感情平实、短小精悍、及时迅速

4. 下列表述不符合祝词种类的一项是（　　）。

A. 寿诞祝词是向年长者祝寿，向朋友祝贺生日的

B. “新年献词”、“国庆讲话”、“春节祝词”是节日祝词

C. 事业祝词分为一般性祝词和特殊性祝词

D. 祝酒词用于各种酒会、宴会、招待会，有活跃气氛的作用

四、简答题

1. 撰写贺词的要求是什么？

2. 祝词与贺词有什么区别？

3. 贺电分为哪三种类型？

4. 在报刊上发表的贺信标题一般怎么写？

五、应用文写作

1. 假如你的表姐在××技师学院读书，品德十分优秀，成绩十分优异，技能十分精湛，人际关系十分融洽，最近获得了学院给予的特等奖学金，请你写一封贺信，表示对她的衷心祝贺。

2. 第一次载人航天飞行获得圆满成功，宇航员杨利伟成了民族英雄，请你代表全国青年学生给杨利伟写一封贺信。

3. 2011年10月6日，是××技师学院建校50周年纪念日，请你以本院名义起草一份贺电。

第二节　欢迎词、欢送词、答谢词

一、欢迎词

（一）欢迎词的概念

欢迎词是指在接待或招待客人的正式场合中，主人发表的表示欢迎之意的致词。

外宾来访、领导视察、同仁参观、新生入学等都要表示热烈的欢迎和美好的祝愿。

（二）欢迎词的特点

（1）欢愉、热忱　中国有句古话是“有朋自远方来，不亦乐乎”，所以致欢迎词应当有一种愉快的心情，言词用语要富有激情并表现出致词人的真诚和热忱。只有这样才会给客人一种宾至如归的感觉，为之后各种活动的完满举行打下良好的基础。

（2）口语化　欢迎词本意是现场当面向宾客口头表达的言辞，所以口语化是欢迎词在

文字上的必然要求，在遣词造句上要生活化，既简洁又富有生活情趣。口语化会拉近主人同来宾的亲切关系。

（三）欢迎词的种类

（1）从表达方式上分

1）现场讲演欢迎词。它是主人在客人到达时在欢迎现场口头发表的欢迎稿。

2）报刊发表欢迎词。发表在报刊上的欢迎稿。它在客人到达前后发表。

（2）从社交的公关性质上分

1）私人交往欢迎词。是个人在举办较大的宴会、聚会、茶会、舞会、讨论会等非官方的场合下使用的欢迎稿，通常要在正式活动开始前进行。私人交往欢迎词往往具有很大的即时性、现场性。

2）公事往来欢迎词。一般在较庄重的公共事务中使用。要有事先准备好的得体的书面稿，文字措辞上的要求较私人交往欢迎词要正式和严格。

（四）欢迎词的基本格式和写法

欢迎词一般包括标题、称谓、正文、落款四部分。

（1）标题　在第一行正中写标题，字体略大，一般由致词人、致词场合和文种三要素构成，如“×××在欢迎×××会上的讲话”或“在××招待会上的讲话”。也可单独由文种命名，如“欢迎词”。

（2）称谓　在第二行顶格写称谓，称谓要讲究礼仪，姓名要写全，要用尊称，可根据主客之间关系的疏密在姓名前面加表示亲切的修饰的词语，如“尊敬的”、“敬爱的”、“亲爱的”等，具体措辞要因人而异。

（3）正文　正文要表达四层意思：

第一层，开头要对客人表示热烈的欢迎、诚挚的问候和敬意。

第二层，简述来访的意义，赞颂客人各方面取得的成就，也可回顾双方之间的交往与友谊，赞扬双方之间的友好合作。

第三层，最后表示良好的祝愿和希望。

第四层，再一次对客人表示热烈的欢迎和良好的祝愿。

（4）落款　在正文右下方署名，要署上致词单位名称，致词者身份、姓名，如标题有名称，可不署名，署名下一行署上成文日期。

（五）欢迎词的写作要求

1）热情洋溢，真挚感人，礼貌适度，不卑不亢。

2）措辞要慎重，注意尊重对方的风俗习惯，应避开对方忌讳，以免发生误会。

3）语言简洁、生动、口语化。

【例文1】

欢　迎　词

各位来宾、各位朋友：

“春来谁做韶华主，总领群英是牡丹。”在春风送暖、百花吐艳的时节，古都洛阳迎来了第九届牡丹花会。热情好客的古都人民，诚挚地欢迎外国朋友、港澳台同胞和来自祖国各地的客人光临洛阳！

花，是社会文明的标志，也是一个地方繁荣昌盛的象征，自古以来，我国人民就有养花、种花的优良传统……

年年岁岁花相似，岁岁年年“会”不同。愿洛阳牡丹花会在中外友人的关注和全市人民的共同努力下，越办越好！

祝各位来宾在洛阳期间精神愉快，身体健康！

×××

×年×月×日

【例文2】

欢 迎 词

尊敬的来宾，代表们，朋友们，同志们：

我荣幸地宣布，第一届中国国际旅游会议开幕了，我代表中国政府和人民并以我个人的名义，向这次会议表示热烈的祝贺，衷心欢迎各位来宾和代表。

……

朋友们，同志们，会议期间，我们将欢聚一堂，交流经验。会后，你们中的一些人将去中国的其他地方参观访问。我诚恳地希望，你们对中国的旅游事业提出宝贵的建议。

祝本次大会圆满成功，并祝各位身体健康，在中国生活得愉快。

谢谢各位。

×××

×年×月×日

【例文3】

欢 迎 词

亲爱的××学院2010级的新同学们：

欢迎你们的到来！

值此金风送爽、丹桂飘香之际，××学院全体教职员工向远道而来的新同学和各位陪同家长致以最诚挚的问候，最热烈的欢迎，你们一路辛苦了！欢迎你们融入我们和谐奋进的大家庭，作为朝气蓬勃、活力洋溢的生力军，你们的融入一定会为××学院带来一份别致的绚丽与精彩！

同学们，你们脚下的这片土地，六十年来含英咀华，春风风人，春雨雨人，育得桃李满天下，是一片积淀了丰厚人文背景但依然生机无限的热土，被誉为江汉平原上的明珠。此刻，这颗明珠正敞开她热情的臂膀，迎接她的新主人的到来——一群来自五湖四海，怀揣梦想、青春飞扬、俊采星驰的新同学们！这颗明珠因为有了你们的加入将焕发出更加夺目的光芒！看啊，为了欢迎远道而来的你们，灰白的校道风不扬尘，静待着双双新足的丈量；风雨轩静伫一隅，企盼着莘莘学子的书声朗朗；世纪广场外方内圆，寓示着人生的大智慧；春晖园内鸟语花香，吸引你们前去怡情抒怀；负笈桥下风荷摇曳，素手轻扬，邀约离家的你前去舒解那如缕的乡愁；宽敞平坦的运动场静待你们前去挥洒激情与汗水，锤炼精神，强健体魄……

风华正茂的你们正站在人生跑道的新起点上，你们的人生将在这里展开新的一页。这里是文明的殿堂，这里是知识的海洋，这里是人才的摇篮。在这里放飞你的梦想，在这里收获你的希望。

这里有慈如父母的老师，这里有亲如兄弟的同学，这里有现代化的网络设施，这里有最先进的教学体系。这里是欢乐的大家庭，这里是知识的竞技场。做好准备吧，同学们，新的起跑线就在你的脚下，鼓起勇气，朝着终点进发。

海阔凭鱼跃，天高任鸟飞。大学，是人生梦想腾飞的舞台，是意志百炼成钢的熔炉！学校以××学院为依托，实行特色办学，秉承“建设一流学科，培育一流成果，培养一流人才”的办学理念，实行精英式教育教学管理，特聘多名教育界知名人士及管理英才加盟，共同组成了一支师德高尚、教艺精湛、经验丰富、结构合理、素质精良的师资队伍，竭力为家长和学生搭建一处陶冶心灵、涵泳知识的育人港湾。严格规范的管理制度，使学生有安全感，家长有放心感，学校有荣誉感，充分体现了“环境育人，管理育人，服务育人”的管理特色。我们相信，在这里，你将放大梦想，成就人生，实现新的人生跨越。

最后，愿我们的每一位新同学都有一个新的开始，有一段无怨无悔、值得回味的大学时光，拥有一个崭新的未来！

××学院全体教职员工

×年×月×日

二、欢送词

（一）欢送词的概念

欢送词是指向客人告别的正式场合中主人发表的送别客人的致词。会议闭幕、学生毕业、客人结束访问等，都要表示热烈欢送。

（二）欢送词的特点

（1）惜别情　有句古诗说得好，“相见时难别亦难”，中国人重情谊这一千古不变的民族传统精神在今天更显得珍贵。欢送词是要表达对亲朋远行时的感受，所以依依惜别之情要溢于言表。当然格调也不可过于低沉。尤其是公共事务的交往更应把握好分别时用词的分寸。

（2）口语化　同欢迎词一样，口语化也是欢送词的显著特点之一。遣词造句也应注意使用生活化的语言，使送别既富有情趣又自然得体。

（三）欢送词的种类

欢送词同欢迎词在分类上大致一样，这里不详加说明，只作简单的列举。

按表达方式来分可分为现场讲演欢送词和报刊发表欢送词两种。按社交的公关性质来分可分为私人交往欢送词和公事往来欢送词两种。

（四）欢送词的基本格式和写法

同欢迎词一样，欢送词也由标题、称谓、正文、落款四部分构成。

（1）标题　同欢迎词的标题大体相同，或由欢送对象与文种构成，如“欢送×××归国的讲话”，或单独以文种名为标题，如“欢送词”。

(2) 称谓　写法与欢迎词相同。

(3) 正文　首先，要表达真挚、热情的欢送之意；其次，叙述被送者或宾客的成绩、贡献或双方的友谊，并对此作出积极的评价；再次，再一次表达惜别之情，以及对被送者或宾客的希望、勉励，并致以美好的祝愿。

(4) 落款　与欢迎词的写法相同。

(五) 欢送词的写作要求

1) 称呼用尊称，致词要恰到好处。

2) 感情要真挚诚恳，措辞要慎重得体。

3) 态度要真诚热情，语言要简明准确。

4) 内容要因事而异，不可张冠李戴、千篇一律。

【例文1】

欢　送　词

尊敬的××博士，尊敬的朋友们、同志们：

××博士结束了在我校为期三年的执教生活，近日就要回国了。今天我们备此薄餐，为××博士送行。

三年来，××博士以出众的才智和辛勤的工作，赢得了全校师生的信赖与尊敬。他所做的几次学术报告，开阔了我们的视野，推动了学校的教学改革。对此，请允许我代表全体师生对××博士再次表示感谢！

在三年的教学工作和日常交往中，××博士与油脂专业的师生诚挚交流，以友相待，结下了深厚的友谊，我们为此而感到高兴。

中国有句古话，“海内存知己，天涯若比邻”，千山万水无阻于我们友谊的发展，隔不断彼此之间的联系。我们期望××博士在适当的时候再回来做客，讲学。

××博士将踏上回程的时候，请带上我们全体师生的深情厚谊，也请给我们留下宝贵的意见和建议。

×××

×年×月×日

【例文2】

在欢送史密斯教授回国仪式上的讲话

同志们、朋友们：

时光飞逝。二十天前，我们大家曾高兴地在这个礼堂集会，热烈欢迎史密斯教授。今天，在史密斯教授讲学结束并访问了我国许多地方之后，我们又欢聚一堂，感到特别亲切和愉快。史密斯教授将于明天启程回国。

史密斯教授是我们的一位老朋友，他非常熟悉我们各方面的情况。这次，他在我校的讲学非常成功，使我们受益匪浅。在此我代表全校师生向他表示衷心的感谢！

在我国访问期间，史密斯教授认真考察了我国的经济、文化和教育等方面的情况，我们诚恳地希望史密斯教授给我们提出批评、指导，以便我们改进日后的工作。

在与史密斯教授分别之际，我们借此机会，请他转达我们对美国人民的深情厚谊，转达我们对美国人民的亲切问候和良好祝愿。祝愿美国人民幸福、欢乐！

我们欢迎史密斯教授再度访问中国！

最后祝愿史密斯教授回国途中一路平安！

×××

×年×月×日

【例文3】

学院致2006届毕业生欢送词

亲爱的2006届毕业生：

在这充满深情留念和美好憧憬的日子里，你们，作为新一届大学毕业生和祖国现代化建设事业的接班人，即将结束流光溢彩的大学生活，走向社会，到改革开放的大潮中去接受洗礼，迎接新的挑战，并最终将自己锻炼成为全面建设小康社会，开创中国特色社会主义事业新局面的生力军。

在母校宁静温暖的怀抱里，你们曾留下奋进拼搏的足迹。为了翱翔蓝天，你们一遍又一遍地振翅高飞；为了驶入大海，你们一次又一次地抗击风浪。窗明几净的教室里出现过你们专心致志的身影，丰富多彩的文体活动中展示过你们充满青春活力的风采，夕阳晚照的林荫道上留下过你们探求知识、思索人生的足迹……

现在，你们将挥挥手，告别母校，踏上新的征程。同学们，大学毕业既是终点，也是起点。党和国家对当代大学生寄予了殷切的期望，当代大学生理应成为有远大理想的一代、艰苦创业的一代、道德高尚的一代。母校希望你们在"三个代表"重要思想和党的十六大精神的指引下，树立远大的理想，发扬艰苦创业的精神；坚定信念、淡泊名利；开拓创新，积极进取；到农村去，到基层去，到艰苦的地方去，到祖国最需要的地方去无私奉献，建功立业。国家的振兴需要科技，科技的发展需要人才。党和国家立足国情提出并实施"科教兴国"战略，作为新世纪的大学生，应从自身实际出发，利用自己所掌握的专业知识和实践能力，积极投身于实现中华民族伟大复兴的千秋伟业中去，施展才华，建设国家。母校希望你们用丰富的专业知识、高尚的职业道德、精湛的业务水平，为祖国的建设添砖加瓦，为祖国的繁荣富强贡献智慧和力量，母校相信你们会在长期而艰苦的实践中不断体现自己的人生价值，努力实现自己的人生目标。

千里之行，始于足下。亲爱的同学们，愿你们志在千里，求真务实，忠于职守，勤奋工作，以优异的成绩报效祖国，以优异的成绩为母校争光。今天，母校师长欢送你们踏上学成报国的万里征程；明天，父老乡亲和老师同学将分享你们事业成功的无限快乐。

海阔凭鱼跃，天高任鸟飞。亲爱的同学们，祝你们一路顺风，早日实现远大的理想，拥有美好的未来。

××学院

×年×月×日

三、答谢词

（一）答谢词的概念

答谢词是指宾客在离去时，对主人的热情接待表示感谢，或是在公众场合对别人的帮助表示感谢的致词。

（二）答谢词的特点

答谢词的特点与欢迎词、欢送词相似。

（三）答谢词的基本格式和写法

答谢词由标题、称谓、正文、祝颂语和落款五部分组成。

（1）标题　在第一行正中写“答谢词”三字。

（2）称谓　在第二行顶格写被答谢者姓名。

（3）正文

首先，对欢迎或欢送表示衷心的感谢。

其次，赞颂欢迎或欢送者以及他所代表的国家、组织以往在各方面的成就，或赞颂其为增进双方的友谊所作的贡献。同时，也可简述一些重大的原则、立场问题。

再次，提出希望和要求，指出双方共同前进的目标和方向。

（4）祝颂语　再一次对欢迎或欢送表示感谢并致以美好的祝愿。

如果是在公众场合对别人的帮助表示感谢的致词，正文部分的内容则应是：

1）对别人的帮助致以衷心的谢意。

2）回顾自己遇到的困难以及对方给予的关怀、支持和帮助。重点说明这种帮助起到的重要作用和具有的重大意义，进而赞扬对方的高尚品德及崇高精神。

3）再一次向对方表示感谢。

在结尾部分则应表示决心：今后要以搞好学习、工作的实际行动来感谢对方的支持和帮助。

（5）落款　在正文右下方署明致答谢词者的姓名及致词的时间。

（四）答谢词的写作要求

撰写答谢词的写作要求与欢迎词、欢送词相同。

【例文1】

答　谢　词

佩里先生：

我们对美国的访问即将结束，并将很快返回中国。在临别前夕我谨代表我的同事并以我个人的名义，对您在我们访问期间所给予的热情款待表示感谢！我相信，我们这次访问将有利于进一步加强双方在汽车贸易方面的合作。我和我的同事们盼望在不久的将来能有幸在中国欢迎您，从而使我们之间的合作关系继续向前推进。

谨致美好的祝愿！

顺祝身体健康！

中国汽车贸易代表团

团长：李××

×年×月×日

【例文2】

在接受救灾粮仪式上的答谢词

亲爱的××领导，远道而来的客人们：

今天，我们怀着无比感激、无比振奋的心情，在这里迎接××红十字会给我们县师生捐赠救灾粮的亲人。

今年7月以来，我国遭受了百年未遇的大旱灾。七、八、九三个月，炎阳连天，滴雨不下，池塘干涸，溪河断流，天地龟裂，禾苗枯死，真是赤地千里！虽经我们奋力抗灾，但自然灾害的肆虐，仍使十多万人饮水困难，30多万亩粮田颗粒无收。我们县的中小学生，就有一万多名因受灾辍学，还有几万名靠同学、教师、亲属的接济度日。然而，党和政府没有忘记我们，兄弟县市的乡亲没有忘记我们。省市领导多次亲临，视察灾情，组织救援，市县国家干部、职工争相解囊，捐粮捐钱。今天，我们又接到了你们无私捐助的大批救灾粮食。“一方有难，八方支援”，团结互助，无私奉献，只有在今天优越的社会主义制度下，只有在我们伟大的社会主义中国才能办到！

谢谢你们，远方的亲人。我们全县中小学生、全县人民，一定从你们的援助中吸取力量，奋发图强，重建家园；努力学习，奋勇登攀，以崭新的成绩，来报答党和人民的关怀，报答你们的深情厚谊！

×××
×年×月×日

【例文3】

学生答谢词

感谢您，老师！

九月是一首诗，饱含深情和希望；九月是一支歌，充满成功和喜悦。

在这花香满园、硕果累累的季节，我们又迎来了这个盛大的节日——教师节。

感谢您，老师！您用最动听、最生动的语言向我们传授人生的真谛，带领我们遨游知识的海洋。

感谢您，老师！是您启迪了我们的心灵，矫正好我们前进的方向。

感谢您，老师！是您使我们拥有美好的思想，坚贞的信念，勇敢地踏上前程。

幼苗不经过辛勤汗水的精心培育，怎会有万紫千红的鲜花满园；雏鹰不在狂风暴雨中磨硬翅膀，又怎能一冲九万里飞上遥远的云霄。

我们怎能忘记：是您告诉我们应当怎样做人，擦亮眼睛，辨别黑白忠奸；是您带领我们闯进书的宝库，漫步在宏伟瑰丽的知识宫殿；是您带领我们走向江河湖海，从小在大风大浪中磨炼意志。是您，亲爱的老师！多么热情，多么细致，动人心弦！虽然时光流逝，您的教诲和帮助会像刀刻一样嵌在我们心间。

当我们踯躅于幼稚和成熟的困境，徘徊在困惑和觉醒的边缘，敬爱的老师，您就会来到我们身边，用您满腔的激情和热血点燃我忧郁的思绪，放飞我踟蹰的胆量，浮动我柔弱的臂膀，擂响我怯懦的胸膛。若说鞠躬尽瘁、死而后已是绿叶的品格，那么呕心沥血、全心奉献就正是教师品质的完美写照。

老师，您伏案疾书的身影，窗前的清风记得；您刻苦钻研的身影，漫天的星斗记得；您匆匆去上课的身影，校园的小路记得；你细心教学的身影，您的学生——我们记得。

也不知是几度秋冬春夏画下了岁月的痕迹，也不知是几度岁月的风雨吹皱了您的脸庞，但是您从不居功自诩。年华奉献苦耕耘，换得桃李满天下。您是那么默默无闻，于平凡中坚守着伟大而神圣的事业。

有人说你是强者的挚友，理想的钥匙；有人说你是成功的摇篮，前进的火炬。世间最美妙的语言也无法说尽您的博大无私，您的教诲深情！

给我一枝启蒙的松明，

给我一把智慧的钥匙，

给我一个多彩的梦想，

给我一段洁白的回忆。

在这个神圣的日子，我深深地感谢您，我们最敬爱的老师！

××班全体同学

×年×月×日

【例文4】

升学宴上学生的答谢词

在座的各位叔叔阿姨们、同学们、朋友们：

大家好！

首先，感谢大家在百忙之中抽出时间来参加我的升学宴。在此，我要代表我们全家对大家的盛情光临表示最热烈的欢迎和最诚挚的谢意，并预祝大家用餐愉快！

今天，对于我来说，是十二年求学生涯的一个终点，也是人生新的旅程的一个起点，站在这里，回顾昨天，我想说的有太多太多。

其实，我今天所取得的成绩，并不只是我一个人的努力，而是倾注了很多人的辛苦与汗水。这包括我的父母、老师，还有一直以来默默支持我、关心我的叔叔阿姨们，你们都是我坚实的后盾。尤其是我的父母，他们对我倾注了全部的心血。可以说，在学业上没有老爸老妈含辛茹苦的培养，我不可能获得今天的成绩，至少，我不可能站在今天这个起点上。对于这份恩情，我将永远铭记在心。所以，在未来四年的大学生活中，我会不断完善自己，不断用知识武装自己，使自己成为一个有所造诣的人，以此来报答父母，回报老师，贡献社会！带着各位亲朋好友的祝福，我相信未来的我，会更出色！

最后恭祝各位来宾：事业蒸蒸日上，家庭美满幸福，身体健康，万事如意！

谢谢大家！

×××

×年×月×日

思考与练习

一、填空题

1. 欢迎词是指在________或________客人的正式场合中，主人发表的表示欢迎之意的致词。

2. 欢送词是指向________告别的________场合中主人发表________客人的致词。

3. 答谢词是指________在________的时候，对主人的热情接待表示________或是在公众场合对别人的帮助表示感谢的致词。

二、判断题（正确的画对号，错误的画错号）

1. 欢迎词的称谓，姓名要写全，要用尊称，可根据主客之间关系的疏密在姓名前面加上表示亲切的修饰词语。(　　)

2. 欢迎词和欢送词的格式和写法基本一样，只是正文内容有所区别。(　　)

三、选择题

1. 欢迎词的特点有（　　）。

A. 欢愉、热忱、口语化　　B. 欢愉、热忱、书面化

C. 高兴、热情、语言典雅　　D. 欢快、热情、亲昵

2. 欢送词的组成部分有（　　）。

A. 标题、称谓、正文、落款四部分　　B. 标题、正文、落款三部分

C. 标题、称谓、正文三部分　　D. 称谓、正文、落款三部分

四、简答题

1. 撰写欢迎词、欢送词的要求是什么？
2. 答谢词的正文部分包括哪些？
3. 欢迎词的格式与写法一般包括几个方面？
4. 简述欢迎词、欢送词和答谢词的异同。

五、应用写作

1. 请以学生代表名义拟写一篇欢迎新同学的欢迎词。
2. 学院召开毕业典礼，请你代表全体在校生写一篇欢送词。
3. 毕业实习结束，实习单位举行欢送会，请你代表全体参加毕业实习的同学写一篇答谢词。

第三节　开幕词、闭幕词

一、开幕词

（一）开幕词的概念

开幕词是各级党政机关、社会团体、企事业单位在会议开始时，由会议主持人或主要领导人向大会所作的重要讲话。这种讲话，说明开会宗旨，简介大会情况。

（二）开幕词的特点

一般来讲，开幕词有以下两个特点。

(1) 宣告性 开幕词是会议正式开始的标志，此后，会议的各项议程陆续展开。因此，开幕词有宣告会议开始的作用。

(2) 指导性 开幕词一般要阐明会议的宗旨、任务、目的、意义等，这些对整个会议的召开有明确的指导作用，因此，开幕词具有明显的指导性。

(三) 开幕词的基本格式和写法

开幕词一般由标题、署名、日期、称谓、正文等几部分组成。

(1) 标题 一种是会议全称加上开幕词，如“中国共产党第十五次全国代表大会开幕词”。

一种是领导人姓名加会议全称再加上开幕词，如“×××同志在×××××第××会议上的开幕词”。

一种是采用正、副标题结合的形式，如：

贴近人民生活，标举时代精神

——××××协会第××次代表大会开幕词

(2) 署名 即致开幕词的领导人的姓名，放在标题下面居中位置。

(3) 日期 开幕词的时间一般写在标题下面的正中位置，加括号。

(4) 称谓 一般写作“各位代表”、“朋友们”、“先生们、女士们”，如有特邀嘉宾，可写作“尊敬的××先生，各位代表，朋友们”等。

(5) 正文 开幕词的正文一般包括以下内容：

1) 宣布大会的开幕，交代会议的名称和内容，介绍出席会议的有关单位和领导人员等。

2) 指出召开会议的背景和意义。

3) 说明会议的中心任务、主要议题、会议的目的以及会议的议程安排。

4) 向与会者提出希望和要求。

5) 表达对会议的期望和良好祝愿。

(四) 开幕词的写作要求

1) 开幕词作为会议开始前的主要领导人的讲话，是大会正式开始的标志。其中既有对会议内容的阐述和良好祝愿，同时，也表达对与会者的欢迎，所以感情要真挚，态度要诚恳，措辞要礼貌，注意分寸，大方有礼，不卑不亢，做到善辞令而不做作，讲礼貌而非应付。切忌言不由衷，虚情假意。

2) 语言要简洁明了，篇幅要短小精悍。用字谨慎，讲究场景气氛和谐融洽。

3) 主题要明确，中心要突出。

【例文1】

在“中国国际××展览会”开幕式上的讲话

(2000年×月×日)

女士们、先生们、同志们：

早上好！由新加坡××有限公司主办，中国××协会与我分会所属的上海市××××公司承办的“中国国际××展览会”今天在这里开幕了。我谨代表中国国际贸易促进委员会上海市分会、中国国际商会上海市分会表示热烈祝贺！向前来上海参展的西班牙、比利时、中国台湾省、香港地区以及我国其他各省的中外厂商表示热烈的欢迎。

本届展览会将集中展示具有国际水准的各类××产品及生产设备，为来自全国各地的科技人员提供一次不出国的学习机会；同时，也为海内外同行共同切磋技艺创造了条件。

朋友们、同志们，上海是中国最重要的工业基地之一，也是经济、金融、科技和信息的中心。上海作为长江流域乃至全国对外开放的重要窗口，将实行全方位的开放。我国政府已将浦东的开发开放列为中国今后十年的发展重点，上海南浦大桥的正式通车，标志着浦东新区的开发已进入实质性的启动阶段。上海将进一步改善投资环境，扩大与各国各地区的合作领域。我真诚地欢迎各位展商到上海的开发区和浦东新区参观，寻求贸易和投资机会，寻求合作伙伴。作为上海市的对外商会——中国国际贸易促进会上海市分会将为各位朋友提供卓有成效的服务。

最后，预祝“中国国际××展览会”圆满成功！感谢大家！

【例文2】

××中学第九届运动会开幕词

各位领导、老师、同学：

在这生机盎然、朝气勃发的四月，我们举行“××中学第九届春季田径运动会”，旨在全面落实党的教育方针，发展体育运动，提高同学们的身心素质。本届运动会是校园文化的重要组成部分，是××中学学子展现精神面貌的一个盛会。为此，我代表学校对大会的胜利召开表示热烈的祝贺。

对为了筹办好本次运动会而精心策划，忘我工作，周密组织的组委会和筹备组工作人员以及为体现良好风貌，力争上游而刻苦训练的全体运动员，说一声：“你们辛苦了。”

体育工作是社会主义精神文明建设的一个重要内容，是社会主义“四有”人才培养的重要一环，也是学校精神文明建设和教育改革与发展的重要组成部分。

“全民健身，利国利民，功在当前，利在千秋。”体育运动是一项全民性的健身活动，关系到全体同学体魄的健全强劲，关系到同学们树立集体主义思想，提高团队精神，促进精神文明建设与发展。

本次运动会共设个人比赛项目×项，集体比赛项目×项，整个赛程计划用一天半时间完成。广大学生积极响应，踊跃参加，共有××名学生报名参加了各项比赛，其热情之高、范围之广、积极性之大，超过历届运动会。

同学们，本届运动会是对我们学校学生运动水平的一次大检阅，也是充分展示我们学校体育工作水平和精神风貌的一次很好的机会。因此，希望全体运动员发扬奥林匹克精神，发扬顽强拼搏精神，超越自我，赛出风格，赛出水平；希望全体裁判员、工作人员坚守岗位，公正裁决，确保运动会顺利进行。

预祝大会圆满成功！

谢谢大家！

二、闭幕词

（一）闭幕词的概念

闭幕词是各级党政机关、群众团体、企事业单位在会议闭幕时，由有关领导向会议所作的总结概括。

（二）闭幕词的特点

一般来讲，闭幕词有以下两个特点。

（1）总结性　闭幕词要对会议的主要内容和基本精神进行简要总结，包括会议的进程情况、解决了哪些问题、与会者提出了哪些意见和合理化的建议、今后努力的方向等，因此，具有很强的总结性。

（2）评价性　在会议的闭幕词中，不仅要对会议的主要内容和基本精神作简要概括，更要对整个会议作总体评价，如会议的收获与作用、意义与重大影响等。这对于激励与会人员为贯彻会议精神而努力奋斗具有重要的作用。

（三）闭幕词的基本格式和写法

闭幕词的结构基本与开幕词相同，一般由标题、署名、日期、称谓、正文等几部分组成。

（1）标题　标题有两种写法：一种由会议全称加上文种组成，如“××大会闭幕词”；二是由致词人姓名、会议名称加文种组成，如“××同志在××大会上的闭幕词”。

（2）署名　即致闭幕词的领导人的姓名，放在标题下面居中位置。

（3）日期　写在标题下面的正中位置。需要说明的是，日期有时放在署名之上，有时放在署名之下，两种都可以。

（4）称谓　与开幕词的写法基本相同。

（5）正文　闭幕词的正文一般包括以下内容：

1）用简洁的语言说明大会在什么情况下圆满完成了各项预定任务。

2）简要回顾会议议程进行的情况，对会议取得的成果、作用、意义等进行简要评价，对与会者的努力给予充分的肯定。

3）对会议通过的重要决议、完成的主要任务和会议的基本精神进行概括总结。

4）向与会者提出贯彻落实会议精神、做好会后工作的要求和希望。

5）郑重宣布，大会胜利闭幕。

（四）闭幕词的写作要求

1）闭幕词是带有总结性的讲话，所以，语言要高度概括，简明精练。

2）闭幕词对整个会议的评价要合理，要符合实际情况。

【例文1】

××中学第九届田径运动会闭幕词

老师们、同学们：

在全校各方关注与关怀下，在全体运动员、裁判员、工作人员和师生员工的共同努力下，我校第九届田径运动会圆满完成了各项预定的比赛项目，即将落下帷幕。在此，我代表校党委、校行政和运动会组委会，向在各项比赛中取得优异成绩的代表队和运动员，向获得“体育道德风尚奖”的代表队表示热烈的祝贺！向为本届运动会辛勤工作的裁判员、大会工作人员表示衷心的感谢！本届校运会发扬了“更高、更快、更强”的奥运精神，展现了师生“积极进取、团结奋进”的精神风貌，是一次团结的盛会、友谊的盛会、成功的盛会。在短短的两天时间里，比赛进程井然有序，赛场气氛紧凑热烈，效率很高，成绩喜人。

参加本届运动会的共有8支学生代表队，13支教职工代表队，运动员达1036人，共设比赛项目30个，规模超过历届。这次运动会成绩显著，有13人次刷新7项学校田径运动会的纪录，获学生和教工团体总分前三名的代表队分别是一年一班、一年四班、二年六班，教学代表队、后勤代表队、机关代表队。经评选一年三班、一年四班、二年一班、二年五班、教学代表队、后勤代表队、机关代表队7个集体获“体育道德风尚奖”。

在为期两天的比赛中，运动员们顽强拼搏、不畏强手。赛场上分秒必争，竞争激烈；赛场下互勉互励，气氛感人。后勤保障周到细致，裁判员和工作人员各司其职、兢兢业业，保证了比赛公平、公正。这次运动会是对学校体育工作整体水平和全体师生员工精神面貌的一次综合检阅，它有助于加强全校师生员工间的相互沟通，增进团结；有利于培养积极向上、顽强拼搏的精神。校风和校园文化得到进一步展现。这次运动会反映了在较短时间内学校整体竞技水平稳中有升，一些项目还取得了突破。从中我们可以肯定，学校体育工作的思路和方向是正确的，全体体育工作者和广大教师的工作是富有成效的，同时我们还发现了一些很有潜力的新苗子，也看到师生对体育活动的热情和专业程度也相当高，这说明学校的体育工作和体育水平还有很大的发展空间。借此东风，我们将进一步强化体育工作力度，力求在整体工作安排上、在群众体育活动的开展上、在专业队的建设上都达到一个新的水平。同时，我希望全体师生保持和发扬在这次运动会上所体现出的精神，将这种精神体现到我们的实际学习和工作中，继续推进素质教育、校园文化建设、促进学校建设和改革的发展。

老师们、同学们，让我们继往开来、再接再厉，在今后的工作和学习中取得新的更大的成绩！

现在，我宣布：××中学第九届田径运动会胜利闭幕！

【例文2】

大会闭幕词

各位代表、同志们：

××第十次代表大会，历时两天，在上级党组织的关怀支持下，在全体代表的共同努力下，圆满地完成了大会提出的各项任务。

这次大会，实事求是地回顾了过去××年来我校各项工作取得的成绩，全面客观地分析了深化改革的形势、存在的问题，满怀信心地规划了未来，重点讨论了创建世界一流大学的奋斗目标和今后各个发展阶段的主要任务，是一次承上启下、继往开来的大会。大会还经过充分的酝酿和民主选举产生了××第××届委员会和新一届纪律检查委员会，审议通过了上一届党委和纪委的工作报告。与会代表畅所欲言，就我校党建和思想政治工作以及学校改革与发展中的许多重大问题，提出了很好的意见和建议，得到了各级领导的重视。这次大会是一次发扬民主、求实创新的大会，是一次开拓进取、团结奋进的大会，我们相信，这次大会对我校进一步的改革与发展必将起到重要的推动作用。

为开好这次大会，全体工作人员和所有为大会服务的同志们，包括负责组织、宣传、会务、保卫等方面工作的同志们，辛勤工作，为大会创造了良好的工作环境和条件，保证了大会的顺利进行。我代表大会主席团和全体代表，向他们致以深深的谢意！

同志们，通过这次大会，我校努力创办全国一流学校的目标和今后一段时间内的任务更加明确，大政方针已定，关键在于落实。大会结束以后，各级党组织要认真组织广大党员和全校师生员工学习党委工作报告，统一思想，凝聚力量，集中精力落实党代会提出的各项任务。我们要加强党的领导，坚持"党要管党，从严治党"，增强各级党组织的凝聚力和战斗力，开创我校工作的新局面，坚决贯彻实施科教兴国和可持续发展战略，切实为培养合格的社会主义事业的建设者和接班人多作贡献，将教育质量、学术水平、办学效益和效率的提高，作为衡量我校各项工作成败得失的根本标准。全校的共产党员不断增强党性修养，积极带领广大群众大胆地试，勇敢地闯；广大干部特别是党员领导干部，要认真转变作风，紧紧依靠群众，做到廉政勤政，创造性地做好本单位的工作。我们要求全校广大共产党员要认真做到，工作和困难面前上一步，荣誉和利益面前退一步，从我做起，从自身做起，在群众中发挥好先锋模范作用。

各位代表，同志们，让我们在新一届党委的领导下，振奋精神，坚定信心，同心同德，艰苦创业。我们坚信，经过全校师生，特别是全体共产党员的不懈努力，到21世纪中叶我们一定能把学校建成全国一流学校。

现在我宣布，××第十次代表大会胜利闭幕。

思考与练习

一、填空题

1. 开幕词是各级党政机关、社会团体、企事业单位在会议开始时，由__________或________向大会所作的________。

2. 闭幕词是各级党政机关、群众团体、企事业单位在会议闭幕时，由有关领导向会议所作的________。

二、判断题（正确的画对号，错误的画错号）

1. 开幕词一般由标题、称谓、正文三部分组成。（　　）

2. 开幕词标题必须采用正、副标题结合的形式。（　　）

三、选择题

1. 开幕词的特点有（　　）。

A. 宣告性、指导性　　B. 总结性、评价性

C. 宣告性、总结性　　D. 指导性、评价性

2. 闭幕词包括（　　）。

A. 标题、称谓、正文、落款四部分

B. 标题、正文、落款三部分

C. 标题、署名、日期、称谓、正文五部分

D. 标题、称谓、正文、祝颂语四部分

四、简答题

1. 开幕词的正文包括哪些内容？

2. 写开幕词、闭幕词应注意什么问题？

五、应用文写作

1. 请为学院召开第×届运动会写一篇开幕词。

2. ××技师学院为庆祝第26个教师节，召开了隆重的教师节大会。请你代××技师学院团委为教师节大会写一份开幕词和闭幕词。

第四节 感谢信、慰问信

一、感谢信

（一）感谢信的概念

感谢信是单位或个人为感谢对方的关怀、支持、帮助、祝贺或勉励而写的专用书信。有写给个人的，也有写给单位的。

（二）感谢信的特点

（1）感激性　感谢信是为了感谢对方的关怀、帮助、支持而写的书信，因此行文要饱含感激之情。

（2）表扬性　感谢信不仅有表达感谢的意思，而且有表扬受谢对象的先进事迹、模范行为、高尚风格及奉献精神的作用，是通过表扬的形式来感谢。它可直接寄给受谢对象，也可在公众场合张贴，寄送新闻媒体等。

（3）翔实性　感谢信须把感谢的事项或原因翔实地叙述，让人们了解感谢之事由，唤起人们感激之共鸣。

（三）感谢信的类型

根据寄送对象不同，感谢信可以分为三种。

（1）直接寄达感谢对象　这类感谢信是直接寄送给所要感谢的对象，向对方表示深切的感谢。

（2）公开张贴　这类感谢信是寄送对方所在单位有关部门或在其单位公开张贴表扬。

（3）媒体公开播发　这类感谢信是通过广播电台、电视台、报社、杂志社等形式公开表达感谢之意，以引起公众注意，在全社会宣扬这种崇高的品质。

（四）感谢信的基本格式和写法

感谢信一般由标题、称谓、正文、致敬语、落款等五部分构成。

（1）标题　第一行正中写“感谢信”或“致×××的感谢信”等字样，字体应大些。

（2）称谓　第二行顶格写被感谢方的单位名称或个人姓名。个人姓名应加上“同志”、“先生”或职务等，称谓后加冒号。

（3）正文　第三行空两格起，写感谢的内容，一般有以下两个方面：

1）简述事迹，说明效果。应交代清楚人物、事件、时间、地点、原因和结果，并扼要叙述在关键时刻得到对方帮助所产生的客观影响和社会效果。

2）颂扬品德，表示决心。既表感激之情，又谈今后如何用实际行动向对方学习。

（4）致敬语 最后写上诸如“此致、敬礼”、“此致、最诚挚的敬礼”等表示感激和敬意的话。致敬语前半截一般连接正文，或另起一行空两格写；后半截另起一行顶格写，以表尊敬。

（5）落款 在正文右下方署上感谢者的单位名称或个人姓名及写信的时间。

（五）感谢信的写作要求

1）内容真实，叙述清楚。叙述事迹要求真实具体，何人、何时、何地、何背景下做了何事，产生什么好的结果和积极的影响，都要交代清楚，让人一目了然。

2）感情真挚，语言得体。感谢信是一种带有感情色彩的文体，表达谢意要真诚，语言要朴素，对对方的帮助与支持所产生影响的评价要恰如其分，符合实际，不要拔高。

3）以说明为主，力求短小精悍。感谢信以说明事实为主，切勿不着边际大发议论；要篇幅短小，具有说服力。

【例文1】

致温家宝总理的感谢信

尊敬的温家宝总理：

我是一个四川成都人，目前在四川电视台从事新闻工作，从5月12日下午至今，我一直被您亲临抗震救灾第一线指挥的身影感动着、鼓舞着，为我们的共和国能有您这样的好总理而感到万分自豪、万分庆幸！

5月12日下午2点28分，四川汶川的大地震发生后，您立即放下手上千头万绪的工作，赶赴四川灾区前线指挥抗震救灾，您还在飞往成都的飞机上就向全国人民发表电视讲话，号召大家抗震救灾。您到成都后，没有来得及休息，立即赶赴都江堰市灾区指挥抗震救灾，您亲临都江堰市聚源中学和都江堰市中医院的废墟现场慰问灾民，给受困的人员以鼓励，您在都江堰市那十分简易的指挥所里冒雨布置抢救工作、下达救灾命令，您饱含深情地说：“汶川的道路不通，就是走也要走到汶川去，早一秒到达，就早营救出一个被困人员的生命！”在随后的几天里，您不顾疲劳，赶往德阳灾区、绵阳灾区，甚至乘坐直升机亲临汶川这样非常危险的地震中心指挥抗震救灾、慰问灾民。您每到一地，都向广大的救援人员和灾民发表讲话，您的声音都嘶哑了，却是那么有力，那么坚强。您的每一次讲话都给了我们极大的信心和鼓舞，在您的声音里，我们不仅感受到了中国政府的抗震决心，更看到了中国政府在这次地震中的应急能力、组织能力和指挥能力。

尊敬的温家宝总理，我深信，像您这样长时间冒着危险亲临灾区第一线指挥抗震救灾的国家领导人，在中国历史上是前所未有的，在世界历史上也是前所未有的！作为中华人民共和国的总理，您真正做到了“情为民所系，利为民所谋”，真正体现了“执政为民”。您是我们的好总理，是我们的亲人，我作为四川灾区的一员，深深地感谢您，我向您鞠躬了！

尊敬的温总理，北川、映秀和汶川地区，至今余震不断、滑坡不断，您在亲临现场的时候，一定要保护好自己，您的平安，是四川灾民和我父母最大的幸福！我代表我的父母和兄弟姊妹，感谢您，您辛苦了！等抗震救灾结束了，如果有可能，我一定请您好好吃一顿咱们成都地道的火锅、喝一碗咱们四川地道的盖碗茶，好吗？

尊敬的温家宝总理，您多多保重！

四川成都人：汪××

2008年5月16日于成都

【例文2】

感 谢 信

××部队全体指战员：

我县今年遇到了特大洪水灾害。在万分紧急的情况下，你部队全体干部、战士发扬了无私无畏的战斗精神，同我县全体人民并肩战斗，赢得了抗洪斗争的胜利。你们这种心系人民、无私忘我的精神是值得我们崇敬和学习的。为此，特向你们表示衷心的感谢！

我们决心在党中央的领导下，努力搞好工农业生产，以实际行动报答你们的关怀，为早日实现祖国的四个现代化而努力。

此致

敬礼！

××省××县人民政府

×年×月×日

二、慰问信

（一）慰问信的概念

慰问信是以组织或个人名义向某一集体或个人表示关怀和问候的信件。它多在节日或遇有重大事件或特殊情况时使用。慰问信可寄给本人及本人所在的单位，也可以登报或广播。

（二）慰问信的特点

（1）针对性　慰问信是专门写给特定对象的信函，其内容和用语应根据慰问对象确定，因此其行文对象、行文目的、内容都很有针对性。

（2）鼓动性　不论是表彰慰问，还是安抚慰问或是节日慰问，其最终目的是在慰问的同时给予鼓励，所以写慰问信总少不了鼓励。

（3）亲切性　慰问信用语要亲切，要让受慰问者透过字里行间，感受到情谊温暖，并从中得到慰藉，从而鼓起战胜困难的勇气，激发前进的信心。

（三）慰问信的种类

慰问信包括两种。

（1）表示同情安慰　在对方遭受痛苦灾难时表示慰问和同情，并鼓励对方战胜灾难和痛苦，重新燃起生活的勇气和信心，以崭新的姿态面对生活。

（2）在节日表示问候　在节日来临之际向被慰问者致以节日的问候。

（四）慰问信的基本格式和写法

慰问信一般由标题、称谓、正文、祝颂语、落款五部分构成。

（1）标题　第一行正中写“慰问信”或“×××致×××的慰问信”等字样。

（2）称谓　第二行顶格写被慰问的单位或个人姓名。

(3) 正文　第三行空两格起，写慰问的主要内容，包括以下几个方面：

1) 原因背景。一般用简要的文字陈述目前形势，写明慰问的背景和原因，以提起下文。

2) 叙述事实。应比较全面、具体地叙述对方的模范事迹或遇到的困难，要实事求是地肯定其功绩，然后向对方表示慰问和学习。

3) 结语部分。先结合形势与任务提出殷切的希望，接着表示共同的愿望和决心，最后用一句慰勉与祝愿的话作结。

(4) 祝颂语　写祝愿的话。接在正文后面或是另起一行空两格写“祝”、“此致”，然后在下一行顶格写“节日愉快”、“取得更大成绩”、“敬礼”等。

(5) 落款　正文右下角署上写慰问信的单位名称或个人姓名，并注明写信日期。

(五) 慰问信的写作要求

1) 对象明确。不同的对象，慰问内容和重点不同。例如，对方是在“四化”建设中取得巨大成绩、作出突出贡献的人，内容应以赞扬、歌颂对方的业绩为主；如对方是遭受巨大灾害、损失的人，内容应着重向对方表示关怀、慰问和支持。

2) 感情真挚。适当运用抒情的表达方式，使受慰问者充分感受组织的温暖、同志的关心，在精神上得到安慰和鼓励，从而增强克服困难的勇气和信心。

3) 力求短小精悍，真切动人。

【例文1】

给春节期间坚守工作岗位的全体职工及其家属的慰问信

全体职工及其家属同志们：

值此新春佳节之际，向你们致以节日的问候和崇高的敬礼！春节是中华民族的传统节日，历来受到人们的高度重视。在此期间，千家万户欢聚一堂、辞旧迎新，亲朋好友举杯开怀、叙情联谊。大家都陶醉在节日的欢乐气氛中。可是你们——全体职工同志，为了抢时间，争速度，为我国一项重点建设工程赶制成套优质设备，主动提出春节期间不休息，仍然紧张战斗在生产第一线；还有你们——我厂职工家属同志们，放弃节日欢聚，不仅没有怨言，有人还把饺子亲自送到车间，并帮助工厂做些力所能及的劳动……所有这些，都充分显示了中国工人阶级的伟大胸怀和崇高的精神世界！你们这种大公无私的精神，值得赞扬，值得学习，值得嘉奖！

同志们，春节期间你们虽然没能休息，没能同家人很好地团聚，但你们的春节却是过得最有意义的。厂领导感激你们，全国人民感激你们！让我们再次向你们表示亲切的慰问和衷心的感谢！

敬祝

春节好！

中共×××厂委员会×××厂厂部

×年×月×日

【例文2】

给灾区某中学同学们的慰问信

××县××中学全体同学：

你们好！听说你们那里遭受水灾，部分教室被洪水冲倒，教学设备受到很大损失，我们全体同学对你们表示深切的同情并致以亲切的慰问。

你们现在的生活和学习，一定会有一些困难，但我们相信，在党和政府有关部门的关怀下，生活一定能得到适当的安排，学习也能很快恢复。灾区人民在抗洪抢险的战斗中所表现出来的公而忘私、团结友爱的高尚品质，使我们深受感动。你们也一定会以父兄们为榜样，发扬战胜困难的精神，在老师们的带领下，很快恢复学校的面貌。

随信寄去图书300册，人民币5 000元，钱物虽然微薄，但这是我们1 200名同学友爱的心意。愿我们携起手来，共同前进。

最后，祝你们在抗灾建校斗争中早日取得胜利！

××中学全体同学

×年×月×日

【例文3】

给灾区小朋友的一封慰问信

灾区的小朋友：

你们好！前几天，我从电视上了解到你们的生活。我知道你们的生活非常艰辛。但是，你们要坚强，用自己的意志来战胜困难！不要哭泣，在困难面前，你们应该用微笑面对；不要伤心，失去了家人的你，背后还有一个大中华可以依靠；不要恐惧，地震过后，一切都会恢复原来的平静和安宁。

天灾无情人有情，地震给你们带来了难以承受的灾难。但是，中华人民、全世界人民都会帮助你们的，中华民族的团结让地震不敢再放纵，不敢再猖狂。它怕了，退缩了。团结的力量使爱到处蔓延，爱淹没了地震，打倒了地震，所以它远远地离开了。

总理在灾区的出现，证实他和你们在一起，你们的痛苦总理深深地知道，他的关怀和问候能驱散你们心头的阴影，总理的行动告诉我们，我们身后是强大的祖国。源源不断地送往灾区的救灾物资和救灾款，带着的是人民的爱心。有了它们，你们就能健康成长，在灾难过后坚持学习，怀着祖国的希望健康成长。

我知道，在你们中间，有许多小英雄，他们在地震来临时表现出了少先队员无与伦比的勇气和镇定，不顾自己的安危奋力救出同学；为了让后面的同学逃生，忍痛拽掉了自己的胳膊；在废墟中对救援的叔叔说："你们不要着急，我不怕。""你们先去救他吧！"……一桩桩，一件件，在我心里激起了波澜。我真佩服你们呀，在灾难面前沉着冷静、勇敢无畏。你们是我学习的榜样。

让我们一起来学习，以优异的成绩来回报那些曾给予你们帮助的人们，来回报祖国的关怀！

祝你们早日重建家园，再现一个更加美丽的富饶的天府之国！

关心你们的朋友　董×

2008年6月20日

思考与练习

一、填空题

1. 感谢信一般由标题、________、________、________、落款等五部分构成。

2. 感谢信是单位或个人为感谢对方的关怀、支持、帮助、________或________而写的专用书信。

3. 慰问信可寄给本人或者本人所在单位，也可以________而写的专用书信。

二、判断题（正确的画对号，错误的画错号）

1. 慰问信多在节日或遇有重大事件或特殊情况时使用。（　　）

2. 致敬语前半截一般连接正文或另起一行空两格写，后半截另起一行也空两格写。（　　）

3. 感谢信的感谢内容必须实事求是，反对言过其实。（　　）

4. 感谢信如是写给个人，可不写标题。（　　）

5. 感谢信具有感激性、表扬性、翔实性的特点。（　　）

6. 感谢信有感谢与表扬双重作用，是通过表扬的形式来感谢。（　　）

三、选择题

1. 感谢信的特点有（　　）。

A. 感激性、表扬性、翔实性　　B. 针对性、表扬性、亲切性

C. 感激性、针对性、具体性　　D. 表扬性、亲切性、翔实性

2. 慰问信的特点是（　　）。

A. 针对性、鼓动性、亲切性　　B. 抚慰性、表扬性、针对性

C. 鼓动性、翔实性、亲切性　　D. 表扬性、鼓动性、亲切性

四、简答题

1. 感谢信、慰问信各自有哪些特点？

2. 感谢信的正文一般由哪两个方面的内容？

五、应用文写作

1. 根据下列材料写一封感谢信。

×学校一名学生周末外出时不慎从高处掉下，摔断了腿，由于家境贫困，医药费不够，学校学生会组织全校师生为其捐款近万元，请你以该同学的名义写一封感谢信，感谢捐款的老师同学。

2. 假设教师节快到了，请你执笔以××学校学生会的名义给全校教师写一封慰问信。要求做到内容充实、感情真挚、格式规范、语句简练。

3. ××地区暴雨成灾，大部分地区被淹，交通受阻，许多人的生命和财产受到威胁和损失。××公司员工因距离较远，不能前去抗涝救灾，决定捐些钱和衣物寄去。在寄钱和衣物的同时，还准备寄去一封慰问信。请你代为起草这封慰问信。

第五节　表扬信、批评信

一、表扬信

(一) 表扬信的概念

人们在表彰好人好事、先进思想、先进事迹时都用表扬信。表扬信可以以组织的名义写，也可以以个人的名义写。

(二) 表扬信的特点

(1) 弘扬正气，褒奖善良　表扬信要表扬的都是那些为社会作出贡献的单位或个人，要通过表扬好人好事来发扬无私奉献、乐于助人的精神，以期形成一个良好的社会风气。

(2) 表扬为主，兼顾感谢　表扬信一般均有感谢的成分，尤其是表扬的事迹同写信人有关时，更要在表扬信中表达出自己的谢意。

(3) 发文的公开性　表扬信可以张贴、登报，也可以在电台上播放。

(三) 表扬信的种类

表扬信一般来说分两种：

1) 以领导机关或群众全体的名义表彰其所属的单位、集体、个人。这种表扬信可以在授奖大会上由负责同志宣读，也可以登报、广播。

2) 群众之间的互相表扬。这种表扬信不仅赞颂对方的好品德、好风格，也有感谢的意思。

(四) 表扬信的格式和写法

表扬信一般由标题、称谓、正文、落款等部分构成。

(1) 标题　一般只写“表扬信”三个字，另外可以根据内容概括题目。

(2) 称谓　顶格写被表扬的单位或个人名称。如果是写给个人的，应在姓名之后加上“同志”、“先生”等字样，其后加冒号。

(3) 正文　从第三行空两格起，写表扬的内容。首先应重点概述表扬的缘由，然后再写评析的决定，最后写希望要求。这种写法大都是领导机关或群众团体表扬基层单位和职工时用。写作的语气应是赞扬、勉励、学习。也可以按照事实发生、发展、结局的先后顺序，抓住关键问题进行叙述。这种写法适合群众之间的相互表扬时用。写作语气应是赞美、敬慕。另外，表扬信叙述事迹要真实，不虚构编造，不任意夸大或缩小，不以偏概全。如果弄虚作假，就会在社会上造成不良影响，不仅失去读者的信任，而且被表扬者也会感到难堪。

(4) 落款　写表扬信的单位名称或个人姓名，并写明年、月、日。

(五) 表扬信的写作要求

1) 叙事要实事求是。对被表扬的人和事的叙述一定要准确无误，既不夸大，也不缩小。评价要实事求是，恰如其分。

2) 要用事实说理。要充分反映出对方的可贵品质。写动人事迹要做到见人、见事、见精神。不要以空泛的说理代替动人的事迹。

3) 表扬信语气要热情、恳切，文字要朴素、精练，篇幅要短小、精悍。

4）表扬信可以组织名义写，也可以个人名义写。除信中给予的表扬外，也可以建议有关部门给予表扬。

【例文1】

表　扬　信

××大学：

在“绿化××，美化家乡”的义务劳动中，你校师生不仅提前、出色地完成了分给你们的任务，而且主动协助邻近单位，主动承担额外任务，这种积极主动、助人为乐的共产主义精神受到了大家的一致赞扬，对推动我市绿化工作起到了模范带头作用。

为此，特奖贵校锦旗一面，授予贵校“绿化标兵”光荣称号。

望贵校全体师生，发扬优良作风，再接再厉，为搞好我市的绿化工作而继续努力！

××市人民政府绿化办公室

×年×月×日

【例文2】

义务献血表扬信

可亲可敬的献血者：

有人说：感谢阳光和雨露，赐万物以生命；感谢生活的艰辛，让我们学会感激……我们想增加一句：感谢全学院的无偿献血者，让人间充满了爱，让失血的生命重获生机！

5月12日四川汶川发生8.0级大地震，人员伤亡惨重，急需大量的血液。5月21日9点，由北师大珠海分校红十字会组织的“爱心献血感恩社会——2008年无偿献血活动”在图书馆前广场拉开序幕。来自法政学院各年级的同学积极自愿地参与了这次献血活动。

血液是宝贵的，更宝贵的是关爱他人的博爱之心。法政学院的30名学子们积极参加无偿献血的行动不仅挽救了许多人的生命，而且弘扬了救死扶伤、乐于助人的奉献精神，充分体现了当代大学生以真情奉献社会，以爱心温暖校园的崇高思想品德。你们献出的一份爱心，将使整个社会变得更加温馨与和谐！

我们相信，全体师生都将以你们为榜样，加入到无偿献血的队伍中来，在四川人民需要我们的时候，奉献我们的热血和爱心。

最后，真诚地感谢法政学院所有献血的和有心献血的同学们！祝愿你们今后身体健康，学业有成，为国家和学校的发展作出更大的贡献！

××学院

×年×月×日

二、批评信

（一）批评信的概念

批评信是对个人或单位的错误言行提出批评的信件。

（二）批评信的基本格式和写法

批评信一般由标题、称谓、正文、落款四部分构成。

（1）标题　批评信的标题居中，一般不写“批评信”三个字，而是以批评事项做标题。

（2）称谓　顶格写被批评的单位或个人名称。如果是批评个人的，应在姓名之后加上“同志”、“先生”等字样，其后加冒号。

（3）正文　写所批评的缘由。本部分须另起一行，空两格写。

如果是批评单位或领导者的，结尾可对被批评的错误事项提出正确建议；如果是批评个人的，则要谈些鼓励的话语。

（4）落款　签上批评者或单位的姓名，并在下方注明年、月、日。

【例文1】

用“拉”、“扯”的办法招徕顾客的做法不可行

编辑同志：

前不久，我出差去沈阳，在太原街附近被一家个体饭馆的服务员硬逼着吃了一顿饭。回味起来觉得不是滋味。在那条街上有六七家个体饭馆，几乎每家店前都有一两个青年“女招待”。她们看见有人往饭馆张望，便连拉带扯地把你弄进去，不容分说地把面条、水饺端到你跟前，硬逼着你吃。做生意笑脸相迎，热情待客是应该的。但买不买东西、吃不吃饭，应由顾客自愿，怎能拉客逼客吃饭呢？生意的好坏，不仅与服务态度有关，更主要的是靠经营商品的质量、品种和价格的合理，来取得顾客的信任。用“拉”、“扯”的办法逼顾客吃饭是招不来更多客人的。

上海空军某学院陈××

×年×月×日

【例文2】

给电视台的批评信

上海东方卫视：

×年×月×日晚，上海东方卫视直播了一场名叫“加油！东方天使”的比赛。在此过程中，主持人×××对参赛选手××说的一段话，明显是不恰当的。

当时，××向大家说明，下一轮比赛，她不能参加了。因为她将要参加一项与世界博览会有关的工作，从时间方面考虑，无法继续参加比赛，所以她只能退出。这时候，主持人×××开始指责××。主持人责问××：为什么在知道自己要退出之后，不把晋级的机会让给其他选手？为什么不在本轮比赛之前说，而要在本轮比赛之后说？在××几次解释之后，主持人依然不断责怪××。××已经伤心地哭了，主持人却说：“你的眼泪是没有价值的。”

作为观众，我认为主持人×××所说的话有以下几个不恰当之处。

第一个不当之处：当今世界，各种比赛众多，在比赛过程中，参赛选手提出退出比赛，并不奇怪。选手退赛的原因，往往是个人、家庭等原因，或是工作方面的原因。作为电视台的主持人，应该给予谅解，并友好地表示良好的祝愿。但是主持人却带着不满的语气，不停地责怪，表面上是问原因，实际上是发泄不满情绪。第二个不当之处：大家都知道，在生活中，日常人际交往中，人与人之间应该相互谦让；但是在比赛中，提倡积极的竞争，只有在竞争中，才能充分展现选手的水平。其他选手如果想晋级，应该凭借实力，通过竞争来实现，而不是指望着××让出机会。主持人责问××：为什么不把机会让给其他选手。这种责问是不应该的。

……

主持人的工作是把电视节目的各个环节串联起来，让电视节目在友善的气氛中顺利地进行下去。如果参赛选手有什么缺点，应该在节目完毕后，再提出批评、意见和建议。

这件事情应该成为主持人行业中的反面例子，广大主持人应该引以为戒。

祝你们工作进步。

观众：××

×年×月×日

【例文3】

给妹妹的批评信

小妹：

很长一段日子没有收到你的来信，不知为何。

听父亲来信说你变了，不像我在家时那么听话，常为一些小事和父亲吵嘴，还交些不三不四的朋友。父亲说你几句，你就强词夺理，我知道后，心里真为你感到不安。

我出国留学时，你曾向我保证："家里一切有我，你放心去吧，我会努力学习，今后也像哥哥一样出国留学……"小妹，不是每个人都能有出国留学的机会，要靠平时勤奋好学，刻苦努力。你如继续这样下去，不听从父亲的劝告，你定会后悔的。

我们的母亲死得早，父亲含辛茹苦地抚养我们两兄妹长大成人，他既要当父亲又要当母亲，小时他最疼爱你，你有一点小病，就忙请假送你上医院。学习上他要关心、辅导，我们的每一点成绩，都与父亲的教导分不开。特别是我处在没有母亲的家庭能出国留学，好不叫人美慕。

小妹！今年你还不到18岁，交朋友还为时过早，为什么不在这段时间努力学习？高中毕业如不能继续升学，可以考一考中专学校，你不是爱好服装设计吗？你如能学习这个专业，想必今后会大有前途。爱美之心人人皆有，你何不尝试一下呢？

你如果认为大哥的话是对的，请你照我的话去做。祝学习进步！

深爱你的大哥××

×年×月×日

思考与练习

一、填空题

1. 人们在表彰________、________、________时都用表扬信。表扬信可以以________的名义写，也可以以________的名义写。

2. 批评信是对个人或单位的错误________提出________的信件。

二、判断题（正确的画对号，错误的画错号）

1. 批评信的标题一般居中，不写“批评信”三个字，而是以批评事项做标题。（　　）

2. 表扬信叙述事实要稍微夸大一些，这样才能使别人产生敬慕。（　　）

三、选择题

1. 不属于表扬信的特点的一项是（　　）。

A. 弘扬正气，褒奖善良　　B. 表扬为主，兼顾感谢

C. 发文的公开性　　D. 表扬为主，兼顾鼓动

2. 批评信的结构包括（　　）。

A. 标题、称谓、正文、落款四部分　　B. 标题、正文、落款三部分

C. 标题、称谓、正文三部分　　D. 标题、正文、祝颂语、落款四部分

四、简答题

1. 表扬信分为哪两种？

2. 写批评信应注意什么问题？

五、根据材料写一封表扬信

×校学生会组织学生干部周末去养老院服务，给老人送去了温暖和关爱。请你以养老院的名义写一封表扬信，表扬这些学生会干部。

第六节　请柬、邀请书、聘书

一、请柬

（一）请柬的概念

请柬，又叫请帖，是邀请客人时发出的专用信件。

（二）请柬的特点

（1）使用范围广　从使用对象看，机关、团体、单位、个人均可使用。从应用内容看，大至国家级大型宾宴、纪念活动、奠基仪式；小至个人生日婚娶等都可使用。

（2）内容简短　请柬只要点明邀请对象、时间、事项、地点即可。

（三）请柬的类型

请柬按用途分类，有会议类请柬，专为庆祝会、纪念会、座谈会等发出；活动类请柬，专为仪式、宴请、执行等发出；工作类请柬，专为成果的评审、鉴定、决策的论证而发出。

（四）请柬的基本格式和写法

请柬一般由标题、称谓、正文、祝颂语和落款几部分构成。

（1）标题　即写“请柬”。如果请柬是折页纸，封面除写“请柬”二字，还要做些艺术加工，如图案装饰，文字用美术体，并可套红或烫金。如果请柬是单页纸，第一行正中写“请柬”二字。

（2）称谓　写被邀请者（单位或个人）的名称，如“××研究所”、“××先生”、“××教授”等。称谓有时写在正文之上抬头顶格处；有时将请柬再放入信封，称谓写在信封上，请柬上就不再写称谓。

(3) 正文 要写清被邀请人何时、何地、参加什么活动或会议等。

(4) 祝颂语 可写“敬请光临指导”、“敬请届时出席”、“敬请莅临”或“此致”、“敬礼”等。

(5) 落款 注明发请柬的单位或个人，并写明发请柬的日期（年、月、日），若单位发请柬有时还需加公章。

(五) 请柬的写作要求

1）首先应准确、清楚地写明被邀请者的姓名、身份、邀请事由以及注意事项。

2）请柬的语言应符合活动的内容和场合，既要简洁、通俗、明白，又要优美、典雅、热情，使被邀请者阅后感到愉悦。

3）还应注意发请柬的场合。如请柬是邀请名人、专家、领导等的通知书，为了表明举办活动的隆重和对所邀客人的尊敬，在发送请柬时，一般应挑选比较严肃、庄重的场合。发送时可派专人送去，也可通过邮局邮寄。

【例文1】 纪念会请柬

1973—2003

纪念××人民出版社建社三十周年

请柬

（封面）

×××同志：

定于十一月四日上午九时，在本社召开建社三十周年座谈会。敬请光临指导。

致以

敬礼

××人民出版社

×年×月×日

（背面）

【例文2】

请　　柬

××同志：

为纪念本刊创办三十周年，活跃文学创作与文学评论，本刊定于×月×日×时在××举行“评论与写作”专题座谈会，特邀请您参加，届时敬请光临。

××编辑部

×年×月×日

二、邀请书

（一）邀请书的概念

邀请书是党、政、军和各种学术团体在召开重大会议时所常用的一种应用文样式。

（二）邀请书的特点

（1）文字性　是指它的书面性。它与一般的通知不同，后者可以是书面的，也可以是口头传达的，而邀请书只能是书面的，或直接当面呈递，或托人致送，或邮寄。

（2）广泛性　邀请书除了有请帖的作用外，还向被邀请者交代有关需要做的事情。它的使用范围十分广泛。凡负责各种会议日常事务工作的文秘工作人员都要根据会议情况写出合乎要求的邀请书。

（3）非保密性　邀请书与一般的书信不同，一般的书信对象性强，只有收信人才有权拆看书信的内容，这是一般书信的保密性。而邀请书的内容一般情况下则是公开的，是允许被邀请人以外的人看的，在请人托带时，信封往往是不封口的。

（三）邀请书的基本格式和写法

（1）标题　在纸的上方中间用大于正文的字体标出“邀请书”三个字。也可在“邀请书”三字前用小字标出发邀请书的单位名称。为示喜庆，标题可作适当的装饰，如饰以花边、字体用美术字。

（2）称谓　在正文的上一行顶格写被邀请者（个人或单位）名称。姓名之后可加“书记”、“校长”等职称或“先生”、“女士”等尊称。单位名称要用全称，以示尊敬。称呼之后加冒号。

（3）正文　在称谓下一行空两格写正文内容。正文一般包括前言和事项两部分。前言只简单地说明何时何地有什么活动并邀请其参加就可以了，这一部分相当于一张请柬的内容。事项部分要分条列出这次活动的有关事项。

（4）落款　在正文右下方注明邀请单位的名称和发出邀请的时间。如果单位名称在标题中已标出，这里可以从略，但为了表示郑重、礼貌，一般都是要再次注明的。

（四）邀请书与请柬的区别

邀请书实际上就是一种比较复杂的请柬，它除了起请柬的作用外，还有向被邀请者交代有关需要做的事情的作用。邀请书一般多用于集体，很少用于个人，个人一般用请柬。

【例文1】

邀　请　书

××同志：

为纪念××诞辰一百周年，定于×年×月×日至×月×日在×市举行“××诞辰一百周年学术讨论会”，敬请您届时光临。现将有关事项通知于后：

一、会议以十四大精神作指导，内容为：

（一）宣读学术论文。

（二）交流教学、科学研究经验。

二、出席会议的代表原则上应向大会提交学术论文。

三、会议的住宿费、伙食补助费由大会负责，往返交通费由代表所在单位负担。

四、接到通知后，请即向大会筹备组寄回代表登记表（在会前三天不见寄回登记表，即视为不出席会议，不再安排食宿）。

五、报到时间：×年×月×日。

六、报到地点：×市××宾馆（××路××号）。

七、代表登记表请寄×市××大学××研究所××同志。

××大学（盖章）

×年×月×日

【例文2】

邀　请　书

××先生：

定于×年×月×日（星期一）上午九时在北京师范大学英东教学楼召开笔画编码查字法鉴定会。本课题由国家语言文字工作委员会立项，由北京师范大学×××课题组完成。

国家语言文字工作委员会邀请您届时出席会议。

国家语言文字工作委员会办公室（盖章）

×年×月×日

北京师范大学联系人：中文系副主任××

电话：××××××××××××

三、聘书

（一）聘书的概念

聘书是聘请书的简称。它是用于聘请某些有专业特长或有名望、有权威的人完成某项任务或担任某种职务时的书信体文书。

（二）聘书的种类

聘书可分为以下几类。

（1）荣誉性聘书　受聘者一般为社会知名度较高的专家学者，因年事已高、工作繁忙等客观原因，不能从事实际工作，聘请其任职指导工作。

（2）实职性聘书　受聘者为某一领域的专门人才，聘请其担任实际职务。

（3）事务性聘书　这是为举办某一具体活动而发的聘书。

（三）聘书的基本格式和写法

（1）标题　聘书一般是印刷好的，在封面上印上“聘书”二字，字号要求较大，制作美观、大方，有的套红、烫金。书写的聘书在用纸的第一行中间书写“聘书”或“聘请书”字样。

（2）称谓　第一行顶格，写被聘请人的姓名、称呼，如“××先生”、“××同志”等。

（3）正文　第一行空两格写“兹聘请×××先生”，接着写聘请他担任什么职务，或做什么工作，期限多久，待遇怎样等。

有的结尾另起一行空两格写“此聘”，有的不写。

(4) 署名　一般在正文后边，另起一行偏右署上聘请单位名称，并盖上公章。

(5) 日期　紧接聘请单位名称后，另起一行写上年、月、日。

(四) 聘书的写作要求

1) 内容要集中，所聘任务要交代清楚，语言要诚恳得体。

2) 要加盖公章。

【例文1】

聘　请　书

为了提高教学质量，本校总部成立了刊授教学研究会。特聘请刘×老师为指导教师，参加教学研究，并关心、指导本校的教学工作。

刊授大学（盖章）

×年×月×日

【例文2】

聘　　书

×××先生：

我厂为增加产品品种，提高设计质量，特聘请您为总设计师，聘期暂定两年，月薪暂定1 000元，奖金按效益情况发给。

此聘

×××制衣厂

×年×月×日

思考与练习

一、填空题

1. 请柬是________时发出的________，又叫________。

2. 邀请书是党、政、军和各种学术团体在________时常用的一种应用文样式。

3. 聘书是用于__________某些有专业特长或有名望、有权威的人完成__________或担任________时的书信体文书。

二、判断题（正确的画对号，错误的画错号）

1. 邀请书一般多用于集体，很少用于个人，个人一般用请柬。(　)

2. 聘书通常用手写，盖上公章即可。(　　)

三、选择题

1. 请柬按用途分为哪些类型（　　）。

A. 会议类和工作类　　B. 工作类和私事类

C. 婚事类和生日类　　D. 会议类和私事类

2. 聘书的种类有（　　）。

A. 荣誉性、实职性和事务性　　B. 荣誉性、事务性和虚职性

C. 事务性、实职性和虚名性　　D. 荣誉性、虚名性和事务性

四、简答题

1. 请柬的正文应写清哪些内容？
2. 在邀请书的正文右下方是否应该注明邀请单位名称和发出邀请的时间？为什么？
3. 请柬与邀请书有什么异同？
4. 试述请柬、邀请书的结构和写法。

五、应用文写作

1. 请以×学校名义拟写一份聘书，聘请工程师张×为校实习辅导教师。

2. ××科教有限公司拟于×年×月×日8：00—18：00在樱花酒店举办科教仪器商品洽谈会，拟向社会各界发布消息，邀请有关商家参加。请据此信息以该公司的名义，制作一份邀请书。格式、措辞要符合邀请书的要求。

第四章　专用书信应用文

4

学习目标

1. 理解并掌握介绍信、证明信、推荐信、求职信、倡议书、建议书、挑战书、应战书、决心书、保证书、申请书、辞职书的概念、基本格式和写法以及写作要求。
2. 能撰写以上各类应用文。
3. 理解并掌握履历的概念、分类、基本格式和写法以及应注意的问题。
4. 会写两种类型的履历。

第一节　介绍信、证明信

一、介绍信

（一）介绍信的概念

介绍信是行政机关、学校、团体、企事业单位派人到其他单位联系工作、了解情况或参加各种社会活动时所使用的一种专用书信。它具有介绍和证明的双重作用。

（二）介绍信的特点

介绍信用于单位和单位之间，用于特定的正式场合，有证明人物身份的特点。持介绍信的人，可以凭着此信件同有关单位或个人联系事务。对方从介绍信里就可以知道来者是何单位的，担任什么职务，办理什么事情。

（三）介绍信的种类

介绍信的分类方式可以有很多种。角度依据不同，则可以分为不同的类别。不过一般来讲，介绍信通常可以分为以下两种。

（1）手写式介绍信　这是一种较常见的介绍信，一般采用公文信纸书写或书写在机关、团体、单位自制的信笺上，最后只要加盖公章即可。

这是一种比较便捷的介绍信方式，但因其用纸、书写没有什么严格的要求，容易被人伪造，所以在更为正规的场合下可以少用这种介绍信。

(2) 印刷式介绍信　这是一种正式的介绍信，铅印成文，内容格式等已事先印刷出来，使用者只需填写姓名、单位，另加盖公章即可。

印刷式介绍信又可以细分为两种：一种为有存根的介绍信；一种为不带存根的介绍信。

带存根的介绍信通常一式两联，存根联由开介绍信一方留档备查，正式联由被介绍人随身携带。格式统一制作的介绍信使用时简单方便，只需填写个别内容，可以提高工作效率，是公用介绍信使用较多的一种。

不带存根的介绍信内容格式同带存根的介绍信在正文的印制上无甚差别，也是随用随填，只是未留存根而已。

(四) 介绍信的基本格式和写法

介绍信一般应包括标题、称谓、正文、致敬语、落款和有效期等一些内容。具体到不同形式的介绍信的写法，其格式内容也略有差异。

1. 手写式介绍信的写法

手写式介绍信包括标题、称谓、正文、致敬语、落款等五部分。

(1) 标题　手写式介绍信的标题一般是在信纸的第一行写上“介绍信”三个字，有些也可省略。

(2) 称谓　称谓在第二行，要顶格写，写明联系单位名称或个人姓名，其后要加上冒号。

(3) 正文　正文要另起一行，空两格写。介绍信的内容要写明以下几点：

1) 要说明被介绍者的姓名、年龄、政治面貌、职务等。如被介绍者不是只有一人还需注明人数。其中，政治面貌和被介绍者的年龄有时可以省略。

2) 写明要接洽或联系的事项，以及向接洽单位或个人所提出的希望和要求等。

3) 要在正文的最后注明本介绍信的使用期限。

(4) 致敬语　介绍信的结尾要写上“此致、敬礼”等表示祝愿和敬意的话。

(5) 落款　出具介绍信的单位名称写在正文右下方，并署上介绍信的成文日期，加盖单位公章。这种介绍信写好之后，一般装在公文信封内。信封的写法同普通信封的写法相同。

2. 印刷式介绍信的写法

不带存根的印刷式介绍信的内容、格式同手写式介绍信大体一样，这里主要介绍带存根的介绍信。带存根的印刷式介绍信一般由存根联、正式联和间缝三部分组成。

(1) 存根联部分

1) 存根联部分的第一行正中写有“介绍信”三个字，字体要大；紧接“介绍信”的字后，用括号注明“存根”两个字。

2) 第二行。在右下方写有“××字×号”字样。如是市教委的介绍信就写“市教×号”；如是县政府商业局的介绍信可写“县商字×号”。“×号”是介绍信的页码编号。

3) 正文。正文要另起一行写介绍信的内容，具体由以下几项构成：

① 被介绍对象的姓名、人数及相关的身份内容介绍，还要写明前往何处何单位。

② 具体说明办理什么事情，什么要求等。

(2) 间缝部分　存根部分同正文部分之间有一条虚线，虚线上即有“××字第××号”

字样。这里可照存根第二行“××字×号”的内容填写。要求数字要大写，如“壹佰叁拾伍号”，便于从虚线处截开后，字迹在存根和正文联各有一半。同时，应在虚线正中加盖公章。

(3) 正式联部分

1）第一行正中写有“介绍信”字样，字体较大。

2）第二行在右下方有“××字××号”字样，内容照存根联填写。

3）称谓。称谓要顶格写，写明所联系的单位名称或个人姓名。

4）正文。正文应另起一行，空两格起再写。内容同存根联内容一样，主要写明持介绍信者的姓名、人数、要接洽的具体事项、要求等。

5）致敬语。另起一行空两格写“此致”，再另起一行顶格写“敬礼”，最后要注明该介绍信的有效期限。

6）落款。在右下方要署上本单位的全称，并加盖公章，同时另起一行署成文日期。

这类介绍信写好后，也应装入公文信封内。信封的写法同普通信封相同。

（五）介绍信的写作要求

介绍信是介绍来人身份的一个有用的证件，它是建立一种良好的合作或有效办理某项事情的有效凭证，所以在写或填写介绍信的时候，务必注意以下事项。

1）要填写被介绍人的真实姓名、身份，不得任意编造，冒名顶替。

2）所接洽办理的事项要写清楚，与此无关的不要写。介绍信要简明扼要，不可太长。

3）介绍信务必加盖公章，以免造成以后不必要的麻烦。在查看介绍信时，也要核对公章和介绍信的有效期限。

4）有存根的介绍信，存根联和正式联要内容完全一致。存根联底稿要妥善保存，以备今后查考。

5）介绍信书写不得涂改，要书写工整。有涂改的地方，可加盖公章，否则此介绍信将被视为无效。

【例文1】

××字××号 介绍信（存根） 刘××等贰人，前往××局办理××租借事务。 ×年×月×日 （有效期拾天）	××字××号 盖章	介绍信 ××字××号 ××市××局： 兹介绍刘××等贰位同志前往贵处办理××租借等事务。请协助。 此致 敬礼 ××公司（盖章） ×年×月×日 （有效期拾天）

【例文2】

介　绍　信

××公司：

现介绍我厂设计科科长王××同志等叁人，前往贵处参加××研讨会议并联系×××加工等事宜，请接洽。

此致

敬礼

××厂（盖章）

×年×月×日

（有效期七天）

二、证明信

（一）证明信的概念

证明信是以行政机关、学校、团体、企事业单位或个人的名义凭借确凿的证据证明某人的身份、经历或某件事情的真实情况时所使用的一种专用书信。证明信一般也直接称作证明。

（二）证明信的使用范围

证明信是证明某人身份、经历或事情真相的。一般由单位或熟悉情况的个人来写。具体来讲，证明信适宜于下列一些情况：

1）某人要入党入团，组织在进行调查时，原单位或有关人员要为其写出证明信。

2）有些真相模糊不清的历史事实或事件被人歪曲，当时亲身经历的人写出证明以澄清事实。

3）在公安机关寻求某些案件的目击者时，当时在场的群众写出证明信，以说明案发时的真实情况。

4）个人在为单位办理某些事项，或个人由于具体情况而必须向单位作出解释说明时，也可以请有关人员出具证明。

（三）证明信的基本格式和写法

不论是哪种形式的证明信，其结构都大致相同，一般都由标题、称谓、正文、落款等构成。

（1）标题　证明信的标题通常由以下两种方式构成：单独以文种名做标题，一般就是在第一行中间冠以“证明信”、“证明”字样；由文种名和事由共同构成，一般也是写在第一行中间，如“关于×××同志××情况（或问题）的证明”。

（2）称谓　第二行顶格写上受文单位名称或受文个人的姓名称呼，然后加冒号。

有些供有关人员外出活动证明身份的证明信因没有固定的受文者，开头可以不写受文者的称呼，而是在正文前用公文引导词“兹”引起正文内容。

（3）正文　正文要在称呼完后另起一行，空两格书写。要针对对方所要求的要点写。要你证明什么问题就说明什么问题，其他无关的不写。如证明的是某人的历史经历，则应写清人名、何时、何地及所经历的事情；若要证明某一事件，则要写清参与者的姓名、身份，及其在此事件的地位、作用和事件本身的前因后果。也就是要写清人物、事件的本来面目。

正文写完后，要另起一行，空两格写上“特此证明”四个字。也可直接在正文结尾处写出。

（4）落款　落款即署名和成文日期。要在正文的右下方写上证明单位或个人的姓名称呼，在署名下另起一行写成文日期，然后由证明单位或证明人加盖公章或签名、盖私章，否则证明信将是无效的。

（四）证明信的写作要求

1）以个人名义所发的证明信。要写明写证明信者本人的政治面貌、工作情况等，以便使审阅证明信的人了解证明人的情况，从而鉴别证明材料的真伪与可信程度。

2）个人所写的证明信的内容如果本人不太熟悉，应写“仅供参考”的提示性语言。因为证明信有时是作为结论性证据的，所以要实事求是、严肃认真，要尽量言之有据。

3）对于随身携带的证明信，一般要求在证明信的结尾注明有效时间、过期无效的期限。

4）证明信的语言要十分准确，不可含糊其辞。证明信不能用铅笔、红色笔书写，若有涂改，必须在涂改处加盖公章。

【例文1】

证　明　信

××中学党支部：

×年×月×日来信收到。根据信中要求，现将你校××同学的父亲，××同志的情况介绍如下：

××同志，现年××岁，中共党员，是我院计算机系副教授，其本人和家庭历史以及社会关系均清楚。该同志对教学工作认真负责，近年来多次被评为市模范教师。

特此证明。

××学院人事处（盖章）

×年×月×日

【例文2】

证　明　信

××局负责同志：

王××原为我院机电系××级学生，曾担任前学生会主席职务，在校期间，该生遵守学校各项规章制度，没有参与任何不利于安定团结的活动。

特此证明。

证明人：龚××

×年×月×日

龚××是我院机电系系主任，出具的证明材料经核实真实。

××学院办公室（盖章）

×年×月×日

思考与练习

一、填空题

1. 介绍信是行政机关、学校、团体、企事业单位派人到其他单位________、________或________时使用的一种专用书信。

2. 证明信是证明某人________、________或事情真相的书信。

3. 介绍信通常可分为________和________两类。

二、判断题（正确的画对号，错误的画错号）

1. 手写式介绍信是一种较常见的介绍信，一般采用公文信纸书写或书写在机关、团体、单位自制的信笺上，最后不需要加盖公章。

2. 在公安机关寻求某些案件的目击者时，当时在场的群众可以写出证明信，以说明案发时的真实情况。

三、选择题

1. 介绍信一般包括（　　）形式。

A. 手写式　印刷式　　　B. 便条式　规范式

C. 手写式　便条式　　　D. 印刷式　便条式

2. 证明信一般都有（　　）。

A. 标题、称谓、正文、落款　　　B. 标题、称谓、正文

C. 称谓、正文、落款　　　D. 标题、正文、落款

四、简答题

1. 介绍信一般包括哪些内容？

2. 手写式介绍信与印刷式介绍信有什么不同？

3. 写介绍信应注意哪些问题？

4. 写证明信应注意哪些问题？

五、应用文写作

1. ×学院团委××文学社共28位同学要去省博物馆参观纪念抗战60周年图片资料展览。领队由指导老师陶××老师担任。请以学生工作部的名义给他们写一份介绍信。

2. 指出下面证明信中的错误并加以改正。

证　明　信

××厂人力资源部部长：

张×原系我校2010级机电专业的学生，曾在校担任学生会宣传部长，在校期间表现良好。

特此证明

证明人：王×

×年×月×日

第二节　推荐信、求职信

一、推荐信

（一）推荐信的概念

推荐信是向有关单位或个人推荐人才，介绍某些先进事物的专用书信。一般是第三者写的，也有自荐的。写推荐信要如实地写明被推荐者的基本情况和推荐理由，不夸大被推荐者的优点，不掩盖被推荐者的缺点，有一是一，有二是二，做到实事求是。

（二）推荐信的特点

（1）荐举贤能　推荐信是向用人单位介绍、推荐自己或自己了解的优秀人才，并认为所推荐的人是可以为用人单位所用，能为单位作出贡献，能为社会造福的人。所以才能平庸的人是不能被推荐的，也是不应该被推荐的。

（2）公私兼顾　推荐信无论是以单位名义发文，还是以个人名义向组织推荐或向个人推荐人才，都不能掺杂个人情感，应该是公平、公正的推荐。

（三）推荐信的种类

（1）从推荐者的情况来分　可以分为“自荐信”和“推荐信”两种。

1）所谓自荐信是指写信人为了在某单位谋求一份工作或在现单位谋求更好的职位而写的一种推荐自己的信件。

2）推荐信则是写信人向某单位或个人推荐别人的一种信件。

（2）从推荐信的投发对象来分　可分为目标明确的推荐信和广泛性的推荐信。

1）所谓目标明确的推荐信是指写信人明确自己推荐信的投发对象，所以根据对象的情况可以目标明确地行文的一种推荐信。

2）而广泛性的推荐信则指写信人只是推荐被推荐人的才能而暂时并无明确的推荐单位的一种推荐信。这种推荐信，往往可以同一内容一式多份，而向同类性质的单位广泛投寄。

（四）推荐信的格式和写法

推荐信一般包括标题、称谓、正文、祝颂语、落款五部分。

（1）标题　第一行正中写“推荐信”或者“自荐信”三个字。

（2）称谓　第二行顶格写收信单位的名称或个人姓名，个人姓名后可加“先生”、“经理”、“女士”等敬语，再加上冒号。如果推荐人同收推荐信的人是朋友，则可以用常见的私人信件一样的称谓，如“伟明兄”。

（3）正文　另起一行空两格写起，内容包括：

1）被推荐者的基本情况，包括姓名、性别、年龄、学历学位、专业特长、外语水平、业务水平、工作能力、身体状况等。

2）说明推荐的理由。应写具体、写充分。

3）写明推荐者和被推荐者的关系。如有必要，推荐者在此可作自我介绍（本人姓名、工作单位、职务、职称及通信地址等）。

如果是推荐一先进事物，应将事物的名称、研制的时间、鉴定单位，以及事物的性能、用途、使用方法等有关情况写清楚。

(4) 祝颂语　接正文写或在下一行空两格写“此致”、“即颂”，再转行顶格写“敬礼”、“近祺”等。

(5) 落款　署名写在另起一行的右半行，姓名前可加上工作单位和职称，署名下边写年、月、日。

推荐信有时用印好的推荐表，此时就按照表格的要求填写。

(五) 推荐信的写作要求

1）认真了解用人方与求职方的详细情况，看双方条件是否相符。

2）介绍情况一定要认真负责，客观如实，不虚夸，不隐瞒。推荐要客观、公正，切忌流于形式，内容空洞，要与申请人的其他材料（如成绩单）等相符。必须交代与被推荐人的认识期间（何时认识或认识多久）、认识程度（偶尔见面或密切接触）及关系（师生关系、上下级关系、同事等）。

3）语气诚恳有度，既不要敷衍了事，也不要强人所难。必须表明推荐人的态度，是极力推荐还是有保留地推荐。

【例文1】

推　荐　信

×××研究所：

××同志1982年毕业于××大学中文系语言专业。在校学习期间成绩优良，特别是在古代汉语言方面钻研较深。大学毕业后即考取××大学中文系古代汉语专业研究生，在×××、×××教授的指导下专攻古代汉语，学习成绩优异。1985年通过毕业论文答辩，即被分配到××大学古籍整理小组工作。到现在为止，已出版专著两部，发表论文50多篇，计50多万字。其中《×××××》一文在语文界获得好评。

××同志知识面广，基本功扎实，对专业研究较深，有一定的科研能力。欣闻贵所古代汉语研究室要聘请一批学有专长的中年研究人员，我特荐××同志给贵所，若蒙聘用，不胜感激。

此致

敬礼

××大学中文系教授×××
×年×月×日

【例文2】

自我推荐信

尊敬的领导：

您好！

真诚地感谢您在繁忙的公务中浏览这份材料，这里有一颗热情而赤诚的心灵渴望得到您的了解、支持与帮助，在此，请允许我向您毛遂自荐。

我叫×××，毕业于××学校××专业。在三年的学习期间，系统学习了××。思想和精神的完善，才是人真正的完美。在完成学业和实践活动过程中，我不断地加强自己的思想道德修养，要求自己既要学会做事，又要学会做人，恪守“有所作为是人生的最高境界”的人生信条，积极奉献，乐于助人，多次参与社会捐赠和公益活动。生活上，我始终保持着艰苦朴素、勤俭节约的优良作风。在校期间，我积极地向党组织靠拢，郑重地向校党委递交了入党申请书，定时地向党汇报自己的思想情况。在党组织的温暖关怀和教育下，我认识到入党的重要性，思想觉悟有了很大的提高。我尊敬老师，团结同学，关心热爱班集体，有着强烈的集体责任感。

作为职业技术学校的学生，掌握扎实的专业技能是我们在竞争中制胜的法宝。因此，我注意理论联系实际，认真学好每一门课程，并把理论知识与专业技能结合起来，掌握过硬的专业技能。通过三年的努力学习，自己在学习上取得了一定的成绩。并获得了：英语二级证书，职业资格证书，高薪技能证，计算机等级证等多种技能证书，还熟练地掌握了网页设计方面软件的使用。

在三年的学习生活中，我严格要求自己，遵守学校的规章制度，从未有过违纪现象。在班上我作为劳动委员对工作认真负责，积极配合其他班委开展活动。

在学习专业知识和拓展个人兴趣的同时，强烈的集体荣誉感和奉献激情又使我积极、热情、务实地投入到一些有益的社会活动中。在假期中，我认真参加了社会实践，使我学到了在书本上学不到的知识，尽管时间很短，但体会颇深，无论是业务能力还是社交能力，都有一定的提高，具备了一定的工作经验。

虽然我刚从学校毕业，工作经验有限。但是，我觉得以我较扎实的专业知识与较强的敬业精神，以及实践经历，我相信自己适合从事网吧管理、组网、网页设计、图形图像处理等相关工作。请您相信我，给我一个发展的机会，我会以一颗真诚善良的心、饱满的工作热情、勤奋务实的工作作风、快速高效的工作效率回报贵单位。

若承蒙赏识，请打电话：×××××××××××，期盼佳音。

最后，衷心祝愿贵单位事业发达、蒸蒸日上！

此致

崇高的敬礼！

求职人：×××

×年×月×日

二、求职信

（一）求职信的概念

求职信是学校毕业生、无业、下岗待业和欲转岗就业者向公私机构求职的专用书信。

（二）求职信的特点

求职信是求职者个人的自我推介。在一般书信的交往中传递信息是双向的，而求职信是单向的。它是个人向用人单位推介自己，提出请求，表达自己的意愿。所以，求职信（及附带的简历等相关材料）要将自己的实际情况和真实想法如实并有效地传达给用人单位，以使用人单位在还没有见到本人之前，能比较全面地认识自己。求职信集介绍、自我推销和下一步行动建议于一身，它总结归纳了履历表，并重点突出求职者的背景材料中与未来雇主最有关系的内容。一份好的求职信能体现求职者清晰的思路和良好的表达能力。换句话说，它体现了求职者的沟通交际能力和性格特征。

（三）求职信的基本格式和写法

求职信是一种书信文体，它同书信的写作格式基本是一致的。具体地说，求职信一般包括标题、称谓、正文、致敬语、落款和附件。

（1）标题　求职信的标题通常由文种名组成，即在第一行中间写上“求职信”三个字。

（2）称谓　求职信要顶格写收信者的名称。收信者一般是招聘信息中提供的招聘负责部门名称或负责人姓名，负责人姓名前可以加“尊敬的”敬语，姓名后应加“先生”、“女士”等称呼。

（3）正文　正文包括开头、主体两部分。

1）开头要先写问候寒暄之语“您好”，然后作自我介绍，直陈正事。

2）主体是求职信的核心所在，主要针对用人单位的招聘广告或通过自己调查了解到的对方的信息，介绍自己求职的优越条件。应尽量写出自己的主观条件（专业、学历、工作经历、水平、成果、业绩等）与客观需要（用人单位要求）相一致的地方，扬长避短，突出介绍自己的优势，表达出自己迫切要求这份工作的心愿和有条件做好这份工作的信心与决心。

（4）致敬语　另起一行空两格写“此致”，再另起一行顶格写“敬礼”。

（5）落款　求职信的落款，就是在正文的右下方署上求职者的姓名及成文的日期。

（6）附件　附件是为了使求贤单位更好地了解求职者而附带的私人文件，一般有个人简历、各种有说明价值的证书等。

（四）求职信的写作要求

1）实事求是、客观地评价自己。求职信是以自己介绍自己的方式，向用人单位推荐自己。用人单位对你的了解主要是根据求职信的内容来衡量的，如实客观地叙述自己的才能、能力、特长，是对自己负责，同时也是对用人单位负责。只有这样，才会给今后的工作带来好处。

2）求职态度要诚恳、谦虚。求职是希望用人单位能聘用自己前去工作，所以写求职信态度要热切而诚恳，要靠自己的能力去征得对方的认可；而不可浮夸、自大，言语狂妄，这对自己求职成功是很不利的。

3）求职信要篇幅短小、语言简洁。

【例文1】

求　职　信

尊敬的刘经理：

您好！我叫刘×，今年22岁，是市高级技工学校办公室自动化专业应届毕业生。贵公司是我市知名企业，对员工的素质要求很高。我思虑再三，最终还是鼓足勇气，向贵公司求职。

我在校读的是5年制高职班，每门功课的学习成绩都优良。现已获得计算机操作高级工等级证书、国家计算机初级证书，对复印机、传真机等办公设备的使用、维护也有较多的实践经验。此外，我有着较强的写作能力和组织协调能力。近两年来，我已在市报发表通讯报道、竞赛作文11篇；独立组织校级学校文学社团联谊活动5次；现在还任市报特约通讯员、校学生会通联部部长和学校晨光文学社社长等职。在校5年中，我被评为校级三好学生6次，校级优秀学生干部3次，市级优秀学生干部1次和市级三好学生标兵1次；在校、市两级专业理论、专业技能竞赛中获奖4次。但这一切已成为过去，在即将踏上社会之际，我更憧憬未来，希望自己在工作岗位上做出成绩。恳请贵公司给我一个机会，让我将理想的种子播撒在贵公司肥沃的土地上，生根、开花、结果。

尊敬的领导，如果我能有幸成为贵公司的一员，我的第一目标就是争做一名优秀员工。不管在什么岗位，爱岗敬业都是我追求的目标。如果我暂时还不能进入贵公司，贵公司对员工的素质要求也将是我今后不断加强职业修养的基本标准。随信附上本人的相关资料并时刻期盼着贵公司的回复。

此致

敬礼！

附：

1. 个人简历1份
2. 毕业证书复印件1份
3. 出席市三好学生证书复印件1份
4. 参加市演讲比赛获奖证书复印件1份

求职者：×市高级技校　刘×

×年×月×日

【例文2】

求职信

尊敬的招聘领导：

您好！

我是广东××大学国际贸易专业的学生，愿意将二十余年所积累的学识和锻炼的能力贡献给贵单位，并尽自己最大的所能为贵公司的进步与发展贡献自己的全部力量。诚挚希望贵单位给我一个机会！

我深知，“机遇只垂青于有准备的头脑”。在校期间，我抓住一切机会学习各方面知识，锻炼自己各方面的能力，使自己朝着现代社会所需要的具有创新精神的复合型人才发展。我的英语达到六级水平，计算机通过国家二级、省二级（优秀）资格考试，并连年获得奖学金。在努力学习专业知识的同时，我还广泛涉猎了哲学、法律、文学、经济学等领域，修完了专业以外其他经济领域的多门课程，并辅修了经贸英语，自学了第二外语——德语。“在工作中学会工作，在学习中学会学习。”作为一名学生干部，我更注重自己能力的培养。乐观、执著、拼搏是我的航标，在险滩处扬起希望的风帆，在激流中凸现勇敢的性格，是我人生的信条。由我创意并组织的多次大型活动得到了老师的认可，同学的赞许，使我以更饱满的热情投入到新的挑战之中，向着更高的目标冲击。

为了更全面地锻炼自己的能力，我利用假期先后在政府机关、企事业单位进行了社会实践，我的实习论文被评为“优秀实习论文”。这些经验为我走入社会，参与商业经营运作奠定了良好的基础，而且我从中学到了如何与人为善、袒露真诚。

在即将踏上社会岗位的时候，我毛遂自荐，企盼着以满腔的真诚和热情加入贵公司，领略您公司文化之魅力，一倾文思韬略、才赋禀质为您效力。

此致

敬礼！

附件：（略）

您未来的员工：×××
×年×月×日

【例文3】

求　职　信

××人事处负责同志：

我是一个渴望得到用武之地的在职人员，女，24岁。一年前我从××大学教育系学校管理专业毕业，由国家分来本市，后由市教委分配到市直机关幼儿园当了幼儿教师。一年来，在用非所学（所长）的岗位上已耽误了许多宝贵时光，这对国家、对个人无疑都是损失，故本人渴望寻找一个能发挥自己所长的地方。

现将本人情况略作介绍：本人能力方面长于语文学科，高考时以108分优异的单科成绩为高校录取，在校期间曾在省报发表过小说两篇，在《光明日报》发表大学生暑假调查报告一篇，曾获学校硬笔书法赛二等奖（正楷）。以前曾被市直×机关借用做文字工作，写过多种计划、总结、报告，为×副市长的电视讲话写过讲稿。另外，我的英语学科一直是中学大学期间的强项，成绩名列前茅。大学三年级时在省级刊物上发表过翻译作品两篇。大学四年级时通过了国家英语四级考试。由以上情况，本人适合担任秘书工作或外语公共课教学工作。

负责同志，我完全有把握地说，如果你们能让我担任以上两个方面的工作，定会让你们满意。我自己也定将珍惜这来之不易的工作，奋力作出自己的贡献。

此致

敬礼！

附件：（略）

求职者：魏××
×年×月×日

思考与练习

一、填空题

1. 推荐信是向有关单位或个人________、________时使用的专用书信。
2. 求职信是________、________、________和________向公私机构求职的专用书信。
3. 推荐信包括________、________、________、________、________五部分。

4. 求职信的基本格式包括________、________、________、________、________五部分。

二、判断题（正确的画对号，错误的画错号）

1. 写求职信要多说优点，少说甚至不说缺点。(　　)

2. 推荐信的正文包括被推荐者的基本情况，推荐的理由，以及推荐者和被推荐者的关系。(　　)

三、选择题

1. 写推荐信结尾的祝颂语应（　　）。

A. 接正文写或在下一行空两格写“此致”、“即颂”，再转行顶格写“敬礼”、“近祺”等

B. 必须提行空两格书写

C. 只能接正文书写

D. 接正文写或在下一行空两格写“此致、敬礼”，“即颂、近祺”等

2. 写求职信时求职态度要（　　）。

A. 诚恳、谦虚　　B. 自信、张扬

C. 谦和、真诚　　D. 个性鲜明、不卑不亢

3. 求职信的主要内容应该写（　　）。

A. 求职者的身高、体重及健康状况　　B. 求职者的家庭条件

C. 求职者的学历、资历、工作能力　　D. 求职者的爱好

四、简答题

1. 写求职信应注意哪些问题?

2. 写推荐信要注意哪些问题?

五、应用文写作

1. 结合自己的实际情况，以自己的名义给××单位负责人写一封求职信。

2. 学院学生会需要增加人员，以本班班主任的名义，向学院学生会写一封推荐你的推荐信。

第三节　倡议书、建议书

一、倡议书

（一）倡议书的概念

倡议书是由个人或集体发起和倡导某种建议，用以共同完成某项任务或开展某种公益活动从而引起广泛响应的一种专用书信。

（二）倡议书的特点

（1）倡议书的群众性　倡议书不是对某个人、某一集体或某一单位而言的，它往往面向广大群众，或对一个部门的所有人发出，或对一个地区的所有人发出，甚至向全国发出。所以其对象的广众性是倡议书的根本特征。

（2）倡议书对象的不确定性　倡议书是要求广大群众响应的。然而其对象范围往往是

不定的。它即便在文中明确了自己的具体对象，但实际上有关人员可以表示响应，也可以不表示响应，它本身不具有很强的约束力。而与此无关的别的群众团体却可以有所响应。

（3）倡议书的公开性　倡议书就是一种广而告之的书信。它就是要让广大的人民群众知道了解，从而激起更多的人响应，以期在最大的范围内引起共鸣。

（三）倡议书的类型

从发文角度来分，主要有个人倡议书，集体倡议书，以及企事业单位、机关部门倡议书；从倡议内容的角度分，有针对某一具体生活事件问题的倡议书和针对某种思想意识、精神状况的倡议书。

（四）倡议书的基本格式和写法

倡议书一般由标题、称谓、正文、落款四部分组成。

（1）标题　倡议书标题一般由文种名单独组成，即在第一行正中用较大的字体写“倡议书”三个字；标题还可以由倡议内容和文种名共同组成，如“把遗体交给医学界利用的倡议书”。

（2）称谓　倡议书的称谓可依据倡议书的对象而选用适当的称谓，如“广大的青少年朋友们:”、“广大的妇女同胞们:”等。有的倡议书也可不用称谓，而在正文中指出。

（3）正文　正文需要写好以下三个方面：

1）写倡议书贵在引起广泛的响应，只有交代清楚倡议活动的原因，以及当时的各种背景事实，并申明发布倡议的目的，人们才会理解信服，才会自觉地行动。这些因素交代不清就会使人觉得莫名其妙，难以响应。

2）写明倡议的具体内容和要求。这是正文的重点部分。倡议的内容一定要具体化。开展怎样的活动，都做哪些事情，具体要求是什么，它的价值和意义都有哪些均需一一写明。

倡议的具体内容一般是分条开列的，这样写往往清晰明确、一目了然。

3）结尾。结尾要表示倡议者的决心和希望或者写出某种建议。倡议书一般不在结尾写表示敬意或祝愿的话。

（4）落款　落款即在右下方写明倡议者所在单位、集体的名称或个人的姓名，署上发倡议的日期。

（五）倡议书的写作要求

1）倡议书的内容要有新的时尚和精神，要切实可行，不要违背国家的方针政策。

2）倡议书的背景目的要写清楚，理由要充分。

3）倡议书的措辞要恰切，情感要真挚，同时要富于鼓动性。

4）倡议书篇幅不宜太长。

【例文1】

给电子游戏迷的一封倡议书

亲爱的小电子游戏迷们：

你们好！

我想告诉大家一件事，也许你们已经听说了。

当新千年钟声还在我们耳边回响，新千年的曙光刚刚普照大地的时候，×月×日，在××一家乌烟瘴气的电子游戏厅里，不幸却降临到三个沉迷于电子游戏的小学生身上——他们因欠了老板2.5元钱，竟被黑心的老板活活勒死了。

他们，和我们一样，正是花儿一般的年龄，

他们，和我们一样，正在学习，正在成长。

伙伴们，此时此刻，我们的心情是怎样的？是愤怒，还是惋惜？

在我们痛恨游戏厅老板的残忍，惋惜失去了三个伙伴之余，是不是应该反省一下我们自己？

有多少回，我们把家长给的零花钱，舍不得买东西吃，都“捐”给了游戏厅的老板；有多少回，我们想方设法从爸爸妈妈那里骗钱去打电子游戏；有多少回，我们一放学，甚至旷课逃学来到门口写着“禁止中小学生入内”牌子的屋里，在里面一坐就是几个小时。也许正因为我们表现出超乎寻常的积极性，一些胆大妄为的黑心老板才敢堂而皇之地摆出各种赌博机，吞噬着我们的零花钱、压岁钱。当黑心老板得意地数着大把大把的钞票时，我们却付出了双眼近视、身体虚弱、学习成绩下降等沉重的代价！

其实，伙伴们，我们可以做的有意义的事情有很多！

让我们在这明媚的春天去植树，写上我们的名字，与小树一起茁壮成长；让我们去郊游，到大自然中陶冶情操；让我们去看体育比赛，去参加体育运动，去踢足球，也许足球要靠我们才能踢出亚洲；让我们去做模型，上天入地，增长知识；让我们买本好书，从中汲取知识的营养；让我们把不玩的玩具或不穿的衣服寄给西部贫困地区的小朋友；让我们把节省下来的零花钱捐给“希望工程”……

伙伴们，我们是祖国的未来和希望，需要做的事情有很多很多，我们是天真烂漫的花朵，能使我们快乐的事情有很多很多……

我倡议，让我们远离电子游戏厅！

阎××
×年×月×日

【例文2】

做文明学生的倡议书

各位同学：

我是×班的宣传委员，在这里我代表我们班向全校学生发出倡议：学校为同学们创造了一个安全、温馨的学习环境，为同学们创设了一个和谐、舒适的生活空间。在学校里，同学们努力学习，健康成长。可是在我们的校园中，总会出现一些不和谐的音符，总会有一些令人不满意的现象出现：清扫干净的校园，总是有人乱扔纸屑；在教室，在走廊，总有我们同学扔下的方便面袋、一次性餐盒、饮料罐、果皮纸屑等，严重影响了校容校貌；课间时有少数同学总是有追逐打闹的现象。有些走读生上学放学不履行签到手续，随便进出校园；个别同学骑在自行车上，横冲直闯，完全把校规置之脑后；墙壁、宣传标语上有少数人的脚印和手指按的痕迹。在书声琅琅的课堂上，有的同学萎靡不振，恹恹欲睡；在安静无声的自习课上，有的同学却叽叽喳喳，高声喧哗；甚至在庄严肃穆的升旗仪式上，有的同学还左顾右盼，窃窃私语；还有一些同学受一些不良风气的影响，出口成“脏”，有一点矛盾就“武力”相加；有少数同学为了张扬自己的个性，穿奇装异服，留长发、染彩发，佩戴首饰，把充满知识氛围的校园变成他们的展示舞台。

以上种种现象，虽然发生在少数人身上，但影响较坏。不仅严重地违反了学生日常行为规范，而且也破坏了学校为我们提供的优美、和谐的育人环境，与我们当今社会所倡导的文明、和谐不相符。一个国家的文明程度取决于国民的素质，一个学校的文明程度取决于我们每位同学。走进校门，代表班级；走出校门，代表学校。你们是否想过我们的文明与否，不仅代表着我们个人的形象，更代表着学校的形象，甚至代表着未来祖国的形象。如果我们连校规校纪都不能遵守，何以能遵纪守法，何以报答我们的父母，何以报效祖国，何以肩负起开创祖国美好未来的重任，何以让世人对我们中国人刮目相看。

在此，我们班向全校每一个学生发出倡议：从我做起，从现在做起，从每一个人做起。我们应坚决摒弃我们身上种种不文明的行为，养成良好行为习惯，做一个自尊、自爱、自信、自强的学生；做一个真诚友爱、礼貌待人、品德高尚的学生；做一个勤奋学习、积极向上的学生。做到不乱丢垃圾、不损害公物、强化节约意识、使用文明语言，做一个遵守校规校纪，严于律己的人。

同学们，让我们共同携手，创建文明、和谐的校园，做一个文明的学生。

××学校×班全体学生

×年×月×日

【例文3】

爱心助学倡议书

社会各界人士，青少年朋友：

春回大地，万物复苏，又一个生机盎然的春天与您不期而遇。在这个充满希望的季节，全县大多数青少年都能在美丽的校园里安心学习。可是，当我们对全县300多名贫困学生的家庭状况进行调查后，发现情况堪忧！他们有的父母双亡，由年迈的爷爷奶奶抚养；有的家人病魔缠身，家里债台高筑……种种不幸，导致他们学费无着，濒临失学，无法顺利完成九年义务教育！

扶贫济困、慈善为怀，帮助弱势群体，是人类美好情感的体现，是中华民族的优良传统。希望工程爱心助学活动是一项旨在帮助贫困青少年完成学业的公益活动，被誉为20世纪最有影响的社会公益事业。近年来，我县响应号召，积极争取社会各界奉献爱心，取得了一定成效。2004年，我们积极整合资源，争取社会各界人士支持，共募集助学金5万多元，资助了200多名学生，得到了社会的好评。

青少年是祖国的希望和未来，是建设家乡的接班人和生力军。为围绕县委、县政府提出的“全面建设小康社会、建设和谐××”的目标，我们决定继续推进希望工程爱心助学活动。为此，我们倡议：广大青少年、各单位及社会各界人士都来献一份爱心。帮助一名失学的孩子，将意味着明天我们的社会上少一个文盲，多一名合格的建设者。您只需少抽一包烟，少吃一份零食，我们就可以为这些孩子的成长奉献一份爱心，这将激励孩子鼓足勇气，战胜困难，重新张开理想的风帆，这也许会改变孩子的一生，让他和他的家人充满希望，用知识改变命运！

“赠人玫瑰，手留余香。”朋友们，让我们共同努力，用爱心托起贫困青少年的未来，托起×县美好的明天！

希望工程爱心助学活动，真诚期待您的参与！

×校学生会全体同学

×年×月×日

二、建议书

（一）建议书的概念

建议书是个人、单位或集体向有关单位或上级机关和领导，就某项工作提出某种建议时使用的一种常用书信。有的建议书也称意见书。

（二）建议书的特点

1）建议书是面对有关部门或上级领导提建议时使用的一种书信。它往往只是作为一种想法被提出来，具有较强的文本性特点，而不是需要实际执行的规定。

2）建议书是必须被有关部门、领导批准认可后才能被实施的。所以建议书具有较强的可塑性，它不是最终的定文形式，它可以被修改，被增删，甚至被弃置不用，这要由具体的情况来定。

（三）建议书的基本格式和写法

建议书一般由标题、称谓、正文、落款几部分构成。

（1）标题　标题一般是在第一行中间写上“建议书”字样。有的标题还写上所建议的内容，如“关于暑期中小学补课的建议书”。

（2）称谓　建议书的称谓要求注明受文单位的名称或个人的姓名，要在标题下隔两行顶格写，后加冒号。

（3）正文　建议书正文由以下三部分构成：

第一，要先阐明提出建议的原因、理由以及自己的目的、想法。这样往往可以使受文单位或个人从实际出发，考虑建议的合理性，为采纳建议打下基础。

第二，建议的具体内容。一般建议的内容要分条列出，这样可以做到醒目。建议要具体明白、切实可行。

第三，提出自己希望采纳的想法，但同时也应谨慎虚心，不说过头的话，不用命令的口气。

结尾一般是表示敬意或祝愿的话。同一般书信相同。

（4）落款　落款要署上提建议的单位名称或个人的称呼姓名，并署上成文日期。

（四）建议书的写作要求

建议书的写作要做到以下几点：

1）建议书要具体明确，有针对性。建议书要将自己建议的具体内容，采取的措施、方法、步骤一一列出，少说大话。同时要针对某一具体问题来谈。

2）建议书要把握好分寸，实事求是，不提过高要求，所提的建议经过努力必须是切实可行的。

3）建议书的语言要精练、准确，篇幅一般不宜太长，尽量减少分析和论证。

【例文1】

建 议 书

某市场管理处：

本市开放农副产品贸易市场以来，既方便了群众生活，又增加了农民收入，而且改变了某些国营商店的官商作风，深受广大群众欢迎。市场管理部门在稳定市场物价，打击投机倒把工作中取得了显著成效，保证了农村贸易市场的健康发展，市场繁荣、工农两利，这是一件大好事。然而，随之带来了一些亟待解决的问题，这便是挤、脏、乱现象日益严重。夏季临近，为了进一步活跃市场，改善管理，做到既方便生活，又保证卫生，我提出以下几点建议：

①“挤”是因为人多、摊多、车多所致。建议酌情扩大现有市场面积和另辟新的市场，在市场出口处设立存车处，禁止自行车、三轮车和机动车在市场穿行，保证市场交通畅通。

②“脏”是由于不及时清扫、不注意保持清洁所致。建议用砖石、竹片、铁筋等砌制一些简易柜台、货架，画线编号，对号设摊；并添置一些铝制、塑料容器，登记出租。这样既保持市场整齐，又方便交易。

以上建议仅是个人一孔之见，难免偏颇、疏漏，现冒昧提出，仅供参考。

此致！

敬礼

××市××中学

王××

×年×月×日

【例文2】

早餐建议书

同学们，早上好！

今天你吃早餐了吗？吃了些什么呢？你考虑过你的早餐合理吗？

根据我们的调查，仅有65%的人坚持每天吃早餐，12%的人每周只吃3～4次早餐，3%的人从不吃早餐。为此，我们对早餐问题进行了调查研究，我们深深感到，早餐问题是我们学生面临的一个重要而被忽视的问题。

早餐问题还表现在大部分同学不知道合理选择搭配上，很多同学长期就吃一种类型的早餐，严重地偏食。

科学研究表明，不吃早餐损害极大，长期不吃早餐会严重影响身体营养摄入，损害学生认识能力、创造能力的培育、发挥，阻碍身体耐力的发育、保持，不吃早餐也直接导致了近几年我国中小学生肥胖率的提高。此外，不吃早餐还会诱发胆结石、胃炎、贫血等多种疾病。

那什么是合理而营养的早餐呢？根据营养均衡的要求，把食物分为4类，有谷类，肉类，奶及豆制品和蔬菜水果类。如果你的早餐中上述4类食物都有，则为早餐营养充足，假如食用了其中的3类，则早餐质量较好，如果只选择了其中的两类及以下，早餐质量则较差。

早餐是最重要的！希望大家合理安排自己的早餐，衷心祝愿同学们健康地成长，愉快地学习！

×校×班×××

×年×月×日

【例文3】

环保建议书

尊敬的校领导：

你们好！

我们的校园好似一座美丽的公园，那里有百花盛开的花池，有充满笑声的足球场，有郁郁葱葱的树木。我在这个美丽的校园学习、生活已有三年之久。早晨，伴随着冉冉升起的朝阳，我来到学校；晚上，踏着夕阳的余晖，我与美丽的校园挥手告别。与校园的朝夕相处，使我和这个充满活力的校园建立起了深厚的感情。

但是，在这充满诗情画意和现代化气息的校园里，我们不难发现它或多或少还存在着一些不尽如人意的地方。例如，有的同学竟然将食品包装袋随手丢入花池中；学校走廊上、操场上、小径旁、花池中，我们常常能见到揉成一团的纸屑，有些纸上甚至没有写过一个字，就被人丢弃；一个完好的本子，被人撕裂后，塞满排水道；有些同学，他们写错字以后不用橡皮擦擦掉重写，而是很干脆地撕下整页纸。像这样不爱惜环境、浪费资源的现象还有很多。

尊敬的学校领导，为了能让我们的校园更加美丽，我向学校提出以下建议：

① 在学校开展“节约资源，人人争当环保小卫士”的活动，通过广播、杂志、贴画、黑板报等形式向学生宣传保护环境的知识。在视觉、听觉的强大攻势下，自然会让每个同学都能认识到浪费资源、污染环境是可耻的，从而自愿加入到保护环境、节约资源的行列中。

② 在校园内加强环保管理。对爱护环境、不乱丢乱扔废弃物的班级进行适当的奖励。对不良行为作出合理批评。

希望我校领导能在百忙之中看看我呈上的这份建议书。我衷心希望我的这一纸建议能为学校未来的宏伟蓝图增添一抹色彩。

祝福学校的明天更加美好！

××班×××

×年×月×日

思考与练习

一、填空题

1. 倡议书是由个人或集体________和________某种建议，用以共同完成________或开展________从而引起广泛响应的一种专用书信。

2. 建议书是指________、________或________向有关单位或上级机关和领导，就某项工作提出________时使用的一种常用书信，有的建议书也被称为________。

3. 倡议书和建议书一般都由________、________、________、________四部分组成。

二、判断题（正确的画对号，错误的画错号）

1. 倡议书标题一般由文种名单独组成。(　　)
2. 倡议书必须有称谓。(　　)
3. 建议书要具体明确，有针对性。(　　)
4. 建议书的分析和论证必须详尽。(　　)

三、选择题

1. 倡议书的措辞要做到（　　）。

   A. 措辞恰切，情感真挚，富于鼓动性　　B. 谦虚、热情

   C. 诚恳、热情　　D. 有分寸、诚恳

2. 建议书一般要先（　　）。

   A. 提出建议的原因、理由以及自己的目的、想法

   B. 开门见山地提出建议的具体内容

   C. 直接提出自己希望采纳的想法

   D. 表示对对方的敬意

四、简答题

1. 写建议书要注意哪些问题？
2. 写倡议书要注意哪些问题？
3. 建议书与倡议书有哪些异同？

五、根据下列材料写一封倡议书

地球的水资源越来越缺乏，有一则公益广告这样说道：“别让你的眼泪成为世界上最后一滴水。”“传说中气势磅礴的金沙江干了，贵州的黄果树大瀑布也只剩1/4水量了，长江的上游可以徒步‘渡’到对岸了，多少城市拉闸限电了，又有多少人为了找到饮水牺牲了……”看到简讯图片里他们愁苦的表情，大家不禁要问，“大自然它到底是怎么了，频频出问题？”而我们很多同学却洗个澡要半小时，水龙头打开就懒得关上。为了保护地球，为了我们的将来，请拟写一份倡议书，倡议全校同学节约用水。

第四节　挑战书、应战书

一、挑战书、应战书的概念

挑战书是个人、集体和单位，为开展某项竞赛而发出的挑战，希望与其他个人、集体和单位共同参与竞赛而运用的一种书信。

应战书是个人、集体和单位响应有关方面挑战而予以答复的一种书信。

二、挑（应）战书的写作格式和写法

（1）标题　第一行正中以较大的字体写上标题。

（2）称谓　标题下一行顶格写向谁请战、挑战、应战，称谓要用全称，有时可加上“敬爱的”、“亲爱的”等修饰词。

（3）正文　称谓下一行空两格起写正文。正文的内容大体要包括这样几个方面：

1）挑战者、应战者的态度，即挑战者要表示主动接受任务，挑战者要提出自己能做到也要求对方能做到的条件，或对对方提出的条件作些修改。

2）对竞赛的评判标准及评判人选也可提出意见，当然修改不修改评判标准，换掉不换掉评判人员，这应由上级或竞赛组织者作最后的决定。一旦最后决定了，参加竞赛者即使有意见，也要服从。

（4）结语　一般要写结语，用简短的礼节性语言，如“此致、敬礼”、“祝竞赛成功”等。

（5）落款　最后是署名，个人写姓名，单位、集体除写名称以外，必要时须盖章。署名的下一行写上发文的年、月、日。

【例文1】

挑　战　书

中文系××级一班全体毕业生：

为了认真贯彻执行上级关于毕业分配方案，为了互相学习互相监督，在即将奔赴岗位之际，我们特向你们提出友谊挑战。我们商定的条件是：

① 坚决服从党和国家的需要和分配，做到个人利益服从人民利益，到祖国最需要最艰苦的地方去，到边疆去。

② 发扬先人后己，吃苦在先，享乐在后的原则，坚持原则，坚决反对和抵制“走后门”的不正之风，坚决做到不托熟人，不请客送礼拉关系。

③ 如果家长不支持个人志愿，就主动说服家长支持自己服从党和国家的分配。

④ 站好最后一班岗，在七月初圆满完成毕业论文的写作任务，争取做一个德、智、体全面发展的合格的大学毕业生。

最后，我们提议，请我们系的毕业分配领导小组的全体成员作为评判人。

此致

敬礼！

××大学中文系××级二班全体毕业生

×年×月×日

【例文2】

给×××同学的挑战书

×××同学：

在我们班级的学习战场上，已经硝烟四起，各路英雄厉兵秣马！在过去的“战争”中，你取得了辉煌的“战绩”，你的实力让我敬佩同时让我警醒。我对你取得的成绩表示赞扬，但是面对新的考验，我绝不会因此退缩，反而勇敢踏上前进的征程。面对最后的期末考试竞争热潮，我会争做勇往直前的英雄。

为了互相学习，互相监督，在即将迎接期末考试之际我特向你提出友谊挑战，这绝非空谈。我知道，想要成金，必将经受烈火的锤炼；想要破土，必将积蓄足够的动力。

我更坚信我自己的能力。“有志者，事竟成，破釜沉舟，百二秦关终属楚；苦心人，天不负，卧薪尝胆，三千越甲可吞吴。”多年的积累绝不能在此枉费，数载的攒积蓄势必将在此喷发，我绝不畏缩，绝不逃避，绝不妥协。

行动才是最响亮的语言，我将以崇敬为胸襟，以奋斗为翅膀，用一切能够利用的时间来备考。虽然我×××成绩不甚理想，但现在的成绩无法左右期末的辉煌。我已经迫不及待地争分夺秒，全力以赴了。你准备好了吗？余下的日子，让我们破釜沉舟，背水一战。冲刺的战鼓已经敲响，拼搏的号角已经吹起。放眼期末，胜券在握，舍我其谁！请拿出你全部的实力来接受我的挑战！

最后我提议，请我们全班成员，以及老师作为评判人。我有信心在未来的这段时间里付出不懈的努力，取得这次战斗的胜利，在对手尊敬的目光中一同体会进步的喜悦！

华山论剑，期末比拼；敢立潮头，奋勇争先！

×××

×年×月×日

【例文3】

应　战　书

中文系××级二班全体毕业生：

读了你们×月×日的挑战书，我们受到了极大的鼓舞。我们决心向你们班同学学习，并表示坚决应战。

四年来，在党的阳光沐浴下，在老师的辛勤培育下，我们的思想觉悟有很大提高，文化科学理论知识有很大增长。党和国家把我们培养成四化建设的有用人才，付出了许多心血，在祖国选择和考验我们的关键时刻，我们两班毕业同学之间开展友谊竞赛，确实是非常必要的。

我们完全同意你们在挑战书中提出的四项条件和一项提议。另外，我们再补充以下两点意见：

① 组织宣布的分配单位和地点，即使与个人的志愿与家长的想法有出入，也愉快地接受分配，并迅速地奔赴工作岗位。

② 在离校以前，每个班根据情况，为学校、为系或下届同学做一件好事，以作留念。

同学们，我们坚决以你们为榜样，积极配合校系领导，为把××届毕业生分配工作搞得更好而努力！

此致

敬礼！

中文系××级一班全体毕业生

×年×月×日

【例文4】

给××同学的应战书

××同学：

期末考试的钟声已经敲响，在这充满紧张氛围的复习备考中，我很高兴接受你的挑战，我将披甲上阵，浴血奋战。

我们都是班级当中学习成绩名列前茅的学生，在这两年多的学习生活中，结下了深厚的友谊。我们同样有着年轻人特有的激情，我们都渴望挑战，渴望胜利，并且渴望在拼搏中展现实力。

“天行健，君子以自强不息。”我们也正是凭借着这样的信条奋发进取，排除万难，一次次地取得了优异的成绩。

“宝剑锋自磨砺出”，我有信心在期末复习中付出不懈的努力，取得这次战斗的胜利，在对手尊敬的目光中一同体会进步的喜悦！

×××

×年×月×日

思考与练习

一、填空题

1. 挑战书是________、________和单位为开展某项竞赛而发出的挑战，希望与其他个人、集体和单位共同参与竞赛而运用的一种书信。

2. 应战书是个人、集体和单位________有关方面挑战而予以________的一种书信。

二、判断题（正确的画对号，错误的画错号）

1. 挑战者和应战者都可以对竞赛评判标准及评判人提出意见。（　）

2. 挑战者和应战者如有意见可以不服从上级或竞赛组织者的最后决定。（　）

三、选择题

1. 挑（应）战者的态度即（　）。

A. 挑战者要表示主动接受任务，挑战者要提出自己能做到也要求对方能做到的条件，或对对方提出的条件作些修改

B. 挑（应）战者要表示主动接受任务，但不能对对方提出的条件作修改

C. 挑战者提出的条件要尽可能保证自己赢

D. 应战者要在能保证赢的情况下才答应应战

2. 挑（应）战书一般（　）。

A. 要写结语，用简洁的礼节性语言　　B. 不写结语

C. 要写结语，而且要写得很恭敬　　D. 必须以“此致、敬礼”作结语

四、简答题

1. 挑战书和应战书的称谓应该如何写？

2. 挑（应）战书的结语应用什么语言？

五、请以本校学生会名义向　另一学校学生会发出一封作文竞赛的挑战书，同时针对性地回一封应战书。

第五节　决心书、保证书

（一）决心书、保证书的概念

决心书和保证书是个人或单位集体为响应某一号召，完成某项任务，开展某一工作而向

上级或社会表示决心时所使用的一种专用书信。

因做了错事，犯了错误而写的表示悔改或改正的文字材料也叫决心书或保证书。

（二）决心书、保证书的适用范围

1）为响应上级某一号召而由个人或集体向上级组织或社会表示决心时使用。

2）为开展某项有一定难度的工作而向组织或社会表示决心时使用，以表示自己的信心。

3）为完成某项艰巨的任务，为了让组织或领导放心而表示决心时使用。

4）因某种原因犯了错误，为了让上级领导或群众更好地监督今后的工作，表达自己彻底改正的决心而使用。

（三）决心书、保证书的基本格式和写法

决心书、保证书一般由标题、称谓、正文和落款四部分组成。

（1）标题　决心书、保证书的标题一般由两种方式构成：

一种是单独由文种名构成，即在第一行正中以稍大的字体写上“决心书”或“保证书”字样；另一种由文种名和决心的事由共同构成，如“争取夺得团体第一的决心书”。

（2）称谓　决心书、保证书的称谓应在标题下空两行顶格写清楚其送达的组织机关、团体单位的名称或个人的姓名称呼，然后加冒号，如“厂领导:”、“敬爱的×××老师:”等。如果是面对广大群众，称呼也可以不写。

（3）正文　正文是决心书、保证书的主要组成部分。正文通常要由事情的缘由和决心的内容两部分构成。

决心书、保证书的结尾可以再次表示决心，也可写些表示敬意的话，如“此致、敬礼”。

当然结尾也可根据情况不写，而正文写完后自行结束。

（4）落款　落款写在全文的右下方，要署上写决心书或保证书的单位名称或个人的姓名称呼。如果是集体或单位所写，还可以视情况加盖公章。最后还要署上成文的日期。

（四）决心书、保证书的写作要求

1）决心书、保证书的写作要讲事实。决心务必做到切实可行，同时决心内容要具体实在，不说大话，不哗众取宠，以便于今后的执行。

2）写决心书、保证书，情绪要饱满，显示出必胜的信心。决心要充满必胜的信心，措词用语不消极低沉，要在简洁明确的行文中让人感到决心人的精神风貌。

【例文1】

决　心　书

敬爱的团支部：

通过学习雷锋的先进事迹，我们受到了极大的教育，决心以雷锋同志为榜样，做好本职工作。

① 集中一切力量，认真搞好科研工作，勤勤恳恳，争取在年内作出新的成绩。

② 工作之中，不为名、不为利，全心全意为人民服务。

③ 不怕困难，精益求精，不断提高自己的业务水平。

④ 热爱党、热爱祖国，决心为祖国的现代化建设贡献自己的一切。

××××××

×年×月×日

【例文2】

决　心　书

×××工程总指挥部党委：

×××工程是万里长江干流上第一座规模巨大的水利枢纽工程，大江截流是第一期工程的关键项目之一。我们×××的全体同志，要在这场战斗中贡献自己的力量，决心做到：

① 发扬艰苦奋斗的革命精神，哪里任务最艰巨，就到哪里去，要以河滩峡为家，让长江早日放出光和热！

② 团结一致，互相配合，挖掘潜力，多拉快跑，争取提前半个月超额完成运载、装卸石料的任务。

③ 听从调度，服从指挥。严格遵守操作规程，安全行驶，全勤出车，保证不出重大事故。

我们说到做到，决不放空炮，请领导和同志们看我们的行动。

×××全体同志

×年×月×日

【例文3】

领导干部廉洁自律保证书

中国××集团公司、××分公司党组、全厂干部、职工：

我作为一名领导干部，将认真执行中纪委关于领导干部廉洁从业的各项规定，全面落实集团公司党组关于党风廉政建设的各项要求，以求真务实的工作作风、廉洁勤政的良好形象，做勤政廉政的带头人。本人郑重承诺如下：

1）做到以下五条：

① 牢记全心全意为人民服务的宗旨，努力实践“三个代表”重要思想，恪尽职守，勤奋工作，努力完成自己承担的各项任务，为企业改革、发展、稳定作贡献。

② 认真学习、坚决执行《廉政准则》以及中央纪委、监察部、中国××集团公司关于企业领导人员廉洁自律的有关规定。

③ 按照《中国××集团公司领导人员廉洁自律承诺和情况报告的规定》，严肃、认真地向集团公司党组及本企业职工代表大会报告执行廉洁自律规定的情况，主动自觉接受职工代表和群众的监督、评议，虚心接受职工代表提出的意见和建议，并加以改正。

④ 认真执行《中国共产党党内监督条例（试行）》，主动开展批评和自我批评，维护领导班子团结；坚决执行重大事项领导班子民主决策制度，并严肃、认真履行决策权。

⑤ 在业务、经济交往活动中严守纪律，无法拒受、退还的现金、有价证券、支付凭证、贵重物品以及回扣、赞助等，在收到1个月内主动交到本企业纪检监察部门。

2）不违反以下十条：

① 本人不与他人合伙经商、办企业；家庭主要成员、主要社会关系经商、办企业（包括与他人合伙经商、办企业）的不得与本人所在企业有关联交易。

② 兼任下属单位或其他企业的职务，不领取薪酬或补贴。

③ 不利用企业的商业秘密从事个人牟利活动；不利用职务便利，为个人、家庭主要成员以及主要社会关系从事中介活动；不在经营活动中收取中介费、回扣及礼金。

④ 不与本企业有业务关系的单位发生装修房屋，为亲属上学、出国、旅游等事项提供费用的往来。

⑤ 不利用职权违反规定插手、干扰招标工作，不采取写条子、打招呼、指定中标人等方式破坏招标的正常工作流程。

⑥ 不擅自泄漏领导班子讨论的“三重一大”等重大事项的讨论内容。

⑦ 不违反财经纪律和法规，不设立账外资金。

⑧ 不鼓动或参与群众性聚集上访活动。

⑨ 不参加赌博活动；不参加色情的娱乐活动。

⑩ 不发生《国有企业领导人员廉洁从业若干规定（试行）》中列举的违纪行为。

如没有履行上述承诺并违反纪律，我将接受纪律处分，对给企业造成重大经济损失的，我将接受从重的经济处分，以上承诺，诚请全厂广大干部职工进行严格监督。

承诺人签字：×××

×年×月×日

【例文4】

保 证 书

××老师：

我上学期因没有认真学习文化课，致使学期考试有一门不及格。通过老师的教育帮助，特别是听了省著名企业家、全国“五一”劳动奖章获得者×××的“学习是当好企业家的保证”的报告后，我认识到：今日努力学习文化知识，就是为了明天为社会作出实际贡献的深刻道理。为此我向××老师，并通过××老师向学校领导保证：

① 明确学习目的，端正学习态度，增强学习的自觉性，改变过去被动学习的状况。

② 认真听讲，记好笔记，做到不迟到不早退。

③ 每半月把所学物理知识作一次系统整理，明确重点、难点，写出重点、难点的理解笔记呈交老师批阅。

④ 我保证做到课前预习，听讲后及时向老师请教疑难问题。

⑤ 我保证言行一致。

请老师督促检查。

敬礼！

保证人：××班学生×××

×年×月×日

思考与练习

一、填空题

1. 决心书和保证书是个人或单位集体为响应________，完成________，开展某一工作而向上级或社会________时使用的一种专用书信。

2. 决心书和保证书一般由________、________、________、________四部分组成。

二、判断题（正确的画对号，错误的画错号）

1. 因做了错事，犯了错误而写的表示悔改或改正的文字材料也叫决心书或保证书。(　　)

2. 决心书和保证书措辞要高调，才能显出信心。(　　)

3. 决心书内容要具体实在，不说大话，不哗众取宠，以便于今后的执行。(　　)

三、选择题

1. 决心书和保证书的标题方式有（　　）。

A. 单独由文种构成

B. 由文种单独构成或者由决心和保证的事由加上文种构成

C. 个人名称加上事由再加文种构成

D. 个人名称加上文种构成

2. 写决心书，情绪要做到（　　）。

A. 饱满，显示出必胜的信心　　B. 高昂，显示出自己的坚决

C. 低沉但不消极　　D. 平稳而不急躁

四、简答题

1. 写决心书和保证书应注意哪些问题？

2. 决心书和保证书适用于哪些范围？

五、根据下列要求写一份决心书

因为贪玩和盲目自信，本学期小明成绩有所下滑，现准备向老师和家长写一封决心书，决心努力学习，尽快追上前面的同学，将成绩提高。

第六节　申请书、辞职书

一、申请书

（一）申请书的概念

申请书是个人、单位、集体，向组织、机关、团体、领导提出要求实现和满足自己的希望、要求的一种文体。

（二）申请书的特点

1）以第一人称来提出请求。

2）申请书一般是一事一书。

（三）申请书的类型

根据不同内容要求，可以将申请书分成很多种类，在日常生活和学习中，常见的申请书大致有：入党、入团申请书，出国留学申请书，求职申请书，开业申请书等。

（四）申请书的基本格式和写法

（1）标题　在申请书第一行正中写申请书的名称，一般只写“申请书”三个字就可以了，有的则写出内容的主旨，如“入党申请”、“申请调换工种”等。标题的字体可略大于正文，也可和正文一样。

（2）称谓　称谓也叫“抬头”，就是在标题下空一行顶格处写出接受申请书的组织、机关、团体、单位、领导的名称，称谓后加冒号。

（3）正文　正文是申请书的主体，在称谓下一行空两格处起写。正文部分要写明申请的事情和理由。如果内容和理由较多，特别是在申请的事情有几件的情况下，每一件事都要分段写，以使眉目清楚，不致混淆和错漏。

结尾部分往往是表示礼节或恳切的愿望，如“此致、敬礼”、“恳请批准”、“不胜感谢”等。

（4）落款　在结尾下一行的靠右写上申请人姓名或单位名称。如是单位，要盖公章；如是个人，可盖私章，也可不盖。在署名后面写上写申请书的年、月、日。

（五）申请书的写作要求

1）申请书是一种应用文体，应用叙述的方法进行写作，语言要诚恳、准确、流畅，事情交代要简洁明了，字迹要工整，标点符号要正确。

2）要把申请的事情和理由写清楚，使接受者能透彻地了解申请人或申请单位的意愿、要求和具体情况，以便研究处理。

3）要考虑特定对象。写申请书是送给组织或领导者看的，所以必须从这一特定对象出发来确定申请书的内容和文字。接受申请书的人已经了解的事情，可以少写或不写；对方不太了解而又必须说明的，应写清楚。

【例文1】

办理停薪留职的申请书

厂领导：

我因家庭人口较多（父母、岳母、小弟及妻、儿共七人），仅我夫妻两人工作，靠工资收入难以养家。加之老人多病，小弟念书，经济收入入不敷出，虽承组织关心，常给予补助，但我不能依靠组织克服我家的经济困难。经过多方考虑并征得家人的同意和支持，拟筹划开一小饮食店。今特申请办理停薪留职手续。盼您考虑我家的实际情况，给予批准。不胜感激。

此致

敬礼！

职工：×××谨呈

×年×月×日

【例文2】

入团申请书

校团委：

在五四青年节来临的时候，我郑重地向团组织提出申请，要求加入中国共产主义青年团。

共青团是党的忠实助手，是一所马克思主义的大学校。在这座共产主义的大熔炉里，练就了一批又一批伟大祖国的先进青年，铸造了一代又一代共产主义的钢铁战士：董存瑞、邱少云、雷锋、张海迪，他们不但是广大青年的楷模，也是我不断进取、争取入团的动力源泉。

加入共青团是我多年的愿望，但是对照团员的标准，我总觉得自己的缺点还很多，所以一直没有勇气提出申请。近年来，我在团组织的关心帮助下，开始正视自己的不足，努力锻炼自己的意志，从各个方面严格要求自己，终于取得了一点进步，多次受到了班级、学校的表扬。但这仅仅是开始，与许多优秀的共青团员相比，我还有很大差距，我决心向他们看齐，刻苦学习，不断提高自己的思想觉悟，争取早日成为一名光荣的共青团员。

最后，我再一次请求团组织接受我的入团申请，请团组织考验我。

此致

敬礼！

申请人：×班　王××

×年×月×日

【例文3】

入党申请书

敬爱的党组织：

今天我怀着十分激动的心情，郑重地向党组织提出：我志愿加入中国共产党。这句话在我心中久久埋藏，也是我长久以来的向往和追求。

我出生在一个共产党员家庭，从小祖父祖母的言传身教给我留下了不可磨灭的印记，那就是：没有共产党，就没有新中国。

中国共产党是中国工人阶级的先锋队，同时也是中国人民和中华民族的先锋队。在半封建半殖民地的旧中国，工人农民是社会最底层的阶级，遭受着帝国主义、封建主义、官僚资本主义的三重压迫，旧中国内忧外患，处于水深火热之中。为了救中国，有许多仁人志士作了无数的努力和奋斗，最终还是中国共产党带领着广大工农阶级，走出了一条光辉之路，挽救了中国，挽救了人民。

新中国成立后，党又带领全国各族人民进行了社会主义改造，完成了从新民主主义到社会主义的过渡，确立了社会主义制度，顺利走向了社会主义道路，并为最终实现共产主义而进行着不懈的努力。

我国经济文化落后的现实决定了我国正在处于并将长期处于社会主义初级阶段，所以我国的建设必须从实际出发，走具有中国特色的社会主义道路。党在社会主义初级阶段的基本路线是：领导和团结全国各族人民，以经济建设为中心，坚持四项基本原则，坚持改革开放；自力更生，艰苦创业，为把我国建设成为富强、民主、文明、和谐的社会主义现代化国家而奋斗。

在这条探索的道路上，尽管遇到无数的艰难险阻，但是党都力挽狂澜，始终站在中国前进的最前方！中国人民始终坚信：有了中国共产党，才有了今天的中国！

我从小就受到家庭的熏陶而对党充满了热爱，加入党组织，是我许多年的夙愿。我深深地理解：从我们党成立的那一天起，有多少共产党人为了祖国和人民的利益而献出了宝贵的生命，无数的革命英雄和烈士为我们建立了新中国。新中国成立后，又有多少共产党人为了祖国和人民默默地奉献着自己的一切，江姐、雷锋、焦裕禄、孔繁森……不一而足，他们是当代的楷模，是我们青年学习的榜样。我发现他们以及身边许多深受我尊敬的人都有一个共同的名字——“共产党员”；我发现在最危急的关头总能听到一句话——“共产党员跟我上”。这确立了我要成为他们中的一员的决心。我把能加入这样伟大的党作为最大的光荣和自豪。像他们那样，为了党、为了祖国、为了人民，奉献出自己的光和热是我人生的奋斗目标。

大浪淘沙，在革命战争年代，加入党组织，为党组织而奉献，就意味着担负危险的工作，甚至要牺牲自己的生命，思想不纯的人很容易被环境淘汰。而在我国社会稳定的今天，加入党组织，更应当端正入党的动机，不能有坐享其成的思想，要有为共产主义事业奋斗终生的坚定信念。而共产主义是一个非常漫长的历史过程，如果对这个过程不忠诚，那就背离了党的纲领。

通过学习，我深刻而正确地理解了党的纲领，在思想上更加严格要求自己，坚持党的基本路线，认真学习马克思列宁主义、毛泽东思想、邓小平理论、“三个代表”的重要思想，坚决拥护中国共产党，在思想上同党中央保持一致，学习建设有中国特色社会主义的理论和党的路线、方针、政策。我坚持“未进党的门，先做党的人”。在平时的工作、学习和生活中，以党员的标准时时处处严格要求自己，认真遵守学校的规章制度，努力学习、刻苦钻研科学文化知识、团务知识，不断提高自己的理论和管理水平，在学院领导和同学们的教育和帮助下，早日站到党旗下。

但我深知，在我身上还有许多缺点和不足，如在与同学沟通方面还有所欠缺，工作中有些情绪化，处理问题不够成熟等。不过我会尽我所能予以改正，同时还请组织给予指导和帮助。今后，我要用党员的标准更加严格地要求自己，自觉地接受党员和群众的帮助与监督，以身边优秀的共产党员老师为榜样，努力克服自己的缺点和不足。如果党组织能批准我的请求，我一定拥护党的纲领，遵守党的章程，履行党员义务，执行党的决定，严守党的纪律，保守党的秘密，对党忠诚，积极工作，刻苦学习，为共产主义奋斗终生。如果党组织没有批准我的请求，我也不会气馁，我将继续以党员的标准严格要求自己，及时充实、提高自己，以更饱满的热情投入到以后的工作和学习中去，以实际行动争取早日加入党组织。

请党组织在实践中考验我。

此致

敬礼！

申请人：×××

×年×月×日

二、辞职书

（一）辞职书的概念

辞职书是个人离开原来的工作岗位时向单位领导或上级提请批准的一种申请书。

（二）辞职书的特点

（1）含蓄性　用委婉、恳切的言辞来表明辞职的诚意。

（2）简洁性　文字要简洁明了，切忌浮泛冗长。

（三）辞职书的基本格式和写法

辞职书通常由四部分构成。

（1）标题　在第一行正中写上辞职书的名称。一般辞职书由事由和文种名共同构成，即以“辞职书”为标题。标题要醒目，字体稍大。

（2）称谓　要求在标题下一行顶格处写出接受辞职申请的单位组织或领导人的名称或姓名称呼，并在称谓后加冒号。

（3）正文　正文是辞职书的主要部分，正文内容一般包括以下几部分：

首先，要提出申请辞职的内容，开门见山让人一看便知。

其次，申述提出辞职申请的具体理由。该项内容要求将自己有关辞职的详细情况一一列举出来，但要注意内容的单一性和完整性，条分缕析使人一看便知。

再次，要提出自己提出辞职申请的决心和个人的具体要求，希望领导解决的问题等。

最后，要求写上表示敬意的话，如“此致、敬礼”等。

（4）落款　辞职申请的落款要求写上辞职人的姓名及提出辞职申请的具体日期。

（四）辞职书的写作要求

1）理由要充分、可信。写辞职书，一定要充分考虑辞职的理由是否充分、可信。因为只有理由充分、可信，才能得到批准。但陈述理由的文字应扼要，不必展开。

2）措辞要委婉、恳切。用委婉、恳切的言辞来表明辞职的诚意。

【例文】

辞职申请书

××研究所人事处：

我于1969年从某化工学院毕业后分配到本所，现在第五研究室工作。因家中父亲年老多病需人照料，又因我与爱人长期两地生活等实际困难，现向领导提出辞去现职，回家乡工作的请求。

我的家乡在×省××县。父亲现年七十三岁，于1979年患半身不遂病，衣食不能自理。我于1990年结婚，爱人在家务农，现有一个儿子，由于我在外地工作，家中照顾老人、教养子女和其他轻重家务劳动都由爱人一人担负，她长期操劳，累得难以支持了。

这些年以来，祖国的经济建设风风火火、蒸蒸日上，作为一名党培养出来的科技人员理应在这一宏伟事业中多作贡献，但由于家庭实际困难的羁绊，不免时时分散精力。为了妥善安排生活，解决困难，全力以赴地投入经济建设之中，我特请求领导批准我的辞职。

此致

敬礼！

申请人：×××

×年×月×日

思考与练习

一、填空题

1. 申请书是个人、单位、集体，向组织、机关、团体、领导提出要求________自己的________、________的一种文体。

2. 辞职书是个人________原来的工作岗位时向单位________或________提请批准的一种。

3. 申请书中的称谓也叫“________”，就是在标题下空一行顶格处写出的接受申请的组织、机关、团体、单位、领导的名称。

二、判断题（正确的画对号，错误的画错号）

1. 申请书标题的字体必须大于正文。（　　）

2. 辞职书的正文一般首先要开门见山地提出申请辞职的内容。（　　）

3. 申请书结尾部分往往是表示礼节或恳切的愿望。（　　）

三、选择题

1. 辞职书的特点有：（　　）。

A. 含蓄性、简洁性　　B. 含蓄性、丰富性

C. 条理性、简洁性　　D. 含蓄性、条理性

2. 申请书的特点：（　　）。

A. 以第一人称提出请求，一般是一事一书

B. 以第一人称提出请求，多事合并申请

C. 以第三人称提出请求，一般一事一书

D. 以第一人称提出请求，多事合并申请

四、简答题

1. 申请书一般包括哪几部分？

2. 如果内容和理由较多，特别是申请的事情有几件的情况下，应该怎么写？

3. 辞职书的标题有什么要求？

五、请根据自己的实际情况拟写一份入党申请书。

第七节　履历（简历）

一、履历的概念

履历是个人向机关单位、部门领导或用人单位介绍自己以往的主要经历时

使用的一种专用文体。

二、履历的分类

履历从其存在的方式上看，可以分为表格式履历和行文式履历两种。

三、履历的基本格式和写法

作为表格式履历没有什么标题，只需在其“个人履历”栏中按时间、地点、做何工作、何人作证逐项填写即可。

行文式履历由于是以散文的形式写就的，所以大体来讲，应由标题、正文和落款三部分组成。

（1）标题　标题可以由自己的姓名称呼加上文种名构成，也可以直接由文种名构成，如“×××个人履历”或“个人履历”。

（2）正文　履历的正文要分两步来写：一是写明自己的一些基本情况，如介绍自己的籍贯、工作单位、家庭住址、家庭成员等；二是依次把自己从上学至今的学习和工作的经历写出来。

（3）落款　落款一般署上成文的时间即可，若是作为附页的履历，还需在履历上署上个人的姓名。

四、履历的写作要求

1）履历写作要注意时间上的衔接，不可在个人经历上出现时间上的空当。

2）履历务求真实、可靠，经得起调查核实。

3）履历的语言要简洁明了，说明清楚，格式尽可能规范。

【例文1】

自何年何月至何年何月	在何地何部门任何职	工作属性	证明人
1977年9月—1984年7月	××省××市×××乡××村	读书	张××
1984年9月—1987年7月	××市第一初级中学	读书	佟××
1987年9月—1991年7月	××市第一高级中学	读书	杜××

【例文2】

刘××的个人履历

刘××，男，1968年7月14日生于江西省南昌市，××区××街10号，现年32岁，汉族人，已婚，一子四岁；妻在××大学音乐系任教。现住址：郑州市管城区××新村8单元302室。邮政编码：450×××，电话号码：（0371）77×××××。

主要经历：1987年毕业于××第一高级中学，同年考入××大学法律系，1991年大学毕业后留校任教；1992 年考入 × × 大学研究生院法学系，1995 年毕业获法学硕士学位，同年被学校选派至美国 × × 大学进修，1997 年获法学博士学位，回国后到 × × 大学任教至今。

思考与练习

一、填空题

1. 履历是个人向__________、__________或用人单位介绍自己以往的__________时使用的一种专用文体。

2. 行文式履历由于是以__________的形式写就的，所以大体来讲，应由__________、正文和__________三部分组成

二、判断题（正确的画对号，错误的画错号）

1. 行文式履历由于是以散文的形式写就的，所以大体来讲，应由标题、正文和落款三部分组成。（ ）

2. 履历写作要注意时间上的衔接，但在个人经历上可以出现时间上的空当。（ ）

三、选择题

1. 履历从其存在的方式上看，可以分为（ ）。

A. 表格式履历和行文式履历　B. 表格式履历和自述式履历

C. 表格式履历和条文式履历　D. 表格和条文结合式履历

2. 履历的标题的构成（ ）。

A. 自己的姓名加上文种名或者直接用文种名

B. 只能直接用文种名

C. 必须加上自己的姓名

D. 不用标题

四、简答题

1. 写履历要注意哪些问题？

2. 履历的正文分哪两步来写？

五、根据自己的实际情况拟写一份行文式个人履历。

第五章　事务应用文

5

学习目标

1. 理解并掌握规程、规则、细则、办法的概念、格式及写法。
2. 会撰写规程、规则、细则、办法。
3. 能较快速而准确地作会议记录，并能编写格式规范的会议简报。
4. 能结合班级工作、个人工作与学习等实际情况制订相应的计划，撰写总结。
5. 熟悉和掌握汇报提纲、述职报告的基本格式和写法，并能撰写这两种应用文。

第一节　规程、规则

一、规程、规则的概念

规程是对某一事项或操作在一定范围内要求人们遵守的统一的要求和程序。其目的是规范人们的行动，以便有一个正常的生产和活动的程序。

规则是各级行政机关、人民团体和企事业单位使用的一种规范性公文。它是各种组织为保证某项活动或工作能够顺利开展，或达到某种目标，对人们的行为方式、方法规定出的必须共同遵循的准则。

规则的适用范围很广，涉及面可宽可窄。

二、规程、规则的格式和写法

规程、规则一般由标题、正文、署名和日期三部分组成。

(1) 标题　一般采用“××操作规程”、“××活动规程”、“××规则”的形式。

(2) 正文　分条写出规程、规则的各项内容，一般要包括整个活动的每一个环节。

(3) 署名和日期　一般写在正文的右下方。有的也可不要署名和日期。

【例文1】

电工安全操作规程

① 电气操作人员应思想集中，电器线路在未经测电笔确定无电前，应一律视为“有电”，不可用手触摸，不可绝对相信绝缘体，应认为有电操作。

② 工作前应详细检查自己所用工具是否安全可靠，穿戴好必需的防护用品，以防工作时发生意外。

③ 维修线路要采取必要的措施，在开关手把上或线路上悬挂“有人工作、禁止合闸”的警告牌，防止他人中途送电。

④ 使用测电笔时要注意测试电压范围，禁止超出范围使用，电工人员使用的电笔，一般只许在五百伏以下电压使用。

⑤ 工作中所有拆除的电线要处理好，带电线头要包好，以防发生触电。

⑥ 所用导线及保险丝，其容量大小必须合乎规定标准，选择开关时其容量必须大于所控制设备的总容量。

⑦ 工作完毕后，必须拆除临时地线，并检查是否有工具等物漏忘电杆上。

⑧ 检查完工后，送电前必须认真检查，看是否合乎要求并和有关人员联系好，方能送电。

⑨ 发生火警时，应立即切断电源，用四氯化碳粉质灭火器或黄砂扑救，严禁用水扑救。

⑩ 工作结束后，全部工作人员必须撤离工作地段，拆除警告牌，所有材料、工具、仪表等随之撤离，原有防护装置随时安装好。

⑪ 操作地段清理后，操作人员要亲自检查，如要送电试验一定要和有关人员联系好，以免发生意外。

【例文2】

阅 览 规 则

① 本室对全院师生开放。

② 本室所有藏书对所有读者仅限室内阅览，不得带出室外，读者应及时归还图书。

③ 读者借阅图书须用借书证办理借书手续。读者进库须用阅览牌，严格遵守阅览牌使用规则，查找图书时，必须归放整齐，每次限借一册，不得用他人借书证代借，违者停借一个月。

④ 读者应爱护图书，不得有污损、画线、折叠等损坏图书的行为，否则，视情节轻重，按书价的1~5倍处罚。

⑤ 读者借阅图书时，应当面检查图书是否完好，发现破损等情况要立即说明，请工作人员校正，还书时发现的问题概由当次借阅读者负责。

⑥ 读者进入阅览室，须保持安静，不得随地吐痰、乱抛纸屑杂物，严禁携带食品、饮料入室，违者视情节轻重，处以五元以上罚款。

⑦ 读者离开阅览室前，除归还本室藏书外，需把椅子摆放整齐，带走自己所有物品，不得以书、包等占有座位。

⑧ 读者应尊重并服从工作人员的管理，配合工作人员共同搞好本室工作。

××学院图书馆

×年×月×日

思考与练习

一、填空题

1. __________是对某一事项或操作在一定范围内要求人们遵守的统一的要求和程序。其目的是__________，以便有一个正常的__________的程序。

2. __________是各级行政机关、人民团体和企事业单位使用的一种规范性公文。

3. 规程、规则一般是由__________、__________、__________三部分组成。

二、判断题（正确的画对号，错误的画错号）

1. 规程、规则必须写明署名和日期。（ ）

2. 规则的适用范围很窄，涉及面也不宽。（ ）

三、选择题

《仓库防火安全管理（ ）》

A. 规定　　B. 办法　　C. 条例　　D. 规则

第二节　细则、办法

一、细则

（一）细则的概念

细则是党政机关经常使用的规范性公文。它是为已经颁布的法令、条例、规定作出具体说明和阐释的文体，一般为贯彻执行有关条例和制度而定。

（二）细则的特点

（1）规范性　细则是依照高层次的法律、法规和规章进行操作性细化，使之能够在工作中顺利实施的法规文书，因此必须保持与所细化的法律、法规和规章相一致的规范性。

（2）派生性　细则不是一种独立存在的法规性文书，它必须以某一法律、法规、规章为前提。有《中华人民共和国专利法》，才会有随之产生的《中华人民共和国专利法实施细则》；有了《广东省科学技术奖励办法》，才会有《广东省科学技术奖励办法实施细则》。

（3）补充性和辅助性　细则作为法律、法规、规章的派生物，要对原文件的内容进行细化、阐释，使其含义更明确具体，更具可操作性。

（三）细则的基本格式和写法

（1）标题　细则的标题常常由事由和文种类别（细则）组成，发文机关和发布日期有时会在标题标出，如果属会议批准或通过的，要用括号在标题下另加注说明“×年×月×日会议批准（通过或修订）”。

（2）正文　正文要根据内容的复杂程度而定，复杂的要分总则、分则、附则或章节来写；简单的直接分条列述即可。一般正文分三部分来写：先写发布的缘由，次写具体内容，再写明实施机关、生效日期、解释权等。

【例文】

沈阳市公有住房售后维修管理实施细则

第一条　为搞好公有住房售后维修管理，确保居住安全和正常使用，根据《沈阳市贯彻〈辽宁省城镇住房制度改革总体方案〉实施办法》，制定本细则。

第二条　本细则适用于个人购买的全部产权住房、公私共有产权住房、被动迁户回迁安置住房中个人出资增加面积的部分。集资合作建房参照执行。

第三条　市房产管理局是本市公有住房售后维修管理的行政主管机关，负责制定有关政策和质量标准。区、县（市）房产管理局对辖区内的公住房售后维修管理工作进行行政管理，对各管房单位进行业务指导、监督，受理住房的咨询、投诉。

第四条　成幢、成片的公有住房出售后，可由出售住房的产权单位（以下简称产权单位）自行管理，也可委托房产经营单位代管。非成幢、成片的公有住房出售后，产权单位委托房产经营单位代管。

……

第八条　本细则由市房产管理局负责解释。

第九条　本细则自×年×月×日起执行。

二、办法

（一）办法的概念

办法是党政机关、企事业单位使用的一种规范性公文，主要用于制定对某项工作的安排或具体管理措施，涉及范围多属于具体事物和单一事项，如关于外资企业管理、税收、票汇结算等。

办法经过一段时间实施后，逐步发展为条例。

（二）办法的特点

（1）内容详细具体，可操作性强　办法的内容一般要求具体详细，并侧重在措施和做法方面，说明采取哪些方法，按照怎样的程序去做，有较强的可实施性和可操作性。

（2）约束力小　由于办法涉及的内容、事项具体，很多办法还在试行期，其时间效力、空间效力和对人的效力都比较小，在实际执行中，往往根据情况的发展变化有所变通，可对其加以修改、补充。

（三）办法的基本格式和写法

办法由标题（包括题下标示）、正文两部分组成。

（1）标题及题下标示　办法的标题应由发文机关、事由和文种类别组成，也有省略发文机关的，但不多见。办法如属“试行”、“暂行”的，要在标题中标明。属会议通过或需标明发布日期的，可在标题下加括号注明。也有的在题下标示中同时标明发文机关，但这时不能再在标题或落款中重复出现发文机关。

（2）正文　办法的正文一般由三部分组成：即办法的制发缘由、办法的具体内容、结语或附则。制发缘由指制定办法的依据、目的；具体内容为办法正文的主体；结束语常用以说明办法的适用范围、实施日期、要求、解释权等。

办法内容复杂的，可分为总则、分则、附则来组织结构；内容简单的，通常采用分条列述的写法。

办法的制定依据往往是上级机关的法令、决议、条例等。具体明确、切实可行是办法写作的基本要求。

【例文】

关于处理违纪学生的暂行办法

1）凡违反学校各项制度，破坏正常的教学、生活及公共秩序，侵犯别人人权，损坏公私财产，损害集体利益，尚不构成刑事处分的都是违纪的行为，必须严肃处理。

2）对违反纪律的学生，根据错误情节轻重、认错态度好坏，分别给予警告、记过、留校察看、开除学籍或勒令退学的处分。

3）有下列行为之一者，予以警告处分。

① 殴打他人，情节较轻，无后果者。

② 经常不遵守课堂、食堂、宿舍、会场、课间操、自习、劳动等纪律，造成影响者。

③ 一学期旷课三天者。

……

⑩ 无故不上课，在校园内逗留或在宿舍装病睡觉者。

4）有下列情形之一者，予以记过处分。

① 殴打他人，情节较轻者。

② 一学期旷课一周以内者。

③ 考试舞弊，情节较重者。

……

⑨ 未经学校同意，擅自留房校外人员者。

5）有下列情形之一者，予以留校察看一年处分。

① 在校内打架，后果严重或影响极坏者。

② 一学期内旷课累计达两周以上者。

③ 偷盗公私财物，或私自动用学校设备、设施造成很坏影响者。

……

⑧ 受过记过处分，经教育不改者。

6）有下列情形之一者，予以开除学籍或勒令退学处分。

① 持械打架或勾引校外人员到校打架者。

② 一学期内旷课累计超过一月者。

③ 有严重盗窃行为，或私自动用学校设备、设施造成严重损坏，或勒索学生钱物 50 元以上者。

……

⑩ 受留校察看处分，经教育不改者。

7）处理学生，警告、记过处分由班主任提出意见，由教导处上报主管领导批准；留校察看处分，由班主任提出意见报行政会审批；开除学籍、勒令退学处分，由班主任提出意见报校长办公会审批，报主管业务部门备案。

8）凡对学生进行处分，其处分决定应张贴布告或大会公布，并装入学生档案，同时将错误情节通知家长。

9）受处分的学生（开除学籍处分外），有显著进步表现的，可以解除处分。

① 解除处分，必须由本人提出书面申请，经班委会讨论，班主任、有关任课教师签署意见，上报政教处研究，报主管领导批准（受留校察看处分报校长办公会讨论）。

② 未解除处分的，处分材料装入学生档案，解除后转入校文书档案。

③ 受处分的学生，必须每月向有关部门汇报思想两次，必须按时参加有关会议，否则一律不予解除。

×县××中学

思考与练习

一、填空题

1. ＿＿＿＿＿是党政机关经常使用的规范性公文。它是为已经颁布的法令、条例、规定作出具体说明和阐释的文体，一般为贯彻执行有关条例和制度而定。

2. ＿＿＿＿＿是党政机关、企事业单位使用的一种规范性公文，主要用于制定对某项工作的安排或具体管理措施，涉及范围多属于具体事物和单一事项，如关于外资企业管理、税收、票汇结算等。

二、判断题（正确的画对号，错误的画错号）

1. 根据内容的复杂程度而定，复杂的要分总则、分则、附则或章节来写；简单的直接分条列述即可。（　　）

2. 一般正文分三部分来写：先写发布的缘由，次写具体内容，再写明实施机关、生效日期、解释权等。（　　）

3. 办法的标题应由发文机关、事由和文种类别组成，发文机关一定不能省略。（　　）

三、选择题

《中华人民共和国所得税法施行（　　）》

A. 规定　　B. 办法　　C. 条例　　D. 细则

第三节　会议记录、简报

一、会议记录

（一）会议记录的概念

会议记录是一种配合会议的召开而使用的文书，是记录会议的组织情况、议程、内容等基本情况而形成的书面材料。会议记录是反映会务活动的重要材料，是传达、贯彻、执行会议精神的依据。会议所形成的会议纪要等文件，一般都要以会议记录为蓝本。会议记录一般可分为摘要式记录和详细记录两种，但这种分法只具有相对的意义。

摘要记录，是一般会议常用的方法。它不是有言必录，而是只记发言要点、结论和会议上讨论的问题，以及通过的决定、决议等主要内容。

详细记录，一般用于重要会议。要求详细记录，特别是对领导人讲话和重要决议，要尽量记原话，这种记录一般采用速记法。会后还要进行整理。

（二）会议记录的特点

（1）真实性　会议记录的执笔者与其他文章的写作者有一个重要区别，那就是他只有记录权没有改编权。会议是什么样就记成什么样，与会者发言时说了些什么就记下什么，记录者不能进行加工、提炼，不能增添、删减，不能移花接木，不能张冠李戴。

（2）原始性　会议记录是会议情况和内容的原始化的记录。所谓原始，就是未经整理，未经综合。在这一点上，它跟会议简报、会议纪要有着很大不同。会议简报和会议纪要也是真实的，但不是原始的。虽然在内容上可能没有太大差别，但在存在形态上，会议记录跟会议简报和会议纪要的差异很大。

（3）完整性　会议记录对会议的时间、地点、出席人员、主持人、议程等基本情况，领导的讲话，与会者的发言、讨论和争议，形成的决议和决定等内容，都要记录下来，以保持会议的内容、过程与结果的完整性。

（三）会议记录的作用

会议记录的作用体现在三个方面。

（1）依据作用　会议记录忠实地记录会议的全貌，包括会议精神，会议形成的决定和决议，会议对重大问题作出的安排。如果在会议后需要形成文件，要以会议记录为依据；如果不形成文件，与会者在会后传达贯彻会议精神和决定是否准确，也要以会议记录为依据进行检验。

（2）素材作用　会议经行过程中连续编发的会议简报，以及会议后制作的会议纪要，都要以会议记录为重要素材。会议简报和会议纪要可以对会议记录进行一定的综合、提要，但不得对会议记录所确认的内容进行歪曲和篡改。可以说，会议记录是形成会议简报和会议纪要的基础。

（3）备忘作用　会议记录可以作为会议情况和会议内容的原始凭证。时过境迁，有关会议的内容和情况可能无法在记忆中复现了，甚至当时作出的重要决定可能也记不清了，这时就不妨查查会议记录。会议记录还可以成为一个部门和单位的历史资料，若干年后，通过大量会议记录可以了解这个单位的历史进程和发展状况。

（四）会议记录的基本格式和写法

会议记录通常采用专用记录稿纸记录，一般包括两部分。

（1）会议的基本情况　记录的第一部分一般要包括会议名称、时间、地点、出席人数（人数较少时可直接记下出席人的姓名）、缺席人、列席人、主持人及记录人。

（2）会议内容　会议内容包括会议的议题、讨论过程、会议发言或讲话的内容、传达的问题或作出的决议等。在会议记录结束时，一般无特殊规定，习惯上另起一行写“散会”、“完”、“结束”字样，以为标示。

会议记录的基本要求是真实、准确，会议结束后，会议记录要由主持人和记录人签字。

【例文1】摘要式记录

会 议 记 录

会议名称：中共××市委常委会议

时间：×年×月×日

地点：市委主楼××会议室

出席：×××、×××、×××……

缺席：×××（因病）、×××（去省里开会）

列席：××（主管教育工作的副市长）、×××（市教委副主任）、×××（市财政局长）

主持人：×××

记录人：×××

议题：传达省教育工作会议精神，研究我市如何加强、改进教育工作。

发言内容、决定事项：（略）

【例文2】详细记录

××矿区行政办公会议记录

时间：×年×月×日

地点：矿区办公楼会议室

主持人：×××主任

参加人：矿区副主任×××、劳资科科长××、财务科科长×××、安全科科长××、人事科科长×××、办公室主任×××

会议议题：

① 二季度奖金发放办法。

② 自然减员招工方案。

③ 有关人员的调动问题。

④ 对违反劳动纪律人员的处理问题。

会议议定的事项：

① 矿区二季度奖金按××总公司2005年1月制订的《奖金发放办法》（试行草案）第六条、第七条办。

② 这次自然减员招工，招收1965年以前参加工作的职工子女，并实行文化统考，择优录取的办法（详细规定由劳资科负责制订）。

③ 同意×××同志以父母身边无人为理由，调往××容器厂工作；同意××同志与硫铁矿××对调，解决其夫妻长期两地分居问题。

④ 对矿工×××无故旷工三天的行为，责成劳资科在全矿区内给予通报批评，并扣发旷工工资及当月奖金。

××矿区办公室（盖章）

×年×月×日

二、简报

（一）简报的概念

简报是党政机关、人民团体、企事业单位内部用于汇报工作、反映问题、沟通情况、指导工作、交流经验、传递信息的一种简短的有一定新闻性质的文书材料。简报在机关内使用频率高，是常用的事务文书。

（二）简报的种类

1）从内容上分，可分为工作简报、信息简报和会议简报。

2）从时间上分，可分为定期和不定期的简报。

3）从性质上分，可分为综合简报、专题简报和动态简报。

（三）简报的特点

（1）简明　简报以“简”冠名，可见简短是它的突出特点，这主要表现在内容集中、语言简洁、结构简单、篇幅简短。一份简报一般只反映一个主题，甚至可一报一事，一篇文章字数在千字左右，短的只有几百字，追求用少量文字概括出事实的精髓和意义，做到简短而不疏漏。

（2）快速　简报要讲求实效，快写、快编、快发是其制发要诀，尤其是突发性的动态简报，类似于新闻报道中的消息。简报的快速敏锐，目的是让各级领导和有关人员能及时了解情况，处理问题、总结经验、制定相关政策。

（3）新颖　简报努力反映新情况、新问题、新经验，不仅写作内容是新鲜的，写作角度、立意观点也要追求新颖。

（4）对内　简报只在机关、单位内部传阅，不公开发行，有的有机密等级、发送范围。

（四）简报的基本格式和写法

简报按版面编排格式来分一般由报头、正文、报尾三部分组成。

（1）报头　报头一般占首页三分之一的上方版面，用间隔红线与正文部分隔开，报头内容有：

1）报名：“××简报”、“××××简讯”，一般用大字套红，醒目大方。

2）期数：排在报名的正下方，有的连续出，还要注明总期数，总期数用括号括入。

3）编号：排在报名右侧的上方位置。

4）编发单位：排在横隔线的左上方位置。

5）印发日期：排在横隔线的右上方位置。

6）密级：如“秘密”、“机密”、“绝密”、“内部刊物”等排在报左侧上方位置。

（2）正文　正文由标题、导语、主体、结尾四部分组成。

标题应力求简明地概括出正文的内容。导语就是用简洁明确的一句话或一段话，提出全文的中心或主要事实，一般要交代时间、地点、事件、结果等内容。主体是正文的中间部分，是简报的主干，需要用富于说服力的典型材料，把导语内容进一步具体化。它主要是反映情况、肯定成绩、提出问题。结尾一般用一句话或几句话结束全文，指明事件发展趋势，提出今后打算。

（3）报尾　简报报尾部分包括两项内容，即发送单位和印发份数。

在末页的下方，用两条平行线框住，左侧写报、送、发单位的名称。报，指简报呈报的上级单位；送，指简报送往的同级单位或不相隶属的单位；发，指简报发放的下级单位。右侧写本期印发份数。有的简报发送范围较固定，不写报尾，自然结尾。

简报样式如下：

密级	××简报 第×期	份号
编印单位名称		×年×月×日
（标题） ×× ××。 （正文）		
报：×××××× 送：×××××× 发：××××××		共印××份

【例文1】

政协××市六届×次会议
简报
（第24期）

大会秘书处　　　　　　　　　　　　　　×年×月×日

今年政府应办几件实事

××委员说：建议市长要有相应的任期目标，要像×××那样一年办几件实事，年终总结，有哪些完成，有哪些没完成，为什么。

改“三公开一监督”为好

×××、×××委员说：报告在谈到廉政建设时，提出实行“两公开一监督”，我们认为应改为“三公开一监督”，即再增加公开市、县两级主要领导的经济收入，以便接受人民群众的监督。

不能再走大投入低效益之路

×××委员认为：1998年我市社会总产值为180亿元，国民收入为74亿元，而全市的财政收入只有9.15亿元，很明显，经济效益是很低的。而1998年来生产发展的一个关键性的问题，即大投入，低效益，致使财政拮据，入不敷出。市领导应着眼长远，从当前入手，立足于大力提高经济效益和增强生产后劲，（包括政策、体制、发展规划、产业结构、环境整顿、提高管理水平、提高劳动力的素质、提高劳动生产率、大力发展科技和教育等多方面综合治理）。只有这样，才能使我市的经济进入高一层次的发展，形成良性循环。这才是提高经济效益的真正出路。

报：××
送：××、××
发：××、××、××

共印××份

【例文2】

工作动态

(26)

中共××市委办公室编　　　　×年×月×日

内容提要：

改革信息

市妇联对机关中层干部实行聘任制

简讯二则

××在形势教育中抓好三个环节

××××矿组织职工开展“四情”活动

情况交流

“纪要—催办—汇报”制度效果好

按：市妇联对中层干部实行聘任制，打破了多年干部委任制的沉闷局面，使得一些有才干的中青年干部脱颖而出，为拓宽知人、用人渠道，将竞争机制引入党政机关创出了一条路子。(略)

【例文3】

简　　报

第16期（总第49期）

北京市××学校　　　　×年×月×日

编者按

目前，我校经管专业招收了一名残疾学生，他叫李××。帮助他解决学习、生活中的困难，让他顺利完成中专学业，感受到农校对他的爱，不仅是他所在专业和班级的事，也是全校师生的责任。本期简报选编了这篇文章，希望广大师生行动起来，为这名残疾学生献上自己的一份爱心。

用嘴衔笔写字　照样考上中专

好学生李××遇到麻烦

胳膊没劲　端不了饭　洗不了衣服　他该怎么办

晨报讯（记者薛×）8月17日，××县×××镇中学初三年级的残疾学生李××接到了他盼望已久的中专录取通知书。但这对于他来说，确实喜忧参半。

因为自小患先天性多关节软缩症，李××的肩膀和胳膊抬不起来，但他愣是学会了用嘴写字。今年中考，他用嘴衔笔答完了所有卷子，以534分的成绩考上了北京市××学校。“这还是因为他用嘴叼着笔写字慢，才没考好。”李××的班主任侯老师说。

可是，本该为此高兴的班主任老师、家长却为李××发起愁来：他的胳膊没劲，端不动饭盒，洗不了衣服，怎么办呢？但他们最担心的还是一旦学校看见李××本人，还会不会要他。

李××的英语学得非常好，见到记者后，他用英语作了自我介绍。他最大的心愿是继续念书，将来在英语方面有所成就。

报：北京市教委，北京市农林局

发：本校各科、室，各班级　　　　　　　　　　　　印200份

思考与练习

一、填空题

1. 简报按其内容的不同，一般可划分为__________、__________、__________三种。

2. 简报的特点是__________、__________、__________。

3. 简报的正文由__________、__________、__________、__________四部分组成。

4. 会议记录是一种配合会议的召开而使用的文书，是记录会议的__________、议程、__________等基本情况而形成的书面材料。

5. 会议记录一般可分为__________记录和__________记录两种。

6. 简报按版面编排格式来说，由__________、__________、__________三部分组成。

二、判断题（正确的画对号，错误的画错号）

1. 会议记录不用加盖印章，但要由会议召集人署名并签发。在正文后应分别注明主持人、出席人和发送单位。（　　）

2. 会议传达提纲源于会议实况的原始记录，要详尽、全面、具体地反映会议的全过程。（　　）

3. 简报的报尾应分别注明报（上级机关）、送（同级或不相隶属机关）、发（下级机关）单位及印发份数。（　　）

4. 工作简报在报头的简报名称下要写编号，如（2002）第9期总第87期。（　　）

5. 简报的作用是收集内部资料，以便归档保存。（　　）

6. 简报要求“全”，即要求内容全面，格式全新。（　　）

7. 简报要求“快”，要迅速及时，快编快发。（　　）

三、选择题

1. 简报报尾包括的两项内容是（　　）。

　A. 编发单位和编发日期　　　　B. 发送单位和编发日期

　C. 编发单位和印发份数　　　　D. 发送单位和印发份数

2. 简报的（　　）部分主要包括简报名称、编号、编发单位和日期等项目。

　A. 报头　　　　B. 正文　　　　C. 报尾

3. 会议记录要随着会议的进程进行，会议结束，记录也随之结束，一般不需要作综合整理，因此会议记录具有（ ）特点。

A. 片段性　　B. 连贯性　　C. 片面性　　D. 简明性

4. 会议记录作为会议实况和主要精神的原始记录，其文献特征，决定了它在写作上要求具有（ ）。

A. 政治性　　B. 真实性　　C. 原则性

D. 完整性　　E. 创意性

5. 某简报载一文，其标题为《全市国税发票专项检查情况表明事业单位发票管理亟待规范》。这个标题的主要特点或作用是（ ）。

A. 指出问题的严重程度　　B. 指出出现问题的范围

C. 交代事实，揭示中心　　D. 概括全文的主要内容

6. 简报在写作上有五个字的要求。其中“材料真实确切，问题切中要害，政策把握准确”，讲的是简报写作要（ ）。

A. 全　　B. 快　　C. 简　　D. 准

7. 简报中用简明文字概括主要事实的部分称为（ ）。

A. 主题　　B. 导语　　C. 结尾　　D. 标题

四、简答题

1. 做好会议记录有哪些要求？
2. 请简要回答会议记录的基本格式和写法。
3. 简报的种类有哪些？
4. 简要回答简报的基本格式和写法。

五、应用文写作

以本班近期的工作重点为内容，编写一份简报。

第四节　计划、总结

一、计划

（一）计划的概念

计划是单位、部门或个人在一定时期内，为完成某项任务或为达到某一目标而事先制订的书面安排和打算。

（二）计划的特点

（1）目的性　计划是为完成任务而制订的，因此，任何一份计划都必然有一定的目标和任务。目标明确、任务具体是制订计划的前提条件，也是制订计划的可靠依据。

（2）预见性　计划是对预期工作作出的安排，预期就有一定的时间限制。计划一般都将目标、指标分解，时间分段，分步骤地去完成各项指标，达到完成各项指标的目的，所以，制订计划应充分预测能够达到的目标，可能遇到的情况、问题，并考虑解决问题应采取的措施。

（3）可行性　制订计划是为了付诸实现，因而，制订的目标、任务、措施、要求等，

都要实实在在，切实可行，否则，计划便没有实际意义。

（三）计划的种类

计划的种类很多，按性质分，有生产计划、工作计划、学习计划等；按范围分，有国家计划、地区计划、部门计划、单位计划、个人计划等；按时间分，有年度计划、季度计划、月份计划等；按形式分，有表格式计划和条文式计划，也有条文和表格兼用的计划。

（四）计划的基本格式和写法

（1）标题　标题通常由单位、时限、计划内容组成，如《××市××学校2009年招生工作计划》。如果未正式通过，或未经上级批准，可在标题下一行用括号加注“草案”、“初稿”、“供讨论用”等。

（2）正文　计划的正文通常由导语、任务和目标、方法和措施以及其他事项等几部分组成：

1）导语。主要写制订计划的依据、指导思想，也有的交代情况，写出目标要求。

2）任务和目标。主要写出在一定时间内要完成的工作，要达到的指标，要写明完成任务的数量、质量、程度。

3）方法和措施。写明完成某项工作应采取的方法、措施，具体步骤，时间分配，人力、物力、财力的安排，要具体可行。

4）其他事项。写明执行计划应注意的问题，检查、修订计划的办法等。

（3）落款　标题上没有写明单位的，还应在正文结束后写上单位，个人计划还要写上个人的姓名，然后再写上日期。

（五）计划的写作要求

1）要全面把握党和国家的有关方针、政策和上级的指示精神，以此作为制订计划的指导思想。

2）要坚持实事求是的原则，从实际出发，所制订的目标、任务、措施和办法等既要具体实在，又要突出重点，切实可行，具有科学性和可操作性。

3）语言要简明平实，不要凭空想象，随意夸张。

【例文1】

机修厂自学小组学习计划

为了顺利通过高等教育自学考试，在厂领导的关怀下，我厂参加自学考试的九位同志组成了学习小组，现制订×年上半年的学习计划如下。

一、学习内容

×年上半年考试的《写作》、《现代汉语》两门课程。

二、辅导教师与教材

聘请××师专写作教研室主任×××和××学院讲师×××为辅导教师，以全国高等教育自学考试指导委员会指定的必读书《写作教程》（路得庆等编，华东师范大学出版社1984年出版）、《作文法概要》（李景隆著，辽宁人民出版社1982年出版）、《写作通论》（刘锡庆、朱金顺编，北京出版社1983年出版）、《现代汉语》（胡裕树主编，上海教育出版社

1979年出版)、《现代汉语》上下册(黄伯荣、廖序东主编，甘肃人民出版社1983年出版)为教材。

三、学习方法和时间安排：

每周三、五晚上七点至九点上辅导课，每周星期日下午两点至五点小组集体学习。

四、要求

① 辅导课与小组集体学习不得无故缺席。

② 按时完成作业。

③ 抓紧时间，读完辅导教师指定的参考书。

×年×月×日

【例文2】

××厂开展植树造林
美化厂区的活动计划

根据全国五届人大第四次会议通过的《关于开展全民义务植树运动的决议》，结合我厂厂区建设的实际，决定在今年春季开展植树造林、美化厂区活动，拟做好以下几项工作：

一、任务与要求

1）我厂今年春季在厂区内植树×××株，铺草坪×××平方米，种植各种花草×××棵。要求平均每人植树×棵，铺草坪×平方米，种花×棵。要做到栽种后有管理，保证成活，并在植树节完成上述任务。

2）这项活动以厂办为领导，以各车间、科室为单位，以园林管理科为指导来进行，具体要求：

① 各车间、科室的领导要带头，并指定专人负责此项工作。

② 充分发动群众，认真组织好力量，采取分片包干的办法。

③ 要因地制宜，针对厂区环境的不同条件，种植各种不同的花草树木。

④ 园林管理科要及时做好花草树苗的备运等各项工作。

⑤ 加强对每一阶段工作的检查，二月中旬做一次全面检查。

二、措施

1）于二月下旬召开一次植树造林美化厂区的工作会议，参加人员是各车间、科室负责人，重点研究植树造林美化厂区的各项准备工作，采取必要的措施予以落实。

2）加强各部门对植树造林美化厂区的领导工作，认真解决各部门存在的问题。

3）从园林管理科抽调几名同志到各科室、车间的植树现场进行指导。

4）在植树节前，要把这项活动基本搞完。

××厂办公室
×年×月×日

二、总结

(一) 总结的概念

总结是对一定时期内单位和部门已完成的工作或者个人的学习心得进行回顾与分析，作出总的评价与结论的书面材料。

（二）总结的特点

（1）回顾性　总结的回顾性与计划的预想性相对，二者有紧密的联系：计划要参考上一阶段的工作总结，而总结也要参照原定计划的实现情况来加以评估。从时间上看，总结是在事后进行的；计划是在事前进行的。总结的目的是对过去的一个阶段的实践活动的回顾，摆出成绩，发现不足，找出规律，以指导未来的实践。

（2）理论性　总结不仅仅要对过去实践进行简单回顾，还要对实践过程进行分析综合，得出经验和教训，上升到理论高度，从而把握规律，提高认识。总结的目的不仅仅是得出结论，更重要的是通过对以往的实践活动进行全面、系统的分析，归纳出规律性的东西，用来指导今后的实践活动，从而提高实践能力和水平。

（3）典型性　总结的目的不是对往事进行单纯的罗列，而是要从以往的实践活动中，寻找成功与失败的规律之所在，要在大量的纷繁复杂的实践活动中，寻找最典型最有说服力的事例和数据。只有这样，才能归纳出规律性的东西，事例、数据越典型，总结出来的经验教训也越深刻。

（三）总结的种类

总结从不同角度可以分为许多类。按内容分，有工作总结、学习总结、思想总结等；按时间分，有年度总结、季度总结、月份总结等；按范围分，有部门总结、单位总结、个人总结等；按性质分，有全面总结、专题总结。

（四）总结的基本格式和写法

总结包括标题、正文、落款三部分。

（1）标题　一般要写明总结的单位名称、期限和总结的内容与范围。如《北京市海淀区民政局2009年工作总结》、《××学校二季度教学工作总结》。有的专题总结也可根据总结的内容拟写标题，如《我厂是怎样扭亏为盈的》、《多种经营是致富之路》、《我是怎样学好语文的》。

（2）正文　这是总结的主体。一般包括以下四部分：

1）基本情况。什么单位，在什么时间，做了哪些工作，采取了哪些措施，基本情况和工作成绩等。

2）经验、做法和体会。这部分是总结的主要内容。重点分析取得的成绩以及取得成绩的原因和做法，总结出带有规律性的经验。

3）存在的问题和教训。还有哪些问题没有解决？主要教训是什么？问题和教训要写得具体真实，以利于在今后工作中改进。

4）今后的努力方向和工作意见。主要是对下一步工作的设想、安排、意见等。这一部分要写得切实可行，文字要简洁，切忌空喊口号。

（3）落款。标题上没有写明单位的，还应在正文结束后写上单位，个人总结还要写上个人的姓名，然后再写上日期。

（五）总结的写作要求

1）材料要全面充分，真实准确。尽可能多地搜集各种原始材料，在此基础上进行科学归纳分析，提炼主旨。

2）主旨、材料高度统一。做到材料说明主旨，主旨统帅材料。要选择典型材料来反映主旨，这样提炼的主旨才是准确、正确的，才不会犯以偏概全的逻辑错误。

3）要坚持实事求是的原则。对成绩不夸大，对问题不回避，客观地反映事实和问题的本来面目。

4）要分清主次，突出重点，不能记“流水账”。对重点工作或工作中的重点环节应多着笔墨，次要工作或工作中的次要环节可轻描淡写。

【例文1】

2008—2009年第一学期学习总结

一个学期结束了。在这个学期里，老师为我们的学习付出了许多心血，我们也为自己的学习洒下了许多辛勤的汗水。这次期末考试，我的每门功课，都取得了比较好的成绩。

总结这个学期的学习，我想，主要有以下几个方面：

第一，学习态度比较端正。能够做到上课认真听讲，不与同学交头接耳，不做小动作，自觉遵守课堂纪律；对老师布置的课堂作业，能够当堂完成；对不懂的问题，主动和同学商量，或者向老师请教。

第二，改进了学习方法。为了改进学习方法，我给自己制订了一个学习计划：

①做好课前预习。也就是要挤出时间，把老师还没有讲过的内容先看一遍。尤其是语文课，要先把生字认会，把课文读熟；对课文要能分清层次，说出段意，正确理解课文内容。②上课要积极发言。对于没有听懂的问题，要敢于举手提问。③每天的家庭作业，做完后先让家长检查一遍，把做错了的和不会做的，让家长讲一讲，把以前做错了的题目，经常拿出来看一看，复习一下。④要多读一些课外书。每天中午吃完饭，看半个小时课外书；每天晚上做完作业，只要有时间，再看几篇作文。

第三，课外学习不放松。能够利用星期天和节假日，到少年宫去学习作文、奥数、英语和书法，按时完成老师布置的作业，各门功课都取得了好的成绩。参加少儿书法大赛，还获得了特金奖。

经过自己的不懈努力，这学期的各门功课，都取得了比较好的成绩。自己被评为三好学生，还获得了“小作家”的荣誉称号。

虽然取得了比较好的成绩，但我决不骄傲，还要继续努力，争取百尺竿头，更进一步，下学期还要取得更好的成绩。

×××

×年×月×日

【例文2】

课内打基础　课外下工夫

蔡　×

我今年参加高考，语文得了99分。回顾几年来的学习过程，我有几点体会。语文是一门基础课，是学习其他各门功课的工具。我在中学阶段各门功课的成绩都较好，这也部分得益于我的语文学得比较扎实。我是怎样学习语文的呢？我的体会是：课内打基础，课外下工夫，课内课外一起抓。

要学习好语文，首先要上好语文课，认真学好课本。语文课本选的都是古今优秀作品，在运用语言和写作艺术上都是我们学习的典范，我们一定要在老师的指导下反复阅读，认真消化。如何提高课堂45分钟的学习效率？我曾作过几种试验，先是整堂课全神贯注地听老师讲解，记住分析的要点，但自己的分析能力运用甚少。再是一边听课一边记录，一字不漏地全记下来，结果自己只是起了录音机的作用，手用得多，脑用得少。三是课前先预习，考虑如何分段及各段要点，并用铅笔做上记号，课上同老师的分析相比较，有疑难及时向老师请教。这样，既充分发挥了独立思考的能力，提高了分析能力，又巩固了记忆，加深了对课文的理解。因此，我尽量用第三种方法来听课学习。对生词、精彩段落怎么办？我准备了一个小本子，每次预习时便将课文中的生、难字词抄在上面，翻查字典，注上拼音、解释。听课时仍将本子放在手边，与老师的讲解加以对照比较，发现预习中有漏掉的词语立即补上。老师分析的精彩段落或要求背诵默写的段落，听课时我仔细听懂，并记下要点，当天晚自习时将这些段落背会，并默写或抄在小本子上。平时，我把这个本子装在衣袋里，有空便掏出来看看。例如，对《＜物种起源＞导言》、《实践是检验真理的唯一标准》等课文中关联词较复杂的段落，对《花城》、《秋色赋》等课文中最精彩的段落，我都是这么学的。学习古文时，我除了运用上述方法外，自己还找一些类似的古文来独立阅读，以求学得更深更广。例如，学苏轼的《石钟山记》时，我同时也读了他的另两篇游记《前赤壁赋》、《承天寺夜游》；学宋濂的《送东阳马生序》时，我又读他的《王冕放牛听书》。这样精读博览，举一反三，收效很大。对学过的古文，我都尽可能练习自己翻译，并力争将原文中的每个词和译文中的每个词对上号。对常见的词语和句式我还作了一些归纳分析和综合比较。由于我采用了这些方法，语文课学得比较扎实，初三时参加安徽省中学生语文比赛得了三等奖。

学好课本，打好语文基础，这只是学好语文的一个方面。要想语文水平提高得更快，另一个很重要的方面是坚持在课外多读多写。所谓多读，不但要读得多，而且要注意消化吸收，既要用眼看，更要用脑想，决不能只追求故事情节。我读书，注重对短篇小说、诗歌、散文、杂感等的阅读，对长篇小说，我只在节假日期间有计划地读一些中外名著。我觉得读短篇收效快，但也不能没有选择地读。我一直注意阅读各种不同风格、不同内容、形式新颖的作品。阅读时我注意分析作品的结构和写作特色，每遇到精彩的人物心理刻画或景物描写、人物对话，我总是咀嚼再三，然后整段抄下来，以便以后常读，甚至背诵。读完小说，我还设法了解作者的生平、写作背景，以便更好地理解作品，学习其构思和写作方法。古人说："胸有万卷书，笔无半点尘。"这话实在不假。当然，在多读的基础上自己还要多动笔写，这样，自己的写作水平才能提高。多写，不仅要勤动笔，而且还要注意观察、分析、提炼。从初一开始，我便在课余练习写作，遇到自己觉得可写的东西，我都及时写下来。也是从那时起，我渐渐注意观察周围的人，留心身边的事，凡有写作价值的，我立即记下来，争取写成作文。初三时，英国朋友访问我校，我就写下了自己的所见所闻，这篇文章后来发表在《芜湖报》上。高一时，有一次，我家黑母鸡在邻家下了蛋，邻居的孩子立即送了来，我觉得这事很有意义，就头脑一动，构思出小故事《甜甜》。后来将这篇文章投寄给《安徽青年报》，获得"中学生暑假生活征文"奖。在班上，我发现个别同学只顾学习，不关心集体，就写了《开花了为了什么》，后来登在了《安徽青年报》上。我深信作家秦牧的话："多接触人，多阅历，是能够培养文学才能的。"要写好一篇作文，也不是一件容易的事。

写完，我总要反复推敲，反复修改。我常常写完一篇文章之后，先把它收藏起来，等过些时候拿出来重读，这样便很容易发现文章的缺点，于是就大篇幅修改，甚至全部推翻重来。我的语文老师一向赞成我这样做，有一篇作文我曾写了四遍，老师也给我改了四遍，整整用去一本作文本。我觉得这种方法对我帮助很大。

读和写，最难的大概是坚持了。古人说："锲而不舍，金石可镂。"写作文也是同一个道理。什么事只有持之以恒，才会成功。课余读写，我已坚持了五年半，终归还是有进步的。也正是在长期的读写实践中，培养了自己学习语文的兴趣。有了兴趣就有一种自然的推动力，促使自己进一步多读多写。我曾多次参加学校的作文比赛，每次都得第一，这对我也鼓舞很大。因此，我学习语文的体会是：课内注意打好基础，课外再多读多写，苦练读写基本功。这样，学习的兴趣也越来越大，语文水平就能不断提高。

思考与练习

一、填空题

1. 计划是单位、部门或个人在一定时期内，为完成某项任务或为达到某一目标而事先制订的__________和__________。

2. 总结是对一定时期内单位和部门已完成的__________或者个人的__________进行回顾与分析，作出总的评价与结论的书面材料。

3. 总结包括__________、__________、__________三部分。

二、判断题（正确的画对号，错误的画错号）

1. 写总结拟好标题很重要，往往一个标题就是一个总结的观点。(　　)

2. 总结要写出特色和新意，就不能完全拘泥于某些事实，应该开展合理的想象，创造某些符合逻辑的典型。(　　)

3. 总结是机关经常使用的一种比较灵活的公开公文。(　　)

4. 总结选用材料的原则，是最能表现主旨，最能说明问题的本质。(　　)

5. 计划目标的可实现性，即要求合理，合情，具体可行。(　　)

6. 计划目标越高越好，越能调动人的积极性。(　　)

7. 计划的措施、方法是整个计划的核心和关键。(　　)

8. 计划的标题通常由单位、时限和计划的内容组成。(　　)

三、多项选择题

1. 计划按其性质可分为（　　）。

A. 生产计划　　B. 工作计划　　C. 学习计划　　D. 表格式计划

2. 总结按其范围可以分为（　　）。

A. 思想总结　　B. 单位总结　　C. 部门总结　　D. 个人总结

3. 总结不能停留在对事实的叙述上，必须对客观事物本质和内在规律进行概括，从实践中找出规律性的经验教训，因此，总结具有（　　）特点。

A. 客观性　　B. 主观性　　C. 理论性　　D. 针对性

4. 计划的具体可操作性，是指需要考虑（　　）。

A. 方法是否得当　　B. 语言是否准确

C. 措施是否得力　　　　D. 目标能否实现

四、简答题

1. 什么是总结？总结一般由几部分构成？
2. 总结的正文包括几部分？
3. 计划的种类有哪些？

五、应用文写作

1. 拟写一份 2012 年第一学期语文学习总结。
2. 拟写一份 2012 年第二学期语文学习计划。

第五节　汇报提纲

一、汇报提纲的概念

汇报提纲是个人或单位向上级报告思想、工作等情况而写的纲目材料。

二、汇报提纲的基本格式和写法

汇报提纲包括标题、正文、落款三部分。

（1）标题　标题主要有两种形式：一种是由事项和文种组成；另一种是标题概括内容中心，用圆括号注明是汇报提纲。

（2）正文　汇报提纲的正文就是逐条逐点地写出大要点、小条目。无论写什么事项的汇报提纲，第一层要考虑好该事项应分几个要点汇报，第二层要考虑的是每一个大要点应分几个条目汇报，第三层要考虑每一个条目之下写几件事，这样一层层地写下来，就形成了一个完整的汇报提纲。

（3）落款　汇报提纲的单位名称或个人姓名一般与日期一起，签署在篇末右下角。

【例文 1】

坚持改革　稳步发展

（×省商业学校×年工作汇报提纲）

导语：工作成绩概括——稳步发展、完善管理、政通人和、人心向上。

一、把握发展契机，扩大办学规模，完善联合办学形式，又增两个学校分教点。

目前校本部 900 人，分教点 500 多人，前所未有的规模。

成人教育有较大的发展，办了短训班 16 期，培训 1300 人。

二、适应社会人才需要，深入开展教学改革，增强学校竞争力。

1. 以社会对人才的需求为导向，不断调整专业设置。
2. 坚持把培养学生的实际技能和劳动素质放在首位，调整教学内容，改革实习方案。
3. 加强教学管理，认真抓好教研活动。
4. 强化学生管理。

三、深化全员聘任制改革，完善各项管理制度。

四、搞好校园建设，改善办学条件，提高办学能力。

1. 电脑室建设。

2. 水塔落成。

3. 学生公寓楼动工。

4. 维修学生宿舍。

5. 购置热水炉。

五、提高校办产业管理水平，提高经济效益。

六、做好教职工思想政治工作，加强精神文明建设。

七、存在的问题。

1. 基础设施还不能适应扩大办学规模的需要。

2. 教学管理和学生管理工作力度还不够。

3. 思想政治工作还不细。

4. 后勤管理有些方面还不尽如人意。

八、×年工作打算。

×年×月×日

【例文2】

粮食流通工作汇报提纲

一、粮食商业获发展

（一）坚持本业为主，确保城市供应

（二）搞活多种经营，办好前店后坊

二、粮油工业上台阶

（一）突出质量上品种

（二）突出利废上效益

（三）突出技巧上引进

三、饲料工业出新招

（一）扶持用户，启动市场

（二）开发原料，降低成本

（三）提高质量，强化管理

四、议价经营闯新路

（一）及时转轨，提高效益

（二）注意信息，果断决策

（三）横向联营，工贸并举

五、储运企业有成绩

差距和今后努力方向。

×市粮食局

×年×月×日

思考与练习

一、填空题

1. __________是个人或单位向上级报告思想、工作等情况而写的纲目材料。

2. 汇报提纲包括__________、__________、__________三部分。

二、判断题（正确的画对号，错误的画错号）

1. 汇报提纲的前言要介绍具体工作情况、主要成绩、存在的问题、工作经验、下一步打算等。(　　)

2. 汇报提纲和报告的写作在内容要求上是一样的。(　　)

3. 汇报提纲是下级机关向上级机关汇报工作时所撰写的汇报内容的详细文字。(　　)

三、选择题

1. 下级机关向上级机关汇报工作所撰写的汇报内容提要叫做（　　）

A. 情况报告　　B. 情况通报　　C. 汇报提纲　　D. 会议纪要

2. 汇报提纲具有以下特点（　　）。

A. 内容的针对性　　B. 结构的条理性　　C. 语言的朴实性　　D. 要求的强制性

四、简答题

简述汇报提纲的基本格式和写法。

第六节　述 职 报 告

一、述职报告的概念

述职报告是某一单位领导者或某一岗位工作人员，就自己在任职期间的思想政治、业务能力与岗位职责执行情况进行自我总结和评估，向上级领导和群众汇报的书面报告。

二、述职报告的特点

述职报告与工作总结、工作报告不同，它的主要特点有以下三点。

（1）专用性　述职报告一般是某单位领导人或某岗位工作人员自己所写。内容是述职者本人任职期间的思想政治、业务能力和岗位职责执行情况，具有专用性。

（2）严肃性　述职者要向有关考核组成员和本单位职工宣读自己的述职报告，场合比较严肃。因此，述职者必须严肃、认真对待。一要实事求是，二要辩证地分析自己的工作，三要重点叙述实际的工作成绩。

（3）简朴性　述职报告的语言应简明扼要，观点明确，朴实无华。

三、述职报告的种类

述职报告按不同的标准划分，有以下几种。

（1）按述职时限来分

1）临时述职报告。即担任一定职务的人员，临时向有关组织和公众汇报履行职责的情况，以接受组织的考核和群众的监督。

2）年度述职报告。即任职者在每个年度末或下一个年度初向有关组织和公众汇报履行职责的情况，内容限于本年度的工作。

3）任期述职报告。即任职者在任期届满后，向有关组织和公众汇报其履行职责的情况，内容限于任期内的工作。

（2）按述职报告的主体来分

1）个人述职报告。即述职者不是代表单位部门或集体作述职报告，而是就自己在任职期间履行职责的情况向有关组织和公众作述职报告。

2）集体述职报告。即述职者一般是单位或部门的主要负责人，代表集体或部门作工作报告。各级人民政府的工作报告和各级人民法院向各级人民代表大会所作的工作报告，即属于这类述职报告。

四、述职报告的基本格式和写法

述职报告由以下几部分组成。

（1）标题　标题有三种不同写法：一是期限加文种，如《2008 年度述职报告》；二是文种前加定语，如《我的述职报告》；三是直接写，如《述职报告》。

（2）署名　在标题下居中署上单位名称和述职者姓名。如果是在大会上讲，在开头顶格写上称谓，如“各位领导、同志们：”。

（3）正文　正文一般分为四个部分：

1）概貌。即对述职人的职务、任期岗位责任、目标与实绩的概述。在写这一部分时要提纲挈领，高度概括。

2）实绩。这是述职报告的主体部分。述职人汇报自己的工作，要抓住任职期间所做的主要工作，取得的成绩、成果，这是重点。要注意用事实说话，并突出本职工作的特色。通常有以下几种形式：

① 条款式：根据上级下达的指标，逐条汇报工作。

② 重点式：从本人工作中选取几项主要工作为重点进行详细汇报，其他略写。

③ 顺时式：按时间顺序来汇报工作情况。

3）问题。简要指出存在的问题，力求客观公正、实事求是地评价自己的工作。

4）方向。主要写今后的工作打算，对干部群众的期望，态度要真诚，语言要简练。

（4）结尾　结尾即结语。一般写“述职到此，谢谢大家”，“以上报告，请各位领导和同志们指正”等，最后署上日期。

五、述职报告的写作要求

1）注意述职报告和工作总结的区别。

2）自我评价要实事求是，恰如其分。既要着重事实，又要展示自己；既不能虚构浮夸、妄自尊大，又不能假作谦虚、妄自菲薄。

3）要综合运用多种表达方式。述职报告以叙述为主，但也可以叙述、议论和说明相结合，这样可以达到以理服人、以情感人的目的。

【例文1】

我的述职报告

××市机械局局长×××

领导、同志们：

我自×年担任市机械局局长和党委书记以来，已历时五年零四个月了，五年多来，我市机械工业发展较快，总产值由×年的20 724万元上升到×年的54 113万元，增长了1.6倍，年平均递增率为22%；全市共有机械工业企业69家，固定资产47 452万元，比×年的30 503万元增长了55.5%。

……

一、坚定不移地贯彻执行党的基本路线和上级政府主管部门具体的方针政策，联系实际，作出振兴我市机械工业的基本决策。

（一）任职前的客观环境和条件。我开始任职时，全国的大气候是贯彻调整、改革、整顿、提高的方针。市内小气候是地、市合并，省属企业及三线军工业下放，市机械工业初具规模。但与省内同行相比，仍属中游偏下，属弱小“民族”，工业总产值只有两亿多。产品结构不合理，存在“三多三少”，即配件多，整机少；大路货多，高技术产品少；普通产品多，拳头产品少。

（二）更新观念，扬长避短，逐步实现振兴我市机械工业的目的，以适应全国经济体制改革的形势。×年上半年，我主持党委会、局长办公会进行过专门研究和讨论，提出了一个基本构想，即“坚持党的基本路线，进一步解放思想，依托第二汽车制造厂，大力发展以汽车配件、配套工业为主体，以发展机电产品和农业机械为两翼，具有我市特色的机械工业。”

……

二、坚持把改革放在首位，以改革总揽全局，加速机械工业的振兴。

（一）以搞活企业为中心环节，不断深化企业内部改革。

……

（二）面向市场，依靠科技，依托优势产业，大力调整产品结构和开发新产品。

……

三、坚持党的三大作风，全心全意为基层服务，带头进行机关廉政建设。

……

四、我在任职期间存在的主要问题

（一）我市机械工业长远发展的战略任务和战略目标至今没有落实。虽然在×年拟出了一个初步方案，但随着岁月的推移、形势的变化，已经不能适应需要了。

（二）在充分发挥具有我市特色的高技术产品优势，推进机电一体化方面，抓得不够紧，做得不够好……

同志们！改革在深化，时代在前进，我任职已满五年，与历史长河相比，仅仅是短短的一瞬，而且遗留问题很多，深感抱憾。虽然我年近六旬，不能连任，但我依然恳求同志们审查评议我的述职报告，以使我保持晚节，余热生辉……

述职至此，谢谢大家！

×年×月×日

【例文2】

办公室主任述职报告

×××

考评组的各位领导、同志们：

今年3月，我被组织任命为办公室副主任。主要分管秘书一科、督查科，侧重办公室行政事务。5个多月来，在主任的领导下，在同志们的配合支持下，我围绕办公室的工作特点完成了工作任务。

下面，将我任职以来的学习、工作情况向大家作一简要述职，请予评议。

一、主要工作目标

1）根据集团公司整体部署，搞好调查研究，掌握上级政策和基层情况，抓好办公室拟办的有关信息刊物，为集团公司领导决策提供信息服务。

2）起草集团公司行政方面的工作报告、领导讲话、文件等有关材料。

3）对集团公司文件、会议决定事项及领导指示的执行情况进行督促检查。

4）组织秘书人员的业务和政治学习，不断提高秘书的工作质量和工作效率。

5）完成集团公司领导及办公室主任安排的其他工作任务。

二、工作措施和效果

一是加强文稿起草工作，进一步提高了文字质量。积极开展“传、帮、带”和岗位练兵活动，组织秘书班子完成了大量的写作任务。先后起草了《劳模会报告》、《重点工程建设动员报告》、《转变干部作风动员报告》、《给省委巡视组的汇报材料》、《全国煤炭行业人才工作会议经验材料》、《下半年安全工作报告》、《大中专毕业生就业动员报告》、《全国煤炭行业发展循环经济工作会议经验材料》、《集团公司现场办公汇报材料》等。

二是落实督察督办职能，促进了集团公司政令畅通。紧紧围绕集团公司党政的重大决策和重要工作部署，开展督查工作。重点突出了对集团公司职代会确定的15项重点工程的督查，坚持每月了解工程进展情况和存在的问题，通过《信息》及有关渠道，及时向领导进行了反馈。集团公司转变干部作风动员会后，根据党委安排，对各单位贯彻会议精神情况进行了督查。

……

三、廉洁自律情况

我一贯对自己要求严格，能够认真遵守廉洁自律的有关规定和集团公司“五条禁令”。工作中守原则、讲公道，时刻提醒自己，“不该说的话坚决不说，不该办的事坚决不办”，没有吃拿卡要的行为，没有违反规定用公款进行高消费娱乐活动的行为，没有参与过任何形式的赌博活动。

四、自我评价

1）优点及不足。优点：①爱学习，肯钻研；②能吃苦，能奉献；③责任心和敬业精神强，对工作认真负责。不足：①管理经验相对不足；②用辩证法分析思考问题的能力还不强；③政策理论水平需要进一步提高。

2）努力方向。一是要围绕中心，突出重点，当好领导的参谋和助手。二是要加强学习，注重实践，不断提高自身素质。三是要扎实工作，求真务实，树立良好的形象，绝不辜负领导和同志们的期望。

以上是我任现职以来的述职报告，不妥之处，请各位领导和同志们批评指正。

×年×月×日

思考与练习

一、填空题

1. ＿＿＿＿＿是某一单位领导者或某一岗位工作人员，就自己在任职期间的思想政治、业务能力与岗位职责执行情况进行自我总结和评估，向上级领导和群众汇报的书面报告。

2. 述职报告有＿＿＿＿＿、＿＿＿＿＿、＿＿＿＿＿的特点。

二、判断题（正确的画对号，错误的画错号）

1. 写作述职报告要求事务性的工作尽量表述清楚。（ ）

2. 述职报告中引用数据应使用阿拉伯数字。（ ）

3. 述职报告必须写明主送机关和称谓。（ ）

4. 述职报告的落款包括署名和成文时间。（ ）

5. 述职报告和个人总结没有什么区别。（ ）

6. 述职报告的表达方式是以叙述为主，兼有议论、说明。（ ）

7. 述职报告的写作要抓住重点，不可面面俱到。（ ）

8. 撰写述职报告着重事实和充分展示自己往往是矛盾的。（ ）

9. 在述职报告中，对自己的评价要恰如其分，要注意说话的尺度和分量，既不夸大自吹，也不缩小自贬。（ ）

三、选择题

1. 述职报告的写作要求是（ ）。

A. 标题要清楚、内容要全面、语言要庄重、个性要鲜明、详略要得当

B. 标准要清楚、内容要客观、重点要突出、个性要鲜明、语言要庄重

C. 标准要清楚、内容要客观、重点要突出、个性要鲜明、语言要朴实

D. 标题要清楚、内容要客观、个性要鲜明、详略要得当、语言要庄重

2. “述职报告”与公文的“报告”尽管是两种不同的文体，但它们在写作上却有一个共同点，就是（ ）。

A. 语气要谦恭　　B. 以陈述为主　　C. 用数据说话　　D. 少讲缺点

3. 述职报告的标题形式有（ ）

A. 单行标题与多行标题　　B. 单行标题与双行标题

C. 正标题与副标题　　D. 大标题与小标题

4. 在述职报告中说“我希望领导和同志们支持我！”（ ）。

A. 表明述职人不自信　　B. 表明述职人充满自信

C. 表明述职人的求职要求　　D. 表明述职人对领导的希望

四、简答题

1. 简述述职报告的基本写法。

2. 撰写述职报告有哪些要求？

第七节 调查报告

一、调查报告的概念

调查报告是在对某一事物、某一问题或某一事件进行有目的的、系统的调查研究之后，所写的有事实、有观点、有结论的书面报告。简而言之，调查报告就是根据调查的成果写成的书面报告。调查报告，在标题中常常标出“调查”、“调查报告”、“调查附记”、“考察报告”等字样。事实上，调查报告是“调查”与“报告”相互结合的产物，“调查”是“报告”的事实基础和理论依据，“报告”是“调查”目的的具体体现，二者相辅相成，缺一不可。

二、调查报告的特点

(1) 针对性　调查报告是在有目的地进行专门调查后写出来的，它针对的是社会生活中的重要问题、值得重视的现象或迫切需要回答的问题。所以，写作的指向性、目的性都很明确。

(2) 纪实性　调查报告的主要任务是提供与所调查问题有关的事实，所以它应以记载事实为主，当然，事实材料应具有典型性，能深刻地反映问题的本质。

(3) 理论性　调查报告不仅要叙述、介绍事物发展的全过程，还要对事件进行本质的分析、评价，从中总结经验教训，探索其规律。只有对诸多材料进行细致的研究，作统计的、动态的分析、比较，对材料作定性分析和分类研究，认识才能逐渐升华，从中找到规律。

三、调查报告的种类

调查报告根据其反映内容的不同，分为以下四类。

(1) 新生事物的调查报告　这类调查报告是比较完整、全面地报告一个符合社会主义发展规律的新生事物。一般要介绍新生事物产生的背景和过程，揭示其发展规律。同时还要分析其面临的困难和问题，以引起有关部门的关注，得到人们的扶植，促进其迅速地成长与发展。

(2) 典型经验的调查报告　这类调查报告是在确定典型并对之进行深入、细致的了解的基础上，着重总结经验，探寻规律的调查报告。

(3) 揭露问题的调查报告　这类调查报告通过揭露问题，并分析其危害，引起有关部门的重视，为问题的最终解决起到促进和参考作用。

(4) 研究对策的调查报告　这类调查报告主要用于在不同时期，为领导和企业提供决策和管理的依据。其主要内容是根据社会经济发展中的某一方面出现的新情况及其所提供的政策性的问题，用理论和实践来分析问题产生的原因，寻求解决问题的建议。这类调查报告主要是反映新情况、提出新问题、研究新对策。

四、调查报告的基本格式和写法

调查报告一般由标题、正文、落款三部分组成。

(1) 标题 调查报告的标题分公文式标题和新闻式标题两种形式：

1) 公文式标题。由调查范围、调查内容和文种组成，如《××县乡镇企业发展情况调查报告》。

2) 新闻式标题。分单标题和双标题。单标题一般概括文章内容，揭示文章的主题，如《亏损企业科技情报工作的新对策》。双标题分正标题和副标题，正标题点明调查内容，副标题显示调查范围、内容和文种，如《三问南海信息化——对广东南海市推进信息化的调查》。

(2) 正文 正文分开头、主体和结尾三部分：

1) 开头部分一般包括以下内容：

① 交代调查的基本情况，包括调查的目的、时间、地点、对象、经过、方法，以及调查的组织者和参加者等。

② 交代调查的内容和范围，如“最近，我们深入全市一些有关单位和部门，就我市猪肉、蔬菜的产销情况、发展趋势进行了调查研究。现将综合情况整理报告如下”。

③ 交代调查对象的自然情况。

④ 交代要调查和解决的问题。

⑤ 交代所调查事情的发生、发展的变化过程，交代调查对象所取得的成绩。

调查报告开头的写法很多，采用何种写法要根据写作需要而定。

2) 主体部分要详细续写调查所得的基本情况、主要做法、成绩和经验、问题和教训、具体建议。主体部分的写作内容要根据需要而定。

① 情况部分。交代事情的经过、事物发展的过程或主要问题。这部分内容较多，要多用事实、数字说明问题，做到观点和材料相统一。

② 分析部分。这是调查报告的研究部分，要明确性质，查找原因，总结出规律性的东西。

③ 建议部分。在分析研究的基础上，提出解决问题的方法。

3) 调查报告结尾的写法灵活多样，或总结全文，深化主题；或提出问题，启发思考；或表示决心，展望未来；或指明方向，提出建议。如主体部分将有关内容讲清楚了，结尾部分也可以省略。

(3) 落款 在正文的右下方写明单位名称和个人姓名（也可写在标题之下），在落款下写明日期。

五、调查报告的写作要求

1) 深入细致、客观公正的调查是写好调查报告的前提。唯有如此，才能获得第一手材料。

2) 要对材料进行严格的筛选、科学的分析，抓住本质，找出规律，得出结论，做到主旨与材料高度统一。

3) 语言表达要准确清晰，简洁平实。调查报告一般多用叙述和议论的表达方式。

六、调查报告与总结的区别

调查报告与工作总结比较接近。在实际应用中，有的总结可以改写成调查报告，有的调查报告也可以改写成总结。但调查报告与总结毕竟是两种文体，其主要区别如下。

(1) 行文的目的不同　调查报告行文的目的或是对事件真相进行探讨，或进行工作研究，或总结先进单位的工作经验，树立典型，推动工作的进展。总结的目的是对自身工作的检查和评价，肯定成绩，找出不足，总结经验教训，以指导自身工作的开展。

(2) 反映的范围不同　调查报告所反映的范围，可以是本单位、本系统的，也可以是外单位的、跨行业的。总结主要写本单位、本系统的工作经验或教训，一般不涉及外单位的情况。

(3) 使用的人称不同　调查报告的作者不是以当事人的身份出现，所以常用第三人称写作，文中多用“他（他们）”“她（她们）”。总结因为是当事人对自身工作的回顾、分析，所以常用第一人称写作，文中多用“我（我们）”。

(4) 写作的重点不同　调查报告以陈述事实为主，具体地叙述典型事例和事物发展的过程，然后再根据事实作适当的评议。总结则着重论述有哪些成绩和经验，有哪些教训，对取得成绩、获得经验的过程常用概述的方式表达。

【例文】

关于中学生“追星”现象的调查

近一段时间以来，“追星”现象已被越来越多的有识之士所重视。鉴于学生中的“追星”现象有愈演愈烈的趋势，我对本年级近百名同学作了调查。现对有关情况作简要分析，希望能够引起老师和同学们的深入探讨。

一、人数多，范围广，可谓一族

从调查结果发现，有近95%的学生认为自己属于所谓的影迷、歌迷的范围，他们有极熟悉的明星，有极欣赏的歌曲、影视片。其中64%的同学已将自己所崇拜的明星作为心中的偶像，并且很自豪地称自己是追星族忠实“族员”。

二、追求执著，花销甚大，可谓倾心倾力

“爱屋及乌”，大约有2/3的学生热衷于搜集明星的轶闻趣事，为此占据了他们的大部分课余时间。在谈到用于“追星”的金钱花销时，有近20%的同学很坦然地说出自己的零花钱几乎都用来购买明星画刊或音像制品。一场港台明星演唱会的票价格高昂，而有1/10的同学承认自己曾买票观看过明星的演唱会。

三、社会应尽责，青年须理智

对以上所谈现象该如何认识，如何评价呢？我认为“追星”现象所造成的影响弊大于利。因为它直接影响到青年一代的人生观、价值观的树立。在调查中我了解到，同学中对一些科学家不了解或根本不知道的占20%，有5%～7%的同学表示以后要成为受人拥戴的明星，而不是“苦”挣扎、“穷”奉献的科技人士。

造成这一现象的原因是多方面的。有同学思想上的不成熟，但更多的却是社会的责任。

首先，新闻媒介从经济效益考虑，对明星进行大肆宣传、介绍，不能不说这是一种误导，在青少年学生中遗患无穷。

其次，社会上体脑倒挂、不合理的分配现象，也有意无意地促使不少同学将目光投向了省力气、收益大的娱乐舞台。

当然，由于青少年不成熟，被经过“包装”的明星的外表所吸引，在将其作为娱乐消遣的同时，又大肆追求，也给靠“文艺”发家致富的商人提供了条件。

综上所述，是否可以得出这样的结论：社会造就了明星，同时也造就了“追星族”，孕育了“追星”现象。但是，我们应该清醒地认识到，一个民族的发展主要依靠的不是外表出众的明星，而是科学技术的提高，需要的是大批具有科学文化知识的优秀人才。所以，“追星”现象应当引起整个社会、学校和家庭的普遍重视。应给中学生积极正确的引导，使他们树立起正确的人生观、价值观。这是须全社会尤其是宣传界、文艺界和教育界协同作战、深入思考的大问题。

思考与练习

一、填空题

1. 调查报告一般由__________、__________和__________三部分组成。

2. ____________________是对某一事物、某一问题或某一事件进行有目的的、系统的调查研究之后，所写的有事实、有观点、有结论的书面报告。

二、判断题（正确的画对号，错误的画错号）

1. 深入细致，客观公正的调查是写好调查报告的前提。(　　)

2. 写调查报告时，一般先摆出观点，再叙述事实。(　　)

3. 调查报告是为工作需要和特定目的而撰写的，因此，作者应该带有很强的主观因素，应该将这种主观因素渗透到所选的材料和所得的结论中去。(　　)

4. 调查报告是为工作需要和特定目的而撰写的。(　　)

5. 调查报告中的“用事实说话”，并非等于罗列许多事实，而是经过筛选，用最能反映事物本质的，具有代表性的，说服力强的典型材料去说话。(　　)

6. 调查报告要揭示事物的规律性，写作时要尽量避免观点“先入为主”，即先有结论，再根据这些结论去寻找相关事实而“填空”。(　　)

三、选择题

1. 调查报告的特点可以概括为（　　）。

A. 真实性、针对性和规范性　　B. 真实性、针对性和固定性

C. 针对性、客观性和简洁性　　D. 针对性、纪实性和理论性

2. 按调查的（　　）可将调查报告划分为新生事物的调查报告、典型经验的调查报告、揭露问题的调查报告和研究对策的调查报告。

A. 内容划分　　B. 时间划分　　C. 范围划分　　D. 性质划分

3. 写作调查报告的一条毋庸置疑的准则是（　　）。

A. 罗列事实　　B. 用事实说话　　C. 用观点说话　　D. 条列观点

4. 调查报告能使读者对调查内容很快获得总体认识的部分是（　　）。

A. 主题　　B. 结尾　　C. 前言　　D. 标题

5. 调查报告同时也被称做（　　）。

A. 工作报告　　B. 情况报告　　C. 考察报告　　D. 总结报告

四、简答题

1. 撰写调查报告时应注意哪些问题？
2. 调查报告与总结有哪些异同？
3. 简要回答调查报告根据其反映内容的不同可以分为几类。

五、应用文写作

1. 请你对本学院学生的语文学习情况进行调查，然后撰写调查报告。
2. 请你以学院的应届毕业生为调查对象，写一篇关于当前毕业生就业情况的调查报告。

第六章　行政公文类应用文

6

学习目标

1. 了解行政公文各文种的概念、特点及类型。
2. 掌握行政公文各文种的基本格式和写法以及写作要求。

根据国务院颁布的《国家行政机关公文处理办法》规定，国家行政机关公文一共有以下十三种：命令（令）、决定、公告、通告、通知、通报、议案、报告、请示、批复、意见、函、会议纪要。在本章中，我们重点介绍命令（令）、议案、公告、通告、通知、通报、报告、请示、批复、函、会议纪要十一种行政公文。

第一节　命令（令）、议案

一、命令（令）

（一）命令（令）的概念

命令（令）是依照有关法律规定发布重要行政法规和规章，采取重大强制性措施，任免、奖惩有关人员，撤销下级机关不适当的决定等使用的公文。

命令（令）具有很强的法规作用，因而不是任何机关和个人可以随意制发的。根据《宪法》我国只有国家主席、全国人大常委会和委员长、国务院总理和各部部长、县级以上地方人民政府才可以发布。

命令和令属于一种公文，在性质上没有什么区别。什么时候用“命令”，什么时候用“令”，主要看表达上的需要，怎样合乎习惯即可怎样使用。

（二）命令（令）的种类

命令（令）按其内容可以分为以下几种。

（1）公布令　公布令是用于公布各种法律、法规、条例的一种命令。如《中华人民共和国主席令》第十五号就是江泽民为《中华人民共和国教师法》的施行而签署的公布令。

（2）行政令　行政令是用于发布重大强制性行政措施的一种命令，如《国务院关于在我国统一实行法定计量单位的命令》。

（3）任免令　任免令是发布人事任命和免除干部职务事宜使用的一种命令。

（4）嘉奖令　嘉奖令是用来表彰有关单位和人员的突出成就和重大贡献的一种命令。

（5）惩戒令　惩戒令是用来惩戒犯有严重错误人员的一种命令。

（三）命令（令）的基本格式和写法

命令（令）由标题、令号、正文、落款几部分构成。

（1）标题　属于领导机关发布的命令（令），标题由发文机关、事由和文种组成，如《国务院关于贯彻保护侨汇政策的命令》；属于领导人发布的命令标题由领导人职务和文种构成，如《中华人民共和国主席令》。

（2）令号　一般国家权力机关及其领导人签署的命令均编令号。令号写在标题下面。令号有两种编法，一种是不受时间限制，从领导人的任期开始，按顺序依次排列；一种是发文字号代令号。

（3）正文　命令（令）的正文因内容上的不同其写法也有区别。公布令的正文主要包括三方面的内容：一是公布法规规章的名称；二是说明公布对象是由哪个机关、什么会议、什么时间批准或通过的；三是实施时间。实施时间主要有两种写法：一种写法是公布与实施是同一时间，如“现予以公布施行”；另一种写法是公布时间与实施时间不一致，如“现予公布，自×年×月×日起实施”。

（4）落款　包括发令机关或发令人的职务、姓名和时间。写在正文右下方适当位置。

（四）命令（令）的写作要求

命令的撰写，要求文字非常简明扼要，篇幅简短，主要传达领导机关的决定，不必作具体的意义的阐发。行文结构要严谨，文句要精练准确，语气要坚决肯定，不能使用商量或模棱两可的口吻。

【例文1】

中华人民共和国主席令

第六十二号

《中华人民共和国物权法》已由中华人民共和国第十届全国人民代表大会第五次会议于2007年3月16日通过，现予公布，自2007年10月1日起施行。

中华人民共和国主席　胡锦涛

二〇〇七年三月十六日

【例文2】

×市人民政府关于对×赴川抗震救灾消防官兵的嘉奖令

2008年5月12日14时28分，四川省阿坝州汶川县发生里氏8.0级地震。灾情就是命令，在贵州省消防总队统一指挥下，×市消防部队于5月13日凌晨2时紧急集合，怀着对灾区人民的深厚感情，在黄××支队长的带领下，30名官兵历经18个小时、行程900公里，克服重重困难，于13日晚20时12分到达绵竹市汉旺镇重灾区，随即投入抗震救灾的战斗中。经连续7个昼夜的拼死抢救，贵州消防抗震救灾应急救援第一梯队共成功救出被困群众7人，挖出57具遇难者的遗体，为挽救灾区人民生命作出了积极贡献。

在抗震救灾中，全体救援官兵牢记使命、履行使命、不辱使命，凭着对党和人民的无限忠诚和过硬的素质，克服灾区恶劣的生活条件，饿了就啃干粮，困了就席地而睡，以顽强的毅力始终战斗在抗震一线。在这场特殊战役中，×消防官兵组成的救援小队经受住了考验，又一次充分证明了×消防部队是一支听党指挥、服务人民、英勇善战的队伍，是一支"特别能吃苦、特别能忍耐、特别能战斗、特别能奉献"的威武之师。为×全市各族人民争得了荣誉。

经市人民政府研究，决定通令嘉奖赴川参加抗震救灾的×市消防支队30名官兵。希望你们在下一个阶段的抗震救灾工作中，努力贯彻党中央、国务院和中央常委关于抗震救灾工作的一系列文件精神，在省委、省政府的坚强领导下，发扬连续作战、敢打硬仗的优良传统，团结一致，众志成城，坚决打胜抗震救灾这场硬仗，绝不辜负党和人民的希望和重托。

×市人民政府市长　×××

×年×月×日

【例文3】

中华人民共和国国务院关于发行新版人民币的命令

国发【1987】39号

为了适应国民经济发展的需要，进一步健全我国货币制度，方便流通使用和交易核算，现决定：

一、责成中国人民银行自1987年4月27日起陆续发行一套新版人民币。新版人民币面额，主币有一元、二元、五元、十元、五十元和一百元六种；辅币有一角、二角、五角三种。现行一分、二分、五分三种纸、硬辅币继续流通。

二、新版人民币与现行人民币的比率为1比1，即新版人民币一元和现行人民币一元等值，其余类推。

三、新版人民币发行后，与现行人民币混合流通，具有同等的价值尺度和流通、支付、贮藏手段的职能。任何单位或个人，均不得以任何理由拒收其中任何一种人民币。

四、新版人民币各种券别的发行时间，责成中国人民银行陆续通告周知。

五、凡破坏新版人民币发行或借发行新版人民币之机从中渔利、扰乱金融市场者，均依法惩处。对上述违法行为，全国人民均有权向当地人民政府和司法机关检举揭发。

国务院总理　赵紫阳

一九八七年四月二十五日

二、议案

（一）议案的概念

议案是指有提案权的组织、个人向本级国家权力机关提出的属于其职权范围内的有重大问题的议事原案。它“适用于各级人民政府按照法律程序向同级人民代表大会或人民代表大会常务委员会提请审议事项”。如《国务院关于提请审议〈中华人民共和国农业基本法(草案)〉的议案》。

议案的主要作用在于为权力机关提供讨论审议的具体内容。

(二)议案的特点

(1) 法规性 议案的形成和使用具有法律规定的性质。这表现在：议案的提出者是由法律规定的组织或个人；议案的内容必须是法律规定的本级权力机关职权范围之内的事项；议案一经通过就具有法律效力，有的本身就是法律文件。

(2) 权威性 议案具有较强的权威性。这是因为：议案的提出者是法定机关或人民代表；议案的审议机关是国家的权力机关；议案一经通过，便产生强制性和法规性，因其具有法规性，无疑具有强烈的权威性。

(3) 民主性 议案是人民当家做主的民主性的一种反应。从人民代表的角度讲，联名提出议案是人民参加国家管理的民主精神的一种体现；从行政机关的角度讲，向权力机关提出议案，是尊重人民意愿，体现人民意志，接受人民监督的表现，将议案列为法定公文，就是用法规的形式保证民主权力的行使和表达。

(三)议案的种类

1）按性质划分，可分为立法案、任免案、辞职案、质询案、撤职案、撤换代表案、特定问题案。立法案是为制定法律而提出的议案。任免案是为任免国家工作人员提出的议案。辞职案是为辞去所任职务提出的议案，有时又以“辞职请求”的形式出现。质询案是权力机关依法向本级国家行政机关、司法机关提出质问并要求答复的议案。撤职案是为撤销职务而提出的议案。特定议题案，如《国务院关于提请审议兴建长江三峡的议案》。

2）按写作形式划分，可分为公文式议案和表格式议案两种。公文式议案是按照公文格式写作的议案。表格式议案是使用表格形式表达议案内容的议案。

(四)议案的基本格式和写法

(1) 标题 通常有两种形式：一种是由发文机关、案由和文种构成；一种是由案由和文种构成。

(2) 主送机关 主送机关只能是本级人民代表大会或其常委会，要写全称或规范化简称。

(3) 正文 议案正文由案由、方案、结语三部分组成。

1）案由。案由就是议案写作的起因。有时，它也说明这份议案的目的和意义或法律依据等。

2）方案。这是议案的主要部分，是紧接案由之后对提请审议事项的具体、明确的表达。一般是明确议案名称及形成过程，提出议案中所提问题的解决措施和方案。建议批准采取有关行政手段的议案，要提出符合实际、切实可行的解决问题的方案，以便于审议。

3）结语。即议案的结尾语，是有固定程式的。通常使用“现提请审议”、“请审议决定”或“现提请审议，并请作出批准的决定”等一类程式用语。

(五)议案的写作要求

1）符合法律。政府议案提请同级人大审议的均是政府不能单独决定的事项，需要按照国家法律法规的要求提请审议，不得违反相关的法律法规。

2）按职权范围写作。政府也是有职权范围的，各级政府都要明白自己管辖的工作范围与程度，特别是有时面对一些非国家法律法规明确规定的事项，才能明白哪些事情是应该提交人大解决的，哪些事情是本政府有权决定的，而不至于在议案中产生混淆，发生该写而未写，不该写却写了的现象。

3）一案一事。一个议案只能写一件事。

【例文1】

国务院关于提请审议
《中华人民共和国国旗法（草案）》的议案

国函［1992］12号

全国人民代表大会常务委员会：

为了维护国家的主权和尊严，增强公民的国家观念和爱国意识，国务院法制局经过广泛征求意见和调查研究，起草了《中华人民共和国国旗法（草案）》。这个草案已经国务院常务委员会议讨论通过，现提请审议。

国务院总理　李鹏

【例文2】

国务院关于提请×××等二位同志职务任免的议案

全国人民代表大会常务委员会：

提请任命×××为交通部部长，免去×××交通部部长的职务。

国务院总理　×××

×年×月×日

思考与练习

一、填空题

1. 命令（令）是依照有关__________发布重要行政__________，采取重大强制性措施，__________、奖惩有关人员，撤销下级机关不适当的__________等使用的公文。

2. 议案是指有提案权的__________、个人向本级国家权力机关提出的属于其职权范围内的有重大问题的__________原案。

3. 命令（令）的种类有__________、行政令、任免令、嘉奖令、__________。

4. 议案的特点有：①法规性；②__________；③民主性。

二、判断题（正确的画对号，错误的画错号）

1. 命令和令不属于一种公文，在性质上也有一定的区别。（　）

2. 命令（令）具有很强的法规作用，因而不是任何机关和个人可以随意制发的。（　）

3. 什么时候用“命令”，什么时候用“令”，主要看表达上的需要，怎样合乎习惯即可

怎样使用。(　　)

4. 命令（令）由标题、令号、正文、发文机关（或签发人）几部分构成。(　　)

5. 议案是指有提案权的组织、个人向本级国家权力机关提出的属于其职权范围内的有重大问题的议事原案。(　　)

6. 议案按性质划分，可分为立法案、任免案、辞职案、质询案、撤职案、撤换代表案、特定问题案。(　　)

7. 公文式议案，一般由法定机关提出议案时使用。它由文头、文尾两部分组成。(　　)

三、选择题

1. 下列说法不正确的一项是（　　）。

A. 命令（令）是公文的一种，具有很强的法规作用

B. 命令和令是一种公文。什么时候用“命令”，什么时候用“令”，主要看表达上的需要，怎样合乎习惯即可怎样使用

C. 命令（令）可以罢免干部

D. 命令（令）必须由全国人民代表大会制发，其他行政机关不能制发

2. 下列说法正确的一项是（　　）。

A. 提案是指有提案权的组织、个人向本级国家权力机关提出的属于其职权范围内的有重大问题的议事原案

B. 议案和提案都是在人民代表大会上使用

C. 议案是在人民代表大会上使用；提案是在政协会议上使用

D. 议案具有法规性、权威性，没有民主性

四、简答题

议案和提案的异同有哪些?

五、应用文写作

1.《×省传统工艺美术保护规定》已经2004年12月8日×省人民政府第十届54次常务会议通过，并于2005年2月1日起施行。请根据上述内容拟一份发布此规定的命令。

2. 某市人民政府因环保需要，建议本地设“环境保护日”，现要向政府常务会议提请议案，试代该政府写出一份议案。

第二节　公告、通告

一、公告

（一）公告的概念

公告是国家权力机关、行政机关向国内外发布重大事项时使用的公文。

（二）公告的类别

根据发布机关的不同，可将公告分为行政公告和专业公告两种类型。

（1）行政公告　行政公告是国家机关向国内外发布重要事项的公告。如发布领导人出访，发布重大行政措施，公布重大科技成果，发布法规和行政规章制度等。

（2）专业公告　专业公告是政府的有关职能部门，依据有关法令、法规，按法定程序

发布的公告。

（三）公告的基本格式和写法

公告通常由标题、正文、落款三部分构成。

（1）标题　公告的标题一般有三种基本形式：

1）由发文机关、事由、文种构成，如《××省面向全国公选20名副厅级干部公告》。

2）由发文机关、文种构成，如《中华人民共和国国务院公告》。

3）只写文种。

（2）正文　主要有以下几种方式：

1）篇段全一式。内容简单的公告，多采用篇段全一式结构，即一段到底。

2）发布消息式。有的公告类似于向社会发布一条消息。

3）三段式。分为开头、主体、结尾三段。开头段首先写明发布公告的依据缘由；主体宣布公告的事项；最后用“特此公告”收尾。

（3）落款　要写明公告发布机关全称。如果公告的标题是发文机关名称加文种的，也可不写公告发布机关名称，此外，还要注明写作时间。

【例文1】

中共中央、全国人大常委会、国务院
关于宋庆龄副委员长病情的公告
（第1号）

宋庆龄副委员长患冠心病及慢性淋巴白血病，经多方治疗，未见好转。曾多次出现发热、呼吸困难、心跳加快等症状。5月14日晚，突然寒战高热，热度达40.2℃，伴有严重心力衰竭。目前病情危急，正在积极抢救治疗。

中国共产党中央委员会
全国人民代表大会常务委员会
国务院
一九八一年五月十五日

【例文2】

中华人民共和国全国人民代表大会公告

《中华人民共和国宪法修正案》已由中华人民共和国第十届全国代表大会第二次会议于2004年3月14日通过，现予公布施行。

中华人民共和国第十届全国人民代表大会第二次会议主席团
二〇〇四年三月十四日于北京

二、通告

（一）通告的概念

通告是在一定范围内向民众或有关机关、团体公布应当遵守或周知的事项时使用的一种文体。

（二）通告的特点

（1）法规性　通告常用来颁布地方性的法规，这些法规一经颁布，特定范围内的部门、单位和民众都必须遵守、执行。

（2）周知性　通告的内容，要求在一定范围内的人们或特定的人群普遍知晓，以使他们了解有关政策法令，遵守某些规定事项，共同维护社会公务管理秩序。

（3）行业性　不少通告都具有鲜明的行业性特点，如税务局关于征税的通告，机动车管理部门关于车辆年度检验的通告，银行关于发行新版人民币的通告等，都是针对其所负责的那一部分的业务或技术事务发出的通告。因此，通告在行文中要时常引用本行业的法规、规章，也免不了使用本行业的术语、行话。

（三）通告的种类

从内容上说，通告有两种类型。

（1）周知性通告　周知性通告，以让人知晓为目的。如自来水管道维修，某区域将停水一天，自来水公司应发通告，让人们做好蓄水准备；某城市要开展城镇房屋普查工作，政府应提前发通告，把普查的范围、对象，普查的具体内容，普查的方法和具体时间等告知公众，让人们有精神准备，以利配合。

（2）法规性通告　法规性通告以让人遵守为目的。如交通部门、公安部门常根据有关法律、条例，结合当时当地实际情况，作一些具体规定，用通告的形式发文，让人遵守。如《关于在博览会期间货车、摩托车行驶的通告》。

（四）通告的基本格式和写法

通告一般由标题、正文、落款三部分组成。

（1）标题　通告的标题，样式较多，如：国家行政机关以及比较大的单位一般都冠以发布单位，并体现出内容，格式为“××关于××的通告”，如《国家教委关于维护中小学正常教学秩序的通告》、《水利电力部、公安部关于严禁在农村安装电网的通告》等，这样的标题使人一看便知通告的内容。有的标题体现发布单位和文种，而不体现内容，如《××市通告》、《××市公安局通告》等。标题只写“通告”两字的情况也比较常见。

（2）正文　通常包括两方面内容：①通告依据，阐明发文原因或目的、意义，如果是法律类的，要阐明法律依据；②通告事项，要具体明确地写出应当遵守或周知的事项，内容较多的，可采用条款式写法。

结尾常用“特此通告”收束全文。

（3）落款　写发文机关全称，签署发文日期。发文机关不止一个时，每个机关单独占一行。发文日期单独占一行。

（五）公告与通告的比较

共同点：都属于告晓性公文。

区别：

（1）发布的权限不同　发布公告的机关，一般级别比较高，发布的权限窄；发布通告的机关，级别有高有低，发布的权限宽。

（2）公告的受文对象比通告广泛　公告的受文对象往往是国内外公众，而通告是在一定范围内宣布应当遵守或周知的事项。

(3) 宣布事项重要程度不同　通告宣布的事项不如公告宣布的事项重大；通告常用于一些生活、事务事项，如停电、停水、临时封锁交通、地址搬迁等；而公告宣布的事项重大，如《中共中央关于宋庆龄副委员长病情的公告》等。

(4) 约束不同　公告一旦发布出去，约束的是发布者；通告发布出去约束的是通告发布范围内的组织或人群。

(5) 作用不同　公告宣布事项，没有强制执行的要求；通告除了具有周知性外，有的还要求遵守执行，有一定的约束力。

【例文1】

重庆市××中学百年校庆通告

2004年，重庆市××中学迎来百年华诞，学校将举行百年庆典，诚邀海内外校友和关心支持学校发展的各界人士莅临盛会，共庆华诞。

××中学建于1904年，1980年创建为重庆市重点中学。多年来，全校师生员工团结奋进，励志图强，充分发挥优势。学校不仅育人环境优美、设施现代、管理科学，而且教育教学质量、教育科研水平一流，实现了办学水平的跨越式发展。

滚滚三江东逝水，悠悠母校思念情。这里曾留下你年轻时的欢笑、年轻时的梦想与追求。值此盛大庆典之际，母校盼望着你的归来，共叙衷情，共话未来，共谋发展。有你的关心和支持，母校的明天会更辉煌。

① 因校友众多，分布甚广，难以一一尽详，知情后请速与我们联系并相互转告。

② 校庆时间：2004年10月1日。

③ 校庆地点：××中学文化广场。

④ 通信地址：重庆××中学校庆办公室。

⑤ 联系人联系电话：×老师023-××××××××。

⑥ 校庆有关信息同时在网上发布，网址：××××××××××。

⑦ 电子信箱：×××××××　　　　传真：×××××××。

重庆市××中学

×年×月×日

【例文2】

中华人民共和国公安部通告

（×年×月×日）

为确保民航国内班机的安全，决定从×年×月×日起，在中华人民共和国境内各民用机场，对乘坐民航国内班机的中、外籍旅客及其行李物品，实行安全技术检查。

一、严禁将武器、凶器、弹药和易燃、易爆、剧毒、放射性物品以及其他危害飞行安全的危险品带上飞机或夹在行李、货物中托运。

二、除经特别准许者外，所有旅客及其行李物品，一律进行安全检查，必要时可进行人身检查。拒绝检查者，不准登机，损失自负。

三、检查中发现旅客携带上述危险物品者，由机场安全检查部门处理；对有劫持飞机和其他危害飞机安全嫌疑者，交公安机关审查处理。

特此通告。

中华人民共和国公安部

×年×月×日

【例文3】

关于加强城市道路车辆通行管理的通告

为规范城市道路车辆通行秩序，保障城市道路交通有序、安全、畅通，根据《中华人民共和国道路交通安全法》、《长沙市城市道路车辆通行若干规定》等相关法律、法规规定，结合市实际，现就有关事项通告如下：

一、根据《长沙市城市道路车辆通行若干规定》，×年×月×日起我市采取部分区域道路禁止摩托车通行的措施。禁止通行的具体区域道路由市公安机关交通管理部门另行通知。

二、截止到×年×月×日，已登记为市区号牌、未达到报废年限且手续齐全的摩托车，其所有人于×年×月×日前办理提前报废手续的，市人民政府对其予以补偿。具体补偿办法由市财政局、市公安局另行通知。

三、×年×月×日前已购电动车，其所有人应在×年×月×日前到市公安机关交通管理部门指定地点进行登记备案并免费领取编号牌。×年×月×日后购买的电动车不予备案登记和发放编号牌。×年×月×日起，禁止未悬挂编号牌的电动车上道路行驶。

四、×年×月×日起，符合国家安全技术标准电动自行车的所有人应到市公安机关交通管理部门免费办理注册登记手续并申领非机动车牌证。×年×月×日起，禁止未悬挂号牌的电动自行车上道路行驶。

五、市区内继续实行分区域、分车种限时货运措施。市公安机关交通管理部门应根据道路交通状况和交通流量确定分时段限制货运机动车通行的区域，并予以通知。

六、载货汽车、混凝土搅拌车、专项作业车确有需要在限行时段、区域内通行的，应到市公安机关交通管理部门办理通行手续。

七、广大交通参与人应当自觉遵守本通告的相关规定，服从公安交通管理工作人员的管理。凡违反本通告规定的，依照有关法律、法规的规定予以处理。拒绝、阻碍国家工作人员依法执行职务的，按《中华人民共和国治安管理处罚法》的规定处理；构成犯罪的，依法追究刑事责任。

八、市人民政府×年×月×日发布的《关于加强摩托车行驶管理的通告》（长政发〔2003〕4号）和×年×月×日发布的《关于加强城区道路交通管理的通告》（长政发〔2003〕56号）自×年×月×日起废止。

长沙市人民政府

×年×月×日

思考与练习

一、填空题

1. 公告是________向________发布重大事项时使用的一种公文。

2. 通告是在__________内向__________公布应当__________或周知的事项时使用的一种文体。

二、判断题（正确的画对号，错误的画错号）

1. 公告的写作充分体现了发文机关的权威，因此有约束力。(　　)

2. 学校处分违纪学生可用公告。(　　)

3. 通告，任何依法成立的团体，企事业单位都可以发布。(　　)

4. 公告一旦发布，约束的是发布者。(　　)

5. 通告的标题可以只用“通告”二字。(　　)

三、选择题

1. 下列公告标题拟写不正确的一项是（　　）。

A. 中华人民共和国全国人民代表大会通告

B. 中国人民银行关于进一步改革外汇管理体制的公告

C. 中共中央组织部人事部一九九六年中央、国家机关录用考试公告

D. 中国人民银行关于严肃金融纪律，严禁非法提高利率的公告

2. 下列选项不正确的一项是（　　）。

A. 通告有告知型通告

B. 通告有禁止型通告

C. 通告的主要作用在于向有关机关和人员宣布应当遵守的规定

D. 通告的结构包括标题、正文、署名、日期，但是日期经常被省略

四、简答题

公告与通告有哪些区别？

五、评改下面公文

公　　告

为了加快我国通信事业的建设，今接上级文件的指示精神，关于用户使用非标准信封应另加盖邮政编码框、书写邮政编码后可延期使用到1990年3月底。自1990年4月1日起，邮电部门一律拒收非标准信封寄递的邮件。

自1990年1月1日起，严格按照邮总要求对不写邮政编码的信函批准后退回，要求加写双方邮政编码后再寄。

××区邮电局

×年×月×日

六、应用文写作

根据下列内容写一份通告。

×市解放路因年久失修，同时要改造扩建路面，另建地下商场，进行改造性修缮，工期

定于×年×月×日至×年×月×日，需要封路管理。发布单位：×市道路管理办公室；发布时间：×年×月×日。

第三节　通　　知

一、通知的概念

通知是国家机关、社会团体、企事业单位向下级机关或有关人员传达使之知晓并且执行某种精神、办理某种事项时所使用的一种常见公文。

二、通知的特点

（1）使用范围广　无论哪一级行政机关都可使用，不受级别限制。通知的内容广泛，可涉及国家事务和社会生活的各个方面。例如，下达指标，部署工作，告知事项，联合举办活动，转发上级、同级、下级机关的公文，任免聘用干部，召集会议等，均可使用通知。

（2）使用频率高　因为通知适用范围广泛，行文简便，写法多样，所以在现行公文中使用频率最高。

（3）行文的多向性　通知主要作为下行文使用，在需要有关单位周知时，也可用做平行文。

三、通知的种类

通知按其内容性质分，有发布性通知，指示性通知，批转、转发性通知，会议通知，任免性通知等。

（1）发布性通知　上级机关发布一般行政性法规和规章时使用的通知。

（2）指示性通知　是对下级机关布置工作，要求办理执行时使用的通知。

（3）批转、转发性通知　是批转下级机关的公文，或者转发上级机关、同级机关和不相隶属机关的公文时使用的通知。

（4）会议通知　会议通知是最常用的公文，这里所指的会议通知是指按公文要求制作的会议通知，一般用于召开比较重要的会议。

（5）任免性通知　上级机关在任免下级机关的领导人或上级机关的有关任免事项需要下级机关知道时所发布的通知。

四、通知的基本格式和写法

通知一般由标题、主送机关、正文和落款四部分组成。

（1）标题　一般通知的标题为三项式标题，即由发文机关、事由和文种组成，如《国务院关于贸易性动物产品出境检疫管理体制的通知》。在实际应用中，发文机关一项往往被省略而成为二项式标题，即由发文事由和文种组成，如《关于召开××学术报告会的通知》。

（2）主送机关　主送机关即受文单位，从文章结构角度讲又称公文抬头。

当主送机关很多时，可用概称，如“各区、县、局”、“各单位”、“各校”等。通过报纸等新闻传媒向社会公布的知照性通知可省略主送机关。

（3）正文　通知的正文，包括通知缘由、通知事项、通知要求三部分。由于通知的分类较多，内容性质各异，不同类型的通知有不同的写法。

1）发布性通知。内容包括两项，一是写清所发布文件的名称；二是提出执行的要求。

2）指示性通知。一般由通知缘由、通知事项、执行要求三部分组成，有的只有前两部分，略去执行要求。而通知缘由和通知事项两部分的写法也不同。有的先写缘由，然后用“特作如下通知”转入具体通知内容。通知事项大多采用分条列项法，用序号标出。有的则在缘由后，直接一段一段往下写，并不标明序号。结尾可写可不写，如有结尾，可用“特此通知”这样的惯用语言。

3）批转、转发性通知。首先说明来文已经上级或本单位同意，然后说明转发此文。转发机关有时还在转发通知中提出本单位的意见。制作转发通知时需注意，上级机关、同级机关或不相隶属机关来文，在通知的标题中要用“转发”二字。在转发下级机关来文时，在通知的标题中要用“批转”二字，不可混淆。批转、转发通知都有附件。

4）会议通知。会议通知的正文一般应先说明召开会议的根据或目的，以及会议名称。然后以“现通知如下”转入陈述会议内容、起止时间、会议地点、参加人员、报到时间和地点、与会人员所须携带的文件材料及其他各项食宿交通等具体事务。一般性会议，只写明会议的召开时间、地点、内容、参加者即可。

5）任免性通知。包括任免根据和任免名单两部分，任免根据要写明作出决定的机关或会议名称和时间，任免名单中如有多人，则分段或分条列出。

（4）落款　写出发文机关和发文时间。

五、通知的写作要求

通知由于使用广泛，种类复杂，写作方法也不尽相同，因此，在写作时一定要注意不同种类通知的具体要求。总而言之，拟写通知，主题要集中，重点要突出，措施要具体，要求要明确，同时还要讲求实效，以便提高效率，不贻误工作。

【例文1】　发布性通知

国务院办公厅关于发布《国家行政机关公文处理办法》的通知

各省、自治区、直辖市人民政府，国务院各部委、各直属机构：

现将修订的《国家行政机关公文处理办法》发给你们，自×年×月×日起施行。

中华人民共和国国务院办公厅

×年×月×日

【例文2】　指示性通知

文化部关于取缔变相营业性录像放映活动的通知

（文市发〔1997〕28号　×年×月×日颁布实施）

近来，一些地区的车站、码头、茶室、浴室等公共场所，以“免费服务”为名，公开放映走私、盗版的录像节目，甚至放映色情、淫秽的录像节目招徕顾客，以提高营业收入。这些变相营业性录像放映活动，严重影响了音像市场的经营秩序，干扰了录像放映节目专供工作的顺利开展。为了贯彻《音像制品管理条例》，进一步加强营业性录像放映活动的管理，特作如下通知：

一、各地要按照《音像制品管理条例》的有关规定，坚决取缔以“免费服务性录像放映”为幌子，实际是营业性的录像放映活动。

二、要加强营业性录像放映活动的管理，对营业性录像放映场所要严格按照有关规定认真核查，具备条件的核发《音像制品放映经营许可证》。不具备条件的，坚决予以取缔。禁止个体或变相个体经营的营业性录像放映活动。

各地要按照文化部、国家版权局《关于改进营业性录像放映管理保护知识产权的通知》（文市发〔1996〕72号）要求，巩固和完善录像放映节目专供工作，进一步规范营业性录像放映经营秩序。

文化部

×年×月×日

【例文3】 批转性通知

国务院批转关于行政审批制度改革工作实施意见的通知

国发〔2001〕33号

各省、自治区、直辖市人民政府，国务院各部委、各直属机构：

监察部、国务院法制办、国务院体改办、中央编办《关于行政审批制度改革工作的实施意见》已经国务院批准，现转发给你们，请认真贯彻执行。

中华人民共和国国务院

×年×月×日

【例文4】 转发性通知

国务院办公厅转发财务部、国家税务总局

关于加强个人所得税征收管理意见的通知

各省、自治区、直辖市人民政府，国务院各部委、各直属机构：

财务部、国家税务总局《关于加强个人所得税征收管理的意见》已经国务院同意，现转发给你们，请你们立即组织研究贯彻落实，采取有力措施，切实加强个人所得税的征收管理工作。

国务院办公厅

×年×月×日

【例文5】 会议通知

关于召开县（市）、区教育工会主席会议的通知

各县（市）、区教育工会：

经研究，决定于×月×日召开县（市）、区教育工会主席会议。现将有关事项通知

如下：

一、会议时间：×月×日上午×时正式开始，会期一天。

二、会议地点：××大酒店5楼3号会议室（中山西路西门口）。

三、参加对象：各县（市）、区教育工会主席或常务副主席一名。

四、会议内容：总结上半年工作经验，交流下半年工作思路，部署下阶段工作。

请安排好工作，准时与会。

××市教育局（盖章）

×年×月×日

【例文6】　任免性通知

关于张××和刘××等同志的任免通知

各系、部、处、馆、所：

经院长办公会议研究决定，任命张××同志为经贸系主任，免去刘××机电系主任职务；任命李××同志为科研所所长。

××大学（盖章）

×年×月×日

思考与练习

一、填空题

通知是党政机关、社会团体、企事业单位向下级机关或有关人员传达使之________并且________某种精神、办理某种事项时所使用的一种常见公文。

二、判断题（正确的画对号，错误的画错号）

1. 通知没有法律的约束力。（　　）
2. 公文通知的标题只写“通知”二字即可。（　　）
3. 公文通知的附文往往比通知的正文还要重要。（　　）
4. 通知是下行文，有时也平行使用。（　　）

三、选择题

1. 下列选项中对通知的分类不正确的一项是（　　）。

A. 告晓性通知　　B. 指示性通知

C. 批转、转发性通知　　D. 命令性通知

2. 下列选项正确的一项是（　　）。

A. 通知的标题不能使用“三要素”式

B. 通知的开头不需要写目的和根据

C. 通知的正文内容少的可以一段式；内容多的就要分条列项地写

D. 通知的落款可以全部省略，因为过后就没有用了

四、思考题

1. 通知分哪几种？

2. 批转、转发性通知的标题由哪几部分构成？

3. 如何区分批转性通知与转发性通知？

五、应用文写作

根据下列内容撰写一份会议通知。

某市技工学校系统根据市教育局局长会议指示精神，为了提高技工学校学生的动手能力，拟举办一次学生技术大比武活动，活动前需要召开一次各技校主管领导会议，安排技术大比武的有关工作。会议要求是必须由主管领导参加，会议时间是×年×月×日下午×时，会议地点是市教育局二楼会议室，发文机关是某市教育局，发文时间是×年×月×日。

第四节　通　　报

一、通报的概念

通报是表彰先进、批评错误、传达重要精神或者情况时使用的公文。

二、通报的特点

（1）典型性　所谓典型性，是指通报所关涉的对象，都是典型的事项、典型的人物和具有典型意义的重要情况。发文机关正是通过对这些事件、人物和情况的介绍与分析，来总结经验或教训，教育干部和群众，指导、推进工作。

（2）教育性　所谓教育性，即通报把有关的事实清楚地反映出来，通过分析、评价，表明发文机关的态度，拿出处理意见，并向受文者提出相应的希望或要求，借以达到鼓励先进、弘扬正气或批评错误、打击歪风邪气的目的。

（3）告知性　传达重要情况和知照事项的通报，能及时交流信息，上情下达，并能促进上下级之间、有关部门之间的相互了解。

三、通报的种类

通报按其性质和功用，可分为表彰性通报、批评性通报和情况通报。

（1）表彰性通报　即专门用来表扬模范人物和优秀事迹，树立先进典型，推广成功经验，教育干部群众，推动各项工作取得进展的通报。

（2）批评性通报　即专门用于在一定范围内公布对某些犯错误的单位或个人的批评、处理，或在一定范围内公布某些重大事故的调查情况和处理结果，从而教育广大干部群众从中吸取教训，以防类似情况发生的通报。

（3）情况通报　即专门用来传达重要精神和情况，帮助有关单位了解、掌握全局或某一方面工作的信息、动向，以统一认识，推动工作进程。

四、通报的作用

通报的作用主要有以下三方面：

1）表彰先进，弘扬正气。在一定的范围内，选择先进典型，广泛宣传，树立学习榜样，号召人们学习先进人物的崇高精神。宣传先进典型的经验，以点带面，推动工作。

2）批评错误，抵制歪风。揭露坏人坏事，批评严重违法乱纪事件。将有代表性的反面事件，予以“曝光”，既教育事件当事人，又教育广大干部和群众。

3）通报情况，指导工作。上级的重要精神，是指导当前工作的依据。工作中出现的新经验、新情况、新问题，是值得学习或者注意的问题，应及时传达给下级，指导工作。对不良倾向抓住苗头采取对策，防止蔓延。

总之，通报是主要的下行公文之一，它发自领导机关，用来指导和推动工作，具有表彰作用、惩戒作用、指导作用和宣传教育作用。

五、通报的基本格式和写法

通报由标题、主送机关、正文、落款四部分组成。

（1）标题　完全式标题由发文机关、事由、文种三部分组成。非完全式标题又有两种形式，一是由事由和文种组成，如《关于处理分房中违纪事件的通报》；二是只写“通报”两个字。

（2）主送机关　受文单位，一般用泛称，也有的不写主送机关。

（3）正文

1）表彰性通报的正文，一般包括三个层次：首先介绍先进事迹或经验，交代具体时间、地点、人物、事情原委和结果；其次分析先进事迹或经验产生的原因，对当前工作的指导意义；最后写作出表彰的决定，写明表彰的方式，奖励的级别，号召有关人员学习。

2）批评性通报，可分为两类：一类是告知典型事故的通报；一类是批评错误行为的通报。

告知典型事故的通报，正文通常包括三方面内容：先写事故的基本情况，交代时间、地点、人物、经过和损失情况；再分析事故发生的原因，总结出教训；最后提出今后的要求。

批评错误行为的通报，正文也分三部分：先介绍错误事实、交代错误行为的时间、地点和主要情节；再指明其性质，剖析原因，认定错误的严重程度，造成的损失或影响；最后写处理的决定，给予纪律处分、经济处罚或令其检讨纠正，吸取教训，引以为戒。

3）情况通报的正文，将告知的情况一一列出。多用夹叙夹议的写法，既叙述情况，又适当分析，作出判断，提出注意事项和要求。

（4）落款　写发文机关全称和日期。

六、通报的写作要求

1）通报表彰或批评要实事求是，事实和数据要确凿可靠，不夸大、不缩小、不虚构。

2）通报的事实或情况要有典型性，重点突出，对缺乏典型意义的人或事不必发通报，否则，就失去了通报的价值。

3）以叙述为主，议论要点到为止，分寸适度，对被表彰的人和事不要人为拔高，对被批评的人和事不要“无限上纲”。

4）要注意时效性，抓准时机，制发及时，不要时过境迁才发布。

七、通报与通告的区别

由于通报与通告在过去相当长一段时间内相互混用，所以一些人认为两者似乎性质、用途相同，其实不然。首先，从文种功用上看，通报主要用于奖励表彰、惩处规诫，以及传达、告知重要精神和情况；而通告虽然也有告知作用，但它告知的是需要周知或遵守、办理的有关事项，并不具有教育的目的。其次，通报的受文对象是系统内下级机关及有关人员，用正式公文的形式发布，而通告的受文对象是社会各有关方面的单位、个人，多用公开张贴、广播的形式发布。

【例文1】 表彰性通报

共青团××市委关于表彰
李×等三同志勇救列车的通报

共青团员李×同志是××火车站饮食服务班的服务员。今年×月×日上午11点20分，他和班里另两位女同志正在站台迎候快要进站的××次旅客列车。突然在第一站台50米处，有辆满载饮食的三轮车连人带车翻倒在道口，眼看火车呼啸而来，就在这千钧一发的时刻，李×同志像离弦的箭一般冲到道口，共青团员弘××、朱××也紧跟其后，一起奋力推开三轮车，刹那，列车安然进站。

李×等三同志不顾个人安危，勇救列车，保护了国家财产和人民生命的安全，发扬了共产主义大无畏的精神，体现了当今青年的可贵风貌，为广大共青团员和青年树立了良好的榜样。

为表彰李×等三同志的优秀品格，授予李×同志模范共青团员的光荣称号，给予共青团员弘××、朱××通报表扬，并发给他们三人物质奖励。希全市共青团员、广大青年学习他们这种舍生忘死，奋力抢救国家财产与保护人民安全的献身精神，搞好精神文明建设，争当改革大潮中的弄潮儿。

共青团××市委
×年×月×日

【例文2】 批评性通报

关于××省××县××玻璃钢厂
擅自制作和出售国徽的通报
国办发（××××）23号

各省、自治区、直辖市人民政府办公厅：

据反映，××省××县××玻璃钢厂×年×月向各地函称：本厂采用玻璃钢材料制作中华人民共和国国徽，自去年生产直径67厘米的国徽以来，已有25个省市县区共数百个单位订货。本厂还根据一些单位的需要，试生产了直径1米的国徽，欢迎订购等。国徽是中华人民共和国的象征，国徽的制发是一件非常严肃的事情。中央人民政府办公厅和国务院办公厅都曾规定，县以上各级人民政府悬挂的国徽由中央人民政府、国务院统一制发，并对悬挂国徽的机关和各级政府悬挂的国徽尺寸作了具体规定。××省××县××玻璃钢厂未经授权，自定规格，擅自制作和出售国徽是错误的。请××省人民政府办公厅立即制止，对已售出的不合规格的国徽全部销毁。

请各省、自治区、直辖市人民政府办公厅认真检查一下本地区是否有类似情况，一经发现，应立即纠正。

国务院办公厅

×年×月×日

【例文3】　情况通报

关于×年元旦节日期间我区

银行系统安全保卫工作情况的通报

人民银行各市、县支行：

由于各级行领导的高度重视和机关各部门的大力支持，在元旦节日期间，安全保卫工作做到了全区库款、机关院内、职工人身三安全。根据部分市县支行汇报和三级分行的抽查，现将情况通报如下：

一、党组重视。节前，党组专门组织全行人员认真学习省分行关于节日期间加强安全保卫工作的电报通知精神，再一次进行安全防范教育，就节日期间的安全保卫工作作了详细安排，行长以身作则。

二、加强各项规章制度，并检查、督促、落实。

三、进一步重申了枪支弹药专人保管、专人放置，对枪支、警具、报警设施和车辆进行了全面擦拭和保养，使其处于良好的战斗状态。

四、今年元旦节大部分县行做到了节前有安排，节日期间有检查，节日后有书面汇报，做得比较好的有××市、××县、××县、××县。

元旦节刚过去，春节即将来临，为了保证节日期间库款、机关院内、职工人身绝对安全，我们再重申几点要求：

1. 各行要把春节期间的安全防范工作当做头等大事来抓。春节期间，探亲访友人员增多，值班人员相对减少，机关院内出入人员复杂。各行要提高警惕，加强门卫制度、值班制度。行长要常到款库现场检查，以确保安全。

2. 严格值班纪律。在值班期间严禁酗酒、玩扑克牌，调款车无调款任务要控制外出，确保行车安全。

3. 春节期间烟花、爆竹相对增多，要防止失火，认真做好工作，防微杜渐，杜绝事故发生。各行要再认真进行一次自查，加强必要的安全措施。

4. 加强汇报制度。各行要在×月×日前，把节日安全保卫执行情况，报二级分行保卫科。

中国人民银行××分行

×年×月×日

思考与练习

一、填空题

1. 通报是表彰先进、__________、____________或者情况时使用的公文。

2. 通报的主要特点是________、________和________。

二、判断题（正确的画对号，错误的画错号）

1. 商店向顾客告知商情可发通报。（　　）
2. 通报有表彰先进的作用。（　　）
3. 通报也可用于批评错误、传达重要情况。（　　）

三、多项选择题

1. 表彰先进的通报在内容上表述正确的有（　　）。

A. 事实部分　　B. 分析评价部分

C. 决定部分　　D. 要求与希望部分

2. 通报的写作要求有（　　）。

A. 认真负责，搞准事实，如实反映情况

B. 通报的事项必须具有典型性，有普遍意义

C. 注意通报的时间性

D. 对于处理任何事的通报，都必须符合有关方针政策和党纪国法的有关规定；必须反复推敲，掌握分寸，不说过头话，以免留下后遗症

四、思考题

1. 通报的作用有哪些？
2. 通报与通告有哪些区别？
3. 简述通报的基本格式和写法。

五、应用文写作

根据下列内容撰写一份通报。

某省冶金技师学院学生宋××在中心公园走路时拾到一包裹，里面有现金三万元、身份证、驾驶证、票据等，当时他想：失主一定很着急，于是将包裹交到当地公安机关。事后公安机关找到失主，失主收到包裹后亲自到该生所在学校找到领导致谢。该校拟写一份通报表扬该生，这份通报该怎么写呢？请执笔拟写一份通报。

第五节　报告、请示

一、报告

（一）报告的概念

报告是向上级机关汇报工作、反映情况、提出建议时使用的一种公文。报告是上行文，是在某阶段工作后，或针对某个具体事项，向上级报送的一种文件，它为上级主管部门及时了解情况、指导工作、进行决策提供重要依据。

（二）报告的特点

（1）呈报性　上级机关下达的各项指示、号召，下级机关要落实、执行，落实和执行的情况要及时向上级报告；在工作过程中发生的重要情况、问题，采取了怎样的对策，要随时向上级报告；完成工作的做法和体会，也要向上级报告；还有答复上级的询问，也要写报告。报告具有很强的呈报性。

(2) 陈述性 向上级报告工作完成情况、工作中出现的问题以及答复上级的询问等，无论是什么内容的报告，其语言表达方式都是陈述，不是描写，也不是议论，而是实实在在的陈述。

(3) 时效性 报告是下情上达的重要工具，行文要迅速，以便上级及时掌握情况作出决断，以免贻误工作。

(三) 报告的种类

(1) 按报告的内容分

1) 工作报告。它是关于工作基本情况、进程、经验、成绩和问题、意见、办法和措施的报告，如《××省农业银行关于信贷扶贫工作的报告》。

2) 情况报告。它是用于汇报工作中的某一具体问题的处理或上级交办工作的办理情况的报告，如《关于开展全省农民负担执法检查的报告》。

3) 答复报告。它是回答上级机关查询的报告，如《关于治理××河水质污染问题的报告》。

4) 报送报告。它是向上级机关报送文件或物件时随文或随物而写的报告，如《关于报送我市×年事业单位财务检查整顿工作总结的报告》。

(2) 按报告的性质分

1) 呈报性报告。不需要批转的报告叫呈报性报告。

2) 呈转性报告。请求上级批转某个办法、建议的报告叫呈转性报告。

(3) 按报告的范围分

1) 综合报告。牵涉到多项工作、多方面情况的报告称作综合报告。

2) 专题报告。就某一件事、某一项工作、某一个问题写的报告称作专题报告。

报告还有很多名称，实际上是从不同角度划分出来的不同类型。针对某一事故、过错写出检查的报告叫检查报告；定时、定期写的报告叫例行报告等。

(四) 报告的基本格式和写法

报告由标题、主送机关、正文和落款四部分组成。

(1) 标题 报告的标题和其他公文的标题一样，需用准确、简练、鲜明的语言表达出报告的中心。通常有两种写法：

一种是由发文机关、事由、文种组成，如《××市人民政府关于纠正行业不正之风的报告》。

一种是只标明事由和文种，如《关于夏粮征购情况的报告》。

(2) 主送机关 报告的主送机关就一个，是上级主管部门。主送机关写在标题下一行，顶格写，如“×校长”、“厂部”。

(3) 正文 报告的正文没有固定模式。根据中心内容、主旨意图的不同，选择最佳的表达思路，安排素材。

一般的报告正文，通常含缘由、事项和结语三部分。

1) 报告缘由即报告的开头部分，一般先概括地点明主旨，之后常用“现将××工作(情况)报告如下”之类的惯用语转入下文。

2) 报告事项即报告的核心部分，应写明：

① 主要做法、措施、结果或存在的问题。

②经验、教训、意见、建议、对策、安排或今后努力的方向。

这部分如果内容较多、篇幅较长，往往采取分条陈述的办法。

3）报告结语常用“特此报告”、“专此报告”、“以上报告当否，请指示”、“以上报告请审查”、“以上报告，如有不妥，请指正”、“以上报告如无不妥请批转……执行”之类的惯用语收束全文。

（4）落款　发文单位和日期写在正文结束之后的右下角。

（五）各类报告的写作要求

（1）工作报告　一般要写清楚工作进程、成绩、经验、存在的问题等，使上级机关掌握下情。

（2）情况报告　要把事件的发生、发展、结果及处理情况等陈述明白。

（3）检查报告　一般包括所检查问题的事实、性质、原因、责任、教训和会后意见等，不可文过饰非。

（4）答复报告　在答复上级机关的征求意见或询问情况的报告中，一般要针对上级的询问，本着实事求是的原则，给予完整、准确的答复，不弄虚作假、不言过其实。撰写报告要做到：实事求是、重点突出、以陈述为主，不夹带请示事项，报告属陈述性公文，不需回复。

【例文1】　专题报告

关于我县安全工作情况的报告

省委、省政府：

按照省委、省政府×发电（1999）第10号电报要求，我们检查、总结了我县近几年来的安全工作情况。现报告如下：

一、基本情况（略）

二、事故原因和教训

1. 失之于教。……

2. 失之于制。……

3. 失之于宽。……

4. 失之于管。……

三、今后措施

1. 抓教育。……

2. 抓组织。……

3. 抓措施。……

4. 抓惩治。……

5. 抓作风。……

以上报告，如有不当之处，请指示。

中共××县委员会（盖章）

××县人民政府（盖章）

×年×月×日

【例文2】　综合报告

关于开展××××年人口计划执行情况抽样调查工作的报告

省人民政府：

根据中共中央、国务院《关于加强计划生育工作严格控制人口增长的决定》（中发［××××］×号以及国家计生委等七个部门《关于印发〈人口计划管理暂行办法〉的通知》）的精神，为了反映我省各地市人口增长变动情况，加强人口计划管理，现对××××年人口计划执行情况抽样调查工作提出以下安排意见：

一、××××年人口计划执行情况抽样调查工作，要在各级政府的统一领导下，由统计部门牵头，计划生育、公安、统计、财政等部门配合，共同完成。在抽样调查力量的组织上，由统计、计划生育、公安部门派人。各级计划生育部门要全力以赴，安排足够人员投入这项工作。

二、××××年人口抽样调查方案由省统计局负责制订。各级统计部门和计划生育部门在调查中要以保证调查工作质量为核心，严格按照普查办法的规定和要求，采取领导负责，逐级把关，分片包干，责任到人的办法，确保调查工作顺利完成。

三、人口抽样调查工作必须坚持实事求是的原则，严格按照《统计法》的规定办事。各地在调查中要加强宣传，排除干扰，如实申报。对于弄虚作假，瞒报、漏报出生和死亡人口的，一经发现，要严肃处理。

四、××××年人口抽样调查工作所需经费采取省、地（市）按照费用项目分级负担的办法解决。省负担调查方案、各种调查汇总表格的印刷费、培训费、会议费，数据处理以及资料编印费等；地市负担各抽样县（市、区）调查员的培训、调查、手工汇总等项费用。

五、××××年全省人口抽样调查工作从××××年×月×日开始，××××年×月×日前结束。

以上报告如无不妥，请批转各地市、各有关部门执行。

省统计局
省计划生育委员会（盖章）
×年×月×日

【例文3】　答复报告

关于我校工会干部有关待遇的报告

市总工会：

×月×日函悉。现将我校工会干部有关待遇报告如下：

一、我校基层工会主席由教师兼任，每年减免工作量40学时。

二、部门工会主席任职期间享受本单位行政副职待遇，由教师担任的每年减免工作量30学时。

三、校工会委员任职期间每年减免工作量30学时；部门工会委员任职期间每年减免15学时。

专此报告。

××大学工会
×年×月×日

【例文4】 报送报告

关于计划生育工作的报告

××乡计划生育办公室：

现将我村《×年计划生育工作报告》一式两份呈送，请收阅。

××村计划生育办公室
×年×月×日

【例文5】 事故报告

××省商业厅关于××市百货大楼重大火灾事故的报告

商业部：

×年×月×日上午9点40分，我省××市百货大楼发生重大火灾事故，市消防队出动15辆消防车，经4个小时的扑救，才把大火扑灭。这次火灾除消防队员和群众奋力抢救出部分商品外，百货大楼三层楼房一幢及余下商品全部被烧毁。时值开门营业不久，顾客不多，加之疏散及时，幸未造成人员伤亡。但此次火灾已造成直接经济损失792万余元。

经查明，此次火灾是因电焊工××违章工作，在一楼电焊铁窗架时电火花溅到易燃货品上引起的。……火灾发生后，省人民政府召开了紧急防火电话会议。严肃指出了××市发生火灾的严重性。……

这次火灾事故，是我省商业系统历史上最大的一次，损失严重，影响极坏，教训深刻。……

特此报告。

××省商业厅（盖章）
×年×月×日

【例文6】 事故报告

关于我厂学徒工田××落水死亡的报告

××部技安局：

×月×日下午三时七分，我厂供运科船运队二号铁驳在茄子溪码头装运木料，水手学徒工田××在用钢钎撬动木料时，不慎落水身亡。

一、事故经过

×月×日下午，船队机四号拖轮和二号、七号铁驳编队前往茄子溪流装运“特大方”

木料，次日上午到达码头。下午二时，二号铁驳进入打儿凼先装木料，后驾长宋××在装船，采购员肖××在记数，搬运工白××和李××在堆码。机四号拖轮和七号铁驳停在下游约200米处等候，二号铁驳水手学徒工田××在七号铁驳上听广播。三时许，二号铁驳已装了七车木料，宋××见左舷前仓内有一根木料的摆放位置影响航行安全，便与两位搬运工一道准备用搬钩把那根木料移正。这时田××由七号铁驳回到二号铁驳，见大家都在工作，就拿了一根直径60×1 500毫米的钢钎（打桩栓船用的），踩在船舷的边沿上（约100毫米宽），也来移这根木料。宋××站在仓内，用搬钩往前推木料，两个搬运工站在仓内用啄子往前搬，田××用钢钎垫在铁仓的围子上，将木料往侧面撬，由于木料与铁仓的围子间隔小，铁钎的头子大，插不进去，田××撬第一下时钢钎滑了。接着田××又撬第二下，因用力过大，钢钎一滑，身体往后一仰，人和钢钎一起落入水中。船上的其他同志都吓慌了，两个搬运工拿着搬钩站在田××落水处望着水面；采购员肖××在呼叫救人。当田××露出水面时，搬运工白××立即把搬钩伸过去，田××没抓稳搬钩，再次沉入水下。这时机四号拖轮和七号铁驳上的人听到呼救也赶到现场，有的向厂里打电话报告，有的打捞，由于此处江水深，直到厂和供运科领导赶到现场时，仍未捞起田××。后将二号铁驳移开，领导又继续组织打捞，四时五十九分才打捞上来，但由于溺水时间过长，田××已经死亡。

二、事故发生的主要原因和责任

事故发生后，厂领导及时组织有关人员进行了市场调查，召开了事故分析会议，认为造成这次事故的主要原因是：

1. 田××工作经验不足，在搬运木料时，站的位置和使用的工具都不适当，又未按规定穿救生衣，是造成事故的直接原因。

2. 二号铁驳后驾长宋××平日贯彻水上作业安全操作规程不严，对田××的帮助教育程度不够；在田××落水后又惊慌失措，抢救不得力，应负一定责任。

3. 供运科领导和船队负责人忽视对船工的安全教育和技术培训，对水上作业安全操作规程贯彻不严、检查不力，致使有的船工纪律松懈，安全思想淡薄，缺乏安全操作知识，遇事不会采取急救措施，终于造成了这次死亡事故，应负一定责任。

三、对事故的处理

厂党委和厂部对这次死亡事故的处理十分重视，除按政策认真做好善后工作外，为了教育各级干部和全厂职工，还作出以下决定：

1. 责成供运科领导在全厂安全会上和本科职工大会上作检查，吸取教训。

2. 免发供运科科长、政治指导员、分管安全和分管运输的副科长以及船队船长的当月奖金。

3. 减发供运科、技安科当月奖金。

主管安全的副厂长和主管生产后勤的副厂长在党委扩大会上作了检查，并主动提出减发当月奖金。

四、今后的措施

1. 联系这次死亡事故的沉痛教训，对职工进行纪律和安全教育，整顿劳动纪律和工作秩序，坚决同一切不讲纪律、不讲安全、违章蛮干的现象作斗争。

2. 认真开展安全检查和整改，建立健全并严格贯彻水上作业的规章制度和安全操作规程。

3. 配齐必要的防护、救生和消防设备，并加强管理和维护，使之经常保持完好。

4. 采取办学习班、开展岗位练兵和签订师徒合同等措施，加强对船工的安全技术培训，在培训的基础上进行严格的考试，合格者发给操作合格证，准予上岗位操作；不合格者要限期达到要求，届时仍达不到要求的，降低原有技术级别（学徒工、一级工延长转正定级时间），保留工资待遇，直到达到要求才予恢复原有技术级别。

5. 严格奖惩制度，对自觉遵章守纪并作出突出成绩者，给予表扬和奖励；对忽视安全、违章蛮干者，给予批评教育，情节严重的给予经济制裁直至纪律处分。

国营×××厂

×年×月×日

二、请示

（一）请示的概念

请示是下级机关向上级机关或业务主管机关请示某项工作中的问题，明确某项政策界限，审核批准某事项时使用的请求性的上行公文。

（二）请示的特点

（1）请求性　请示的撰写目的是向上级机关请求批准，因此，请求是请示的最基本特点。请示的事项，大多是比较重要而自己无权、无能、无力解决，或自己要解决但没有把握的事项，只有请求上级机关指示、批准、支持才能解决，这就决定了请示具有请求性特点。

（2）事前性　请示必须事前行文，不能事中、事后行文，不能出现先斩后奏的情况。

（3）单一性　请示必须是“一文一旨”，“一事一请”。这是由行政管理权限和行文效果所决定的，因为只有这样，才便于上级机关批复，提高请示的效率。

（三）请示的种类

根据请示的用途和行文目的，请示一般分为指示类请示、批准类请示、批转类请示。

（1）指示类请示　指示类请示的核心是要解决“我们请求应当怎样做”的问题。例如，政策规定难以把握，工作中遇到新的复杂情况等，需要请求上级给予明确的解释与指示。行文中，要写明本机关的意见或建议，以便上级机关批复时参考。

（2）批准类请示　批准类请示的核心是要解决“我们请求能否这样做”的问题。这是请示中最普遍的一种，即在机构设置、人员编制、领导班子调整、财务预算、重要事件或重要人物的处理问题上，本单位无权解决，请上级机关进行审核批准。上级机关如同意则用“批复”行文回复请示的机关，或给予解决或准其行事。行文中，需要把有待批准的事项阐述清楚，必要时应当采用附件形式，提供有关事项的完备材料，以便上级机关审核批准或了解有关情况。

（3）批转类请示　批转类请示的核心是要解决“我们请求让同级相关机关或部门这样做”的问题。针对本机关提出的涉及重大事项的解决方案、工作部署性意见，或拟定的重要规章制度，请求上级机关批转在相关机关或部门范围内执行。这类请示一般是业务主管部门就某一全局性的问题提出解决办法，请示上级机关批转各地执行的。上级机关如同意则用“批转性通知”行文下发给有关单位遵照执行。

(四) 请示的基本格式和写法

请示由标题、主送机关、正文、落款四部分组成。

(1) 标题　请示的标题可以由发文机关、事由、文种构成，如《××县粮食局关于成立粮油贸易公司的请示》；也可以由事由和文种组成，如《关于增设营销专业的请示》。

(2) 主送机关　请示的主送机关就是负责受理和答复请示的机关。请示在确定主送机关时，要注意以下三点：

第一，主送机关只能有一个。国务院办公厅规定：请示"一般只写一个主送机关，如需同时送其他机关，应当用抄送的形式"。中共中央办公厅也规定："向上级机关行文，应当主送一个上级机关"，"受双重领导的机关向上级机关行文，应当写明主送机关和抄送机关，由主送机关负责答复其请示事项"。请示如果多头行文，很可能得不到任何机关的批复。

第二，只能主送上级机关。

第三，不得越级。如果情况特殊，必须越级时，则应同时抄报被超越的机关。

(3) 正文　请示的正文由开头、主体、结尾三部分组成。

1) 开头主要表述请示的缘由，是上级机关批复的主要依据。一般来说，这部分要写明所遇到的新情况、新问题，或自身没有能力解决的困难，要写得充分、恰当、具体。

这部分内容是请示能否被批准的关键，理由充分，依据充足，事与理统一得好，就为提出请示事项作了充分的铺垫。只有这样，请示的目的才能达到。

2) 主体是表明请示事项的部分，也是请示最核心、最重要的部分。请求指示的请示，要写明想在哪些具体问题、哪些方面得到指示。请求批准的请示，要把要求批准的事项分条列项一一写明。如果在请求批准的同时还需要人、财、物等方面的支持和帮助，更需要把编制、数量、途径等表达清楚、准确，以便上级及时批准。

3) 在主体之后，另起一段写结尾。

用"以上请示当否，请批复"、"以上请示，望予审批"或"可否（妥否、当否），请批示"；如是请示批转的请示，可写"以上意见如无不当，请批转各有关方面参照执行"等惯用语收束全文。惯用语后用句号。

注意：不用"可否，请批准"等不合逻辑的语言，也不能写成"即请从速批复"、"请尽快拨款，以解决燃眉之急"等。

(4) 落款　在正文的右下方，写上成文日期，并在日期上盖章。

(五) 请示的写作要求

1) 请示必须严格执行一文一事的原则，不能一文多事。

2) 请示不能和报告混在一起，不能夹在报告里"顺便"请示，也不可把请示写做《关于××的请示报告》。

3) 请示的语言要朴实，精练，不生硬，无废话，语气要谦恭。

(六) 请示与报告的区别

请示与报告是上行文中两个很接近的文种。其共同点是：在行文方向上，二者同属上行文；在内容上，都是反映情况，陈述意见；在格式上，一般都只能主送一个上级机关。但请示和报告是两个不同的文种，各有其适用范围，不可混淆。

(1) 行文时间不同　请示的事项是要等上级机关批复后才能处理实施的，必须事前行文。报告所涉及的事项大多是过去的或正在进行中的，可以事后行文，也可以事中行文。

(2) 行文目的和作用不同　请示的目的在于请求上级指示或帮助解决，为上级批复提供依据；报告的目的是向上级反映情况、汇报工作，为上级机关提供信息和经验教训或要求上级批转有关部门执行。

(3) 内容和结构不同　请示内容单一，一文一事，有明确的请示事项，在行文结构上，请示起因、请示事项、请示结语缺一不可。报告内容复杂，可以一文多事，结构上不强求一律。

(4) 结束语不同　报告的结尾可以用“特此报告”、“专此报告”、“以上报告，请审阅”、“以上报告如无不妥，请批转各地执行”等惯用语收束；请示则使用“以上请示当否，请批复”、“以上请示妥否，请批示”等惯用语收束。

【例文1】　批准类请示

××市人民政府关于建立××市体育学校的请示

××省人民政府：

我市体育事业在省委、省政府的关怀下，有了一定发展，在开展群众性体育活动，提高运动技术水平方面取得了一些成绩。但是，近年来我市运动技术水平与兄弟地、市相比有下降趋势。其原因之一是我市体育师资严重缺乏。全市有中小学5 636所，有体育教师1 600人，其中学过体育专业的只有286人。这种状况已影响到基础训练。此外，我市重点业余体校毕业生的出路问题不能解决，不仅造成了体育人才的大量外流，而且严重影响了这所体校的招生，使重点业余体校日渐失去生机与活力。这些问题的存在，对全面提高我市的教育质量，为国家培养和输送优秀人才，产生了十分不利的影响。

鉴于上述情况，我们认为，我市急需建立一所以培养体育师资和优秀运动员为目标的体育学校，因此，拟将市重点业余体校改办成中等专业性质的体育学校。具体办学意见如下：

一、学校名称（略）

二、学制及课程设置（略）

三、招生对象及规模（略）

四、场地设施（略）

五、师资（略）

六、经费（略）

以上妥否，请批示。

××市人民政府（盖章）

×年×月×日

【例文2】　指示类请示

关于《会计人员职权条例》中“总会计师”是行政职务或是技术职称的请示

财政部：

国务院颁发的《会计人员职权条例》规定，会计人员技术职称分为总会计师、会计师、助理会计师、会计员四种；其中“总会计师”既是行政职务，又作为技术职称。在执行中，工厂总会计师按《条例》规定，负责全工厂的财务会计事宜；可是每个工厂，尤其大工厂，授予总会计师职称的人员有四五人，究竟由哪一位负责全厂的财务会计事宜，履行总会计师的职责与权限呢？我们认为应将行政职务与技术职称分开。总会计师为行政职务，不再作为技术职称。比照最近国务院颁发的《工程技术干部技术职称暂行规定》，将《条例》第五章规定的，会计人员职称中的“总会计师”改为“高级会计师”。

以上认识是否妥当，请指示。

××省财政厅（盖章）

×年×月×日

【例文3】　批转性请示

关于暂缓调高旅游专项资金在交通建设附加费中分配比例的请示

市人民政府：

今年4月7日，××市委、市政府公布了《关于加快发展旅游业的决定》（×字［××］8号），同意建立旅游建设发展专项资金，其部分资金来源于交通建设附加费的分配，并将此分配比例从原来的5%调高到10%。对此，我委认为该措施无疑有利于筹集资金，促进旅游业发展。但当初决定征收旅游业交通建设附加费的目的，主要是筹集地铁资金，现要提高旅游专项资金在交通建设附加费中的分配比例，必然会减少地铁资金的来源。地铁工程建设年度投资高达30亿元，筹资任务十分艰巨，而今年地铁资金缺口更大，需开拓更多的资金来源。因此，任何减少筹集地铁资金的做法都会导致工期拖长和投资增大，不利于工程建设。

鉴此，我委建议在地铁建设期内，暂缓调高旅游专项资金在交通建设附加费中的分配比例，仍执行旅游专项资金在交通建设附加费中占5%的分配比例不变。

专此请示，请批复。

××市计委

×年×月×日

思考与练习

一、填空题

1. 报告是向上级机关汇报工作、反映情况、________________时使用的一种公文。报告是____文，是在某阶段工作后，或针对某个具体事项，向上级报送的一种文件，它为上级主管部门及时了解情况、______________、进行________提供重要依据。

2. 请示是________向上级机关或____________请示某项工作中的问题，明确某项政策界限，审核批准某事项时使用的请求性的上行公文。

二、判断题（正确的画对号，错误的画错号）

1. 请示只能有一个主送机关和抄送机关。（　　）

2. 一份报告的标题为：《关于申请修建教学大楼的报告》。(　　)

3. 请示必须事前行文，否则就是先斩后奏。(　　)

4. 主送机关即行文对象。(　　)

5. 报告有答复上级机关查询问题的作用，因此报告往往在事后或事中行文。(　　)

6. 报告可以一事一文，也可一文数事、请示要求一文一事，一文一请。(　　)

7. 请示的缘由部分是请示能否被上级批准的关键，写作时，理由要充分，依据要充足，有说服力，符合实际。(　　)

8. ××省××教育学院于×年需要上级主管部门补助设备经费，给××省教育厅写了一份请示报告。(　　)

9. 某地发生一突发性重大事故，向上级反映此事及其有关情况，用报告行文。(　　)

10. 报告标题可只用“报告”两字。(　　)

11. 报告有汇报工作、反映情况、提出建议的作用。(　　)

12. 报告可以在事中行文，比如事情在发展中，上级询问工作进展情况，就得及时用报告的形式向上级汇报工作。(　　)

三、选择题

1. 报告、请示是（　　）。

A. 上行文　　B. 下行文　　C. 平行文　　D. 法规性公文

2. ×市某街道办事处向×省人民政府发文商洽有关公务事宜，应当用（　　）。

A. 函　　B. 通知　　C. 请示　　D. 报告

3. 下列选项中不正确的一项是（　　）。

A. 请示是在事前行文

B. 报告是在事后或事中行文

C. 请示和报告交到上级后，上级的反应是一样的

D. 请示必须一事一文；报告可以一事一文，也可以多事一文

4. 下列请示的标题正确的一项是（　　）。

A. ××厂关于扩建厂房用款问题的请示报告

B. ××厂关于扩建厂房用款问题的报告

C. ××厂关于扩建厂房用款问题写给公司的请示

D. ××厂关于扩建厂房用款问题的请示

四、简答题

1. 写作请示时应当注意哪些问题？

2. 报告有哪些特点？

3. 简述报告和请示的异同。

五、应用文写作

根据下列内容写一份请示。

某技师学院为了提高学生的动手能力，于×年×月拟建一座实训楼，但是物价上涨造成资金不足，因此向教育局请示批准拨款300万元资金。请示的时间是×年×月×日。

六、修改下列病文

关于要求拨给赴京考察学习经费的报告

院领导：

为了了解兄弟学校办学中关于学生动手能力的培养情况，根据我院的实际需要，拟定于×年×月×日派蒋××等5名同志赴京考察学习，所需经费3万元。

妥否，请批示。

教务处

×年×月×日

第六节　批　　复

一、批复的概念

批复是适用于答复下级机关请示事项的公文。它是对下级机关来文中请求指示、批准的事项，给予明确答复的下行文。它与请示是行政公文中唯一一对相互对应的文种。

批复是被动行文。没有下级机关请求，上级机关就不能、不必和不该批复；反之，如上级机关对下级机关的请示不予及时批复，那么，就是上级机关失职，要承担由此产生的后果和责任。

二、批复的特点

（1）针对性　批复是针对下级机关“请示”的行文，是针对请示作出的批答、回复。要做到有请必复，一请一复，不请不复。

（2）单一性　批复是针对请示的行文，批复的直接对象就是请示单位，那么，请示是一文一事，批复自然也是一请示一批复了。

（3）指令性　批复用于答复下级机关请示的事项，往往体现上级机关的意图和意见，请示一经批复，下级机关必须严格贯彻执行，具有指令性的作用。

（4）确切性　对请示事项的批答、回复，同意的要明确表态，不同意的要说明理由，表意要准确，态度要鲜明，意见要具体，不允许含糊其辞，使下级机关无所适从。

三、批复的种类

根据批复的不同内容，可以分为以下两种。

（1）请求指示的批复　它是针对下级机关遇到的疑难问题、新情况和没有明文规定的问题，作出具体的解释或答复，表明意见和态度，如《国家税务总局关于外商投资企业新建房屋适用城市房地产税政策的批复》（国税函【2001】×号）。

（2）请求批准的批复　它主要是针对下级机关请求批准的事项，进行答复和审批，带有表态性和政策性，如《国务院关于组建中国南方电网有限责任公司有关问题的批复》（国函【2001】×号）。

四、批复的基本格式和写法

(1) 标题　批复的标题一般有以下两种写法。

1) 由发文机关名称、事由、批复对象和文种组成，如《国务院关于同意×市城镇住房制度改革试行方案给×省人民政府的批复》。

2) 由发文机关名称、事由、批复问题和文种组成，如《××省教育厅关于不同意××大学增加人员编制请示的批复》。

(2) 正文　批复的正文一般较简短，由批复根据和批复意见两部分构成，有的还要写批复要求。

1) 批复缘由，即正文的起首语，是批复的起因和依据，其写法主要是：

① 简要地引叙来文的请示事项，如“你们关于×××问题的请示已收悉”。

② 引叙来文时间和文号，如“×年×月×日×号文已收悉”。

③ 引叙来文日期和来文名称，如“收到你们×月×日《关于×××同志任职的请示》”。

④ 只引叙请示日期，如“×年×月×日来文收悉”。

批复根据后面一般写过渡句，承上启下。如“经研究（决定），现批复（答复）如下……”，有的也可不写，直接写批复内容，即“同意”。……

2) 批复意见，即对请示问题作出解答或提出处理意见，必要时作出若干指示，指出应该怎样或注意事项，写法有三种：

① 予以同意或批准，不必写理由，可给具体指示。

② 不同意或不批准，要说明理由或根据。

③“基本同意”或“原则同意”，则要写明修正意见或补充处理方法。

3) 批复要求，即写批复的嘱咐、希望和要求，以利于贯彻执行。

(3) 结尾　一般写“此复”、“特此批复”，简短的批复可省略。

五、批复的写作要求

1) 写作之前，必须把情况和问题搞清楚，否则难以明确表态。

2) 批复之时，要主旨明确，态度鲜明，不能模棱两可；给予下级的指示有时需要加以说明，讲明主旨，但议论不宜太多，长篇大论，枝节横生。

3) 措辞要庄重、周密、准确，不能用“关于违反××规定的惩罚办法，最好不执行，因为它违反了上级有关文件精神”等语言。

【例文1】　请求批准的批复

文化部关于同意邀请荷兰、塞内加尔、巴西、德国舞蹈团到×市演出的批复

×市文化广播影视管理局：

你局×文广影视〔2006〕×号请示收悉。经研究，同意×演出经纪有限公司、×文化联谊会与×文化传播有限公司合作邀请荷兰×舞蹈团一行5人、塞内加尔舞蹈团一行5人、

巴西×舞蹈团一行14人、德国×舞蹈团一行3人，于×年×月×日至×日到×演出。

请严格按照《营业性演出管理条例》及其实施细则的有关规定组织演出，并依法纳税。

请你局做好监督检查工作。

此复。

文化部（盖章）

×年×月×日

【例文2】　请求指示的批复

国家税务总局关于使用计算机开具单联式发票有关问题的批复

云南省国家税务局：

你局《关于纳税人使用单联式发票问题的请示》（云国税发〔2006〕45号）收悉。批复如下：

根据《中华人民共和国发票管理办法实施细则》第四条的规定，发票的基本联次为三联。随着计算机技术和电子商务的快速发展，实行网上申报、电子申报，以及使用税控收款机的纳税人不断增多，电子资料和凭证使用的范围也逐渐扩大。

为方便纳税人降低纳税成本，当纳税人提出需要使用单联发票时，凡纳税人能满足以下四项条件的，可比照《国家税务总局关于税控发票印制使用管理有关问题的通知》（国税发〔2005〕×号）第四条第二款的规定使用单联发票：①纳税记录良好；②企业财务管理规范；③保证发票电子存根可靠存储5年以上；④可按期（月或季）向主管税务机关报送发票电子存根数据。

特此批复。

国家税务总局（盖章）

×年×月×日

思考与练习

一、填空题

1. ______是适用于答复下级机关请示事项的公文，它是______行文。
2. 批复的特点是______、______、________和________。
3. 根据批复的不同内容，可以将其分为________、________的批复。
4. 批复时，要________、__________，不能模棱两可。

二、判断题（正确的画对号，错误的画错号）

1. 没有下级机关的请示，如果必要，上级机关也可以批复。（　　）
2. 批复和请示一样，应该一文一事。（　　）
3. 一份批复的标题为：××县教育局关于××学校设备购置费的批复。（　　）
4. 一份批复的开头写道："贵局×农〔2004〕28号请示收悉"。（　　）

三、选择题

1. 下列选项不正确的一项是（　　）。

   A. 批复是下行文　　　　　B. 批复是上行文

   C. 有请示必有批复　　　　D. 由于请示一事一文，所以批复也只能批复一件事

2. 下列说法不正确的一项是（　　）。

   A. 批复是针对下级机关“请示”的行文，是针对请示作出的批答、回复

   B. 批复之时，要主旨明确，态度鲜明，不能模棱两可

   C. 批复具有指令性的作用

   D. 批复是主动行文

四、简答题

1. 简述批复的格式和写法。
2. 写作批复有哪些要求？

五、指出下面这篇批复存在的问题并加以修改

××县人民政府办公室

关于同意该县教育局引进高科技设备的批复

×县〔05〕第×号

××县教育局：

贵局上个月有关引进高科技设备的请示已收到，相关情况已经清楚。关于此事，经县长办公会议多次研究，最终决定如下：

在目前全县经济形势不是特别好的情况下，农业收成不确定，工业产值波动大，各行各业发展极不均衡，县财政又早已实行包干制，总之，引进高科技设备的现实条件还很不成熟，领导们认为还是暂不引进为宜。

此复

××县府办公室（印）

×年×月×日

第七节　函

一、函的概念

函即信，本节所讲的函是公函，即公务书信，又称函件。它是不相隶属机关之间或平级机关之间互相商洽工作、询问和答复问题，向有关主管部门请求批准时所使用的公文。在现代社会交往和公务活动中，函使用广泛，已成为联系工作，交流信息，沟通思想，赢得理解、支持与信任的重要手段和工具。

二、函的特点

1. 适用范围广泛

函可用于平级或不相隶属单位之间商洽工作，告知情况，询问答复问题，也可用于向主

管部门请求批准、审批或答复事项。可见，函的适用范围广，灵活方便。

2. 短小精悍

函主要用于解决具体事务，内容实在，不必详述过程，大发议论，一般比较简短，内容相对单一，语言简明。

三、函的种类

1）依新《国家行政公文处理办法》，函可以分为以下三种：

① 商洽函。不相隶属机关间商洽工作、联系公务，均可发函商洽，如《××市农工商联合总公司关于×年各级管理费列支办法的函》。

② 问答函。用于不相隶属机关询问、答复问题，如《关于同意缓交失业保险金的函》。

告知函包括在这类函中，它类似于通知，但无隶属关系，用通知不妥，故宜用函。一般告知函不要求对方回复，如《××省体育运动委员会关于询问举办全省农民运动会有关项目比赛的函》、《关于施行<药品管理法>有关药品标准延期执行问题的复函》。

③ 批答函。用于不相隶属机关间请求批准和答复审批事项，求批和审批是对应的，如《关于请求增加高级专业技术职务指标的函》、《×省财政厅×省物价局关于调整普通高校毕业生就业收费项目的复函》。

2）按行文方向分为发（去）函、复（回）函。

3）按内容、性质分为公函、便函。

函是正式公文，行文时须采用正式公文的标准格式，它的红色版头是由发文机关名称或规范简称加“文件”组成的。

四、函与请示、批复的区别

（1）函与请示的区别

在公文处理中，请示与请求批准的函都有请求批示或批准的内涵，但二者有明显的区别：

1）请示是上行文，请批函是平行文。

2）请示的制发单位和受文单位之间有隶属的上下级关系，函的制发单位和受文单位之间无隶属关系。

（2）函与批复的区别

1）适用范围不同。函适用于机关单位相互商洽工作，询问和答复问题，向有关主管部门请求批准，而批复是专门用于答复请示事项的。

2）行文关系不同。批复是下行文，仅限于有隶属关系或业务主管关系的上级对所管辖的下级机关行文，函的答复性质是平行文，只是商洽性的联系与咨询性的答复。

五、函的基本格式和写法

（1）标题

1）商洽函。一般由商洽单位名称、商洽事项、文种构成，如《×省×商店供应公司关于请求退赔霉坏变质粉丝贷款的函》。

2）问答函。一般由询问单位名称、询问事项、文种构成，如《国家邮政局关于拟派×××等17人赴香港参加高级管理人员培训的函》。

3）批答函。一般由答复单位名称、答复事项、文种构成，如《国务院办公厅关于建立青海×技术开发区的复函》。

（2）正文　正文是函的主体部分，一般要求直陈其事，就事论事，分别叙述事项，说明主旨、要求或希望。

1）发函的正文由商洽、询问、请批的缘由，事项和结尾三部分组成。

① 缘由。简要提出商洽或询问的主要问题和提出的理由或情况。

② 事项。要写明商洽、询问或请求批准的主要事项。事项介绍要明白、具体，使对方接到函后能了解意图，以便迅速、准确地答复。

③ 结尾。常用以下几种用语："盼复"、"即请回复"、"请研究复函"、"专此函达"、"请予支持，并盼复"。

2）复函的正文由商洽、答复、批准的缘由，事项和结尾三部分组成。

① 缘由。先用引起回复的缘由做起语，告知情况，常用："×年×月×日贵单位×函已收悉"，"×年×月×日贵单位×号函悉"等，再写"经研究，答复如下"、"经×单位（领导）同意，现函复如下"等做承启语过渡。

② 事项。针对商洽、询问或请批事项一一作答，要具体、明确，如内容多，可分条列项。

③ 结尾。一般用"特此函请"、"此复"、"专此函复"，不用"此致、敬礼"。

六、函的写作要求

1）要开门见山，直陈其事，忌词不达意，拐弯抹角。

2）要恳切谦和，有礼有节，表述得体，勿命令、要挟，口气生硬，盛气凌人。

3）表达的意思，提出的办法，商洽或请批的事项要符合实际，尽可能与对方的情绪和心理产生共鸣。

【例文1】

××市××××厂关于代培专业技术人员的函

××大学校长办公室：

为了提高技术人员的专业水平，为振兴东北老工业基地，特请求贵校帮助解决专业技术人员进修培训问题。

我厂准备从今年秋季开始，选派部分技术人员分期分批到贵校进修学习。第一批先选派8人，他们入学后，一切服从贵校管理，我厂也将积极配合贵校做好一切工作。恳请贵校给予支持与帮助。

即请回复。

××市××××厂（盖章）

×年×月×日

【例文2】

××××职业技术学院
关于申请实验实训基地建设贷款的函

中国农业银行××区支行：

我院是经教育部批准，××省人民政府直属的一所普通高等院校，现有在校学生7 800余名。为了抢抓西部大开发的良好机遇，主动适应经济建设对人才的要求，突出高等职业技术教育特点，改善办学条件，努力培养高素质的技术应用型人才，按照学院发展规划及实验实训基地建设规划，学院拟重点建设实施农业等7个实验实训基地，总投资1 500万元。

学院目前建设项目较多，投入较大，基金短缺。为保证我院实验实训基地建设资金及时到位，加快基地建设步伐，学院特向贵行申请贷款1 500万元，期限5年，以学生学费收入逐年归还。

妥否，请审批。

×××职业技术学院（盖章）
×年×月×日

思考与练习

一、填空题

1. 函即____，本节所讲的函是______，即公务书信，又称______。它是不相隶属机关之间或________互相商洽工作、询问和______，向有关主管部门请求批准时所使用的公文。

2. 依新《国家行政机关公文处理办法》，函一般可以分为______、________、________三种。

二、判断题（正确的画对号，错误的画错号）

1. 请示是上行文，请批函是下行文。（　　）
2. 商洽函的标题一般由商洽事项、答复事项和文种构成。（　　）
3. 发函的常用结尾是“盼复”、“即请回复 ”、“专此函达”和“此致、敬礼”。（　　）
4. 复函的事项部分要针对商洽、询问或请批事项一一作答。（　　）
5. 复函的写作要开门见山，直叙其事，恳切谦和，表达得体，符合实际。（　　）
6. 复函的缘由部分常用“×年×月×日贵单位函已收悉”这样的话开头。（　　）
7. 函也要求“一事一文”。（　　）

三、选择题（含单项选择和多项选择）

1. 函适用于不相隶属机关之间（　　）。

A. 答复请示事项　　B. 商洽工作
C. 请求批准和答复审批事项　　D. 询问和答复问题

2. 函具有（　　）的特点。

A. 适用范围广泛　　B. 平等协商
C. 灵活方便　　D. 短小精悍

3. 按内容、性质，函一般可以分为（　　）两种。

A. 发函、复函　　B. 商洽函、问答函
C. 便函、私函　　D. 公函、便函

4. 下列选项中公函标题不正确的一项是（　　）。

A. 外贸部关于选拔出国人才的函
B. 关于请拨购置办公自动化配套设备补助款的函
C. 国务院办公厅关于悬挂国徽等问题给湖北省人民政府办公厅的复函
D. ××市人民政府关于建设××开发区的公函

5. 下列选项不正确的有（　　）。

A. 函有来函和复函之说
B. 上级机关询问下级机关时使用函；下级机关回复上级机关时要用报告，而不能使用复函
C. 上级机关对下级机关不能使用函
D. 函的制发单位和受文单位之间无隶属关系

四、简答题

1. 简述函的基本格式和写法。
2. 简述函与请示、批复的区别。

五、应用文写作

根据下列内容写一份商洽函。

××省技师学院利用假期维修校舍，有8个第二工种班需要上理论课，无法在校面授，故该院向邻近的化工学校租借教室，时间是15天。发函时间是×年×月×日。

第八节　会议纪要

一、会议纪要的概念

会议纪要是适用于记载、传达会议情况和议定事项的公文。它是一种纪实性的文种，适用于传达会议的主要精神和议定事项，以及要求与会单位共同遵守执行的事项，以沟通情况、交流经验、统一认识、指导工作的公文。

二、会议纪要的特点

（1）内容的纪实性　它是根据会议记录或会议中使用的资料进行筛选、整理，撰写而成的，必须如实地反映会议内容，必须是会议宗旨、基本精神和所议定事项的概要纪实，不能随意增删和更改内容，任何不真实的材料都不得写进会议纪要。

（2）表述的纪要性　表述的纪要性体现为择要性，要选择重要会议撰写，一般会议不写；提要性，要在会议记录的基础上通过分析综合，摘其要点，舍其芜杂，不是事无大小，有闻必录；显要性，表述要突出一个“要”字，要对会议内容进行分类、归纳整理，要反映会议的主要精神和主要内容，不能面面俱到。

（3）称谓的特殊性　会议纪要一般采用第三人称写法。由于会议纪要反映的是与会人员的集体意志和意向，常以“会议”作为表述主体，如“会议认为”、“会议指出”、“会议

决定”、“会议要求”、“会议号召”等就是称谓特殊性的表现。

三、会议纪要的分类

会议纪要按内容可分为三类。

（1）日常办公会议纪要　它是机关、团体、事业单位领导集体召开例行会议决定一些具体事宜后所使用的一种会议纪要，主要是用来记载日常办公会议定的事项，如《××公司第十六次办公会议纪要》。

（2）指示性会议纪要　它是根据范围较大的重要会议或重要工作会议整理的会议纪要，这类会议纪要的制发目的是要求与会单位和有关方面周知、备查和必须遵守，共同执行，如《××伤病战士移交安置工作军地领导联席会议纪要》。

（3）座谈会议纪要　它主要是为了探讨、研究、解决重大理论、重要问题、实践课题等研讨座谈会议而使用的一种纪要，如《×××技师学院进一步加强教育教学改革座谈会议纪要》。

四、会议纪要的格式和写法

会议纪要由标题、成文时间、正文三部分组成。

（1）标题　会议纪要标题的写法较灵活，其写法主要有：

1）单标题

① 由发文机关名称、会议名称、文种构成。

② 由会议名称、文种构成。

③ 由会议地点、文种构成。

2）双标题。正题阐明会议的主要内容和精神，副题交代、补充说明会议名称等有关问题，如《群策群力，搞好脱贫致富工作——××县脱贫致富座谈会议纪要》。

（2）成文时间　会议纪要的时间，即会议通过的时间，或领导人签发的时间。要写年、月、日全称，外加圆括号，置于标题之下，居中。也有很多会议纪要的成文时间，直接写在落款处。

（3）正文　正文一般由前言、主体和结尾三部分构成。

1）前言（导语）即会议情况概况，应写明：

① 召开会议的背景、依据等，如根据上级什么精神或什么工作需要而召开。

② 会议宗旨，即会议要解决什么问题，要达到什么目的。

③ 会议时间、地点、会期、主持人、与会人员等。

④ 会议议程和主要活动。

⑤ 会议上主要领导人的讲话内容。

⑥ 会议结果及对会议的评价。

这部分内容要写得简略、概括，把会议的基本情况表达出来。有的在前言之后加过渡句，如“现纪要如下”、“现将会议基本精神纪要如下”等承启下文。

2）主体是会议纪要的核心部分，主要需写明：

① 会议所讨论、研究的内容。

② 讨论的情况或形成的意见和结果。

③ 作出的决定和达成的共识。

④ 今后工作的安排要求和具体措施。

这部分内容应主要用说明性和叙述性的文字表达，写作方法灵活多样，可采用加序号、直接以小标题等方式分层分条叙述式来进行写作或用综合报道的方式来进行写作。座谈会纪要，可采用记录式写法，即按会议发言的顺序或研讨的几个方面问题的发言顺序，把座谈会的意见、要点或发言人所讲的基本主旨、从属主旨和相关内容写出来。

会议纪要常用“会议认为”、“会议指出”、“会议提出”、“会议决定”、“会议听取了”、“会议讨论了”、“会议研究了”等来集中概况地反映会议的中心议题。

3）结尾一般提出希望、号召，要求与会者或有关单位认真贯彻会议精神，也可提出具体措施与要求，有的会议纪要没有结尾。

五、会议纪要的写作要求

1）阐述要清楚，交代要具体，否则就无法贯彻执行。

2）观点要鲜明，是非要分明，对讨论中有争论的问题要表明态度，以免造成障碍和损失。

3）整理要忠实，要点要突出。

4）语言要简练，判断要准确。

5）条理要清楚，概括要完整。纪要应分条、分层叙述，避免出现杂乱无章、前后矛盾的现象。

六、会议纪要与会议记录的区别

会议记录是如实记录会议的情况、与会人员的发言、作出的决定等的原始材料。要做到有会必录，逐项记载，原原本本地记录原文原意。会议记录的内容要详尽、具体和全面，作为内部材料，应存档备考，不能上送、下达、印发。会议记录是产生会议纪要的基础，也是整理会议纪要的原始性材料。

会议纪要是对会议中心议题，指导思想，会议目的、要求、基本精神及决定事项加以归类整理形成的。它应是择其要点，重点反映，以上传下达，统一认识，推动工作的一种工具，也是传达会议信息的主要媒体之一。它可以印发至有关所属或其他单位。

【例文】

××市人民政府第一次经济普查领导小组第一次会议纪要

（×年×月×日）

×年×月×日，市委常委、市政府常务副市长刘××主持召开了××市人民政府第一次经济普查领导小组第一次会议。市政府副秘书长、办公室主任涂××，市统计局局长傅××、副局长单××，市发展计划委员会副主席雷××，市财政局副局长彭××及市委宣传部、市编办、市经贸委、市民政局、市建设局、市教育局、市卫生局、市民营企业局、市质量技监局、市工商局、市国税局、市地税局有关同志参加了会议。会议首先听取了傅××同志关于全省经济普查工作会议主要精神的传达汇报以及我市经济普查下一步工作的打算，并就有关问题进行了研究。会议结束时，市委常委、市政府常务副市长刘××作了重要讲话。现将会议主要精神纪要如下。

一要统一思想，高度重视。经济普查是国务院交给各级政府的一项重大而艰巨的任务，是一项重要的政府行政行为，是我们义不容辞的责任。搞好经济普查，能够更好地摸清家底，有效解决常规统计调查资料不够完整、不够精确等问题，为各级党委、政府领导进行宏观决策、编制国民经济和社会发展“十一五”规划提供科学的依据。各级、各有关部门要从讲政治、顾大局的高度，充分认识搞好经济普查的重要意义。

二要紧密配合，通力协作。经济普查是政府的一项重要工作，各有关部门要牢固树立“一盘棋”的思想，服从经济普查领导小组的统一指挥，按照全市普查的统一规划和工作安排，需要有关部门提供的普查资料，要无条件地支持和配合。经济普查领导小组各成员单位都是经济普查工作的主要责任部门，要充分发挥各自的职能作用，切实担负起自身的责任，按时保质地完成自己承担的普查任务。宣传部门要做好宣传计划，建立宣传网络，充分发挥舆论导向作用，为经济普查工作的顺利进行营造良好的社会氛围。

三要周密部署，精心操作。经济普查领导小组办公室设在统计局，统计部门要切实履行职责，精心组织实施，严格按照国务院、省政府的部署和要求，充分考虑普查过程中可能出现的各种困难和问题，结合我市的实际情况，周密筹划，合理安排好普查的每一项工作。要吃透上级精神，细化具体工作，少搞形式，多做实事。

四要厉行节约，确保必需。要按照全国、全省的要求，坚持“分级负责，分年拨付，列入预算，确保需要”的原则，想方设法，积极筹措，确保本级普查所必需经费的落实。各级普查机构要精打细算，把有限的资金使用好。

五要加强指导，保证质量。为搞好经济普查工作，普查办的同志要主动工作，不辞辛苦，特别是要加强对基层经济普查工作的督促检查和技术指导。各级普查机构要严格执行国家的普查办法，确保无偏差、不走样。对于一般性的工作，要大胆安排布置；需要政府出面的工作，各级政府要出面协调解决，市政府由涂××副秘书长负责经济普查的协调工作。

会议最后强调，各地、各部门要密切配合，通力协作，各司其职，各负其责，以扎实的工作作风、一流的工作业绩，圆满完成我市的经济普查工作任务。

思考与练习

一、填空题

1. 会议纪要是适用于记载、________和_______的公文。

2. 会议纪要的主要特点是________、________和________。

3. 会议纪要按内容可分为________、________和________三类。

4. 双标题会议纪要的正题阐明会议的主要_______和_______，副题交代________和_______说明会议名称等有关问题。

二、判断题（正确的画对号，错误的画错号）

1. 会议纪要由标题、正文、成文时间三部分组成。(　　)

2. 会议记录就是会议纪要。(　　)

3. 会议纪要是在会议记录的基础上形成的行政公文。(　　)

4. “现将会议基本精神纪要如下”是过渡句，由这句话过渡到文章的主体部分。(　　)

三、选择题

1. 下列选项中表述不正确的一项是 (　　)。

A. 会议纪要阐述要清楚，交代要具体，否则就无法贯彻执行

B. 会议纪要正文由前言、主体和结尾三部分组成

C. 会议纪要结尾一般提出希望、号召，但不需要提出具体措施与要求

D. 会议纪要是适用于记载、传达会议情况和议定事项的公文

2. 下列选项中表述不正确的一项有 (　　)。

A. 会议纪要的标题只用“会议纪要”四个字即可

B. 会议纪要的前言必须说明召开会议的背景、依据

C. 会议纪要的主体必须能够反映会议的主要精神

D. 会议记录是如实记录会议的情况、与会人员的发言、作出的决定等的原始材料

四、简答题

简述会议纪要和会议记录的区别。

第七章　书信、日记

7

学习目标

1. 理解并掌握一般书信的概念、格式及写法并能撰写规范的书信。

2. 掌握日记的格式、读书笔记的种类，并能写日记以及做读书笔记。

第一节　一般书信

一、一般书信的概念

一般书信是亲友、同志之间，交流思想、互通情况、商讨问题或有事相求时所使用的一种应用文。

二、一般书信的基本格式和写法

一般书信由信笺和信封两部分组成。

1. 信笺

信笺是信的内页，即书信的内容，一般由称呼、问候、正文、祝颂语、落款、附言等几部分构成。

（1）称呼　它是对收信人写的第一句话，写在第一行顶格，后加冒号，独占一行。一般是平时口头怎么称呼，书面上就怎么写。具体可分为以下几种情况：①对同学、朋友和同事，在姓名后加上“同学”或“同志”；②对亲戚按辈分相称，有的前面加名字，有的只写称呼；③对特殊对象和特定的时候，在写信对象的姓名前后需加修饰语和后缀语，或者只写一种，不写姓名；或在姓前只加个“老”字（年纪小的加“小”字）。这些都要根据往来疏密、辈分高低、思念缓急，甚至相隔的远近程度而决定采取哪种修饰语和后缀语。例如，“敬爱的爷爷奶奶”、“亲爱的爸爸妈妈”、“尊敬的王老师”、“尊敬的李主任”、“尊敬的吴师傅”，或者只写“爷爷奶奶”、“爸爸妈妈”、“王老师”、“李主任”、“吴师傅”、“刘会计”、“张科长”等，要视具体情况酌定。有时为了表示对妻子或下辈的亲爱，可称“××爱妻”、“××吾儿”、“××侄儿如面”，也可以直呼其名。年长的同辈人，可以只写“老张”、“老王”，对德高望重的长者，多称“张老”、“王老”；对下辈同事或其他单位的年轻人，可称“小张”、“小王”等。

（2）问候　第二行空两格写问候语，长者多问候身体，余下则问候学习、工作、生日、节日等。运用礼貌语言，使对方感到亲切、安慰和受尊敬，如“您好”、“你们好”、“近好”、“预祝生日快乐”、“表示节日的问候”、“福体近安”等。

（3）正文　这是信的主体部分，可分以下几个内容：

1）叙述收到对方来信的时间，简述对方上次来信的主要内容，或者向对方表示问候、想念之类的话，使人感到亲切，得到安慰。这些话，要写得简洁得体，切忌写冗长的客套话，一般单独占一行。

2）另起一行，写自己主要要说的话。分层次叙述清楚。如果事情多，一件事写一段。重要的事放在前面写，次要的事放在后面写。为了加深印象，有时在最后把前面的事简略地概括一下。

3）最后，或者谈点私人方面有趣的事，留给对方一点余味；或者要求对方来信，加强联系，以示亲切和亲密。

（4）祝颂语　主要写表示祝愿或敬意一类的话。在正文写完之后，另起一行空两格或紧接着正文末行写“此致”、“祝你”或“敬祝”；再另起一行顶格写“敬礼”、“进步”或“安康”等之类敬辞。祝愿的话，因具体对象和具体情况的不同而各异。

（5）落款　在信写完后的右下方写上自己的姓名和写信的时间。署名在上，时间在署名下一行右边。

署名多种多样。对陌生对象，要写明详细地址和姓名；对老师也要写清姓名，供老师回忆和查找。对最了解自己的人，只写名字不写姓，或者只写名字中的一个字，或乳名，或趣名，有的只标明关系，如“爱妻”等。名字前面还有各种称呼，如“儿××”、“您的学生××”等。

（6）附言　附言有四种情况：

第一，附告详细地址。初次通信或写信人的地址有变动，应把通信处或详细地址通知对方。

第二，托带问候的话。如“请代问婶子好”。有的是别人托写信人代向收信人问候，如“姐姐附笔问安”。

第三，附件说明。信中附有照片、票据等，要加以说明。

第四，附加的话。信写完以后，发现还有内容要补充，可以加在后面。为醒目起见，常见“另”、“又”或“还有”开头。或先写附加内容，最后注明“又及”或“某某（写信人的名字）又及”作为结束。

2. 信封

分横式和竖式两种。横式信封自上而下的第一行写收信人的邮政编码和详细地址。中间一行写收信人的姓名（字要写大一点）和姓名后面的“收”或“启”等字样。在姓名后面，不要写与收信人的关系，如“父亲”、“儿”等，一律写“同志”或“先生”、“女士”。最下一行写写信人的邮政编码、详细地址和姓名（多数只一个字）后面加上一个“缄”字

（或“寄”字）。

竖式信封，从右至左，第一竖行写收信人的邮政编码和地址；中间一竖行写收信人的姓名和“同志”（或“先生”、“女士”）“启”；最左边一竖行写发信人的邮政编码和地址等。

上述情况，主要针对邮政信件。如是托人捎带的信件，则应该在信封上方偏左的地方，视具体情况，写上“请交”、“面交”、“烦交”等字样。如捎信人熟悉收信人的地址，则不必写出收信人的地址。写信人的地址一般也省略，只写“××托”、“×××拜托”即可。有时，为了表示对捎信人的尊重与信任，或信件的内容一般，不涉及公私秘密者，信封以不封口为好。

三、一般书信的写作要求

1）书信是人们借助文字交流思想感情或互通信息的一种方式，它的格式是特定的，所以一般书信，要严格地依据格式去写，而不可随意改变格式，给人不够尊重不够礼貌之感。

2）书信是交际的工具，所以有什么话就直截了当地写出来，一般无须含蓄婉转，它的语言要口语化，不能文白相间、不伦不类。

3）书信中的称呼和措辞要倍加注意，称呼要根据双方的亲疏程度，由个人来定，但求恰当，不失礼貌，以免引起收信人的不满，影响彼此的关系。

信件不能用铅笔书写，以防模糊不清，也不要用红笔书写，这会被认为是绝交信。一般用毛笔、蓝水笔或圆珠笔书写。信纸一般用专用信纸或稿纸，切不可随便捡一片纸就写信。

4）不要为写信而写信。人们写信大都事出有因，不能不写，此时就会一气呵成，情感之气韵流贯始终。若应付差事，赘言连篇，不仅会让对方反感，也会造成彼此关系的疏远。

5）信件书写务求字迹工整，不要出现错字、别字，写完信后通常应检查一遍，看看所需传达的信息是否全部写出，同时检查是否存在错别字或语句不通的现象。信件一定要保持清晰整洁，不可涂抹太多。

【例文1】　问候同学的信

××同学：

我因双亲年老，不能回到远方读书，所以现在已转学到二中。我们两年同学，情谊又很融洽，这次忽然分别，当然有说不出的难受。况且你品行学问比我好，我平时向你请教已成习惯。转学以后，我将茫然无所适从，想到这里，心中很不好受。我能猜想你听了我的情况后的心情，可是有什么办法呢？人生聚散无常，谁都免不了这一遭呀！

我们退一步想，人虽然住在两地，两颗心却把我们牵在一起，我们有的是笔，有的是纸，以后多通信！徒然悲伤，济得什么事？

等候你的回信！

祝

学习进步！

学友：××敬启

×月×日

【例文2】 问候老师的信

李老师：

离开母校已有半年，想起老师往日对我们的教诲，学生至今难忘，我时刻想念您！

我毕业后就返乡务农，在科学种田的过程中，我深深地感到科学文化知识是多么重要。我到书店买了一些农技科普读物，想让自己尽快学会科学种田的本领。

老师，您对我辛勤教导的恩德，我是不会忘记的，我虽然已离开了母校，但时常回忆无忧无虑的学生时代，怀念辛勤培育我们的园丁。今天学生特地给老师写信致思慕问候之情。希望有机会照常得到您的教诲。

敬颂

教安！

学生：××敬上

××月×日

【例文3】 问候远方朋友的信

××：

随着日历的撕去，天气已由炎热的暑天进入凉爽的秋季了，我在这里默默地祝颂着，你的起居定多佳吉。

足下和我虽属萍水相逢，认识未久，但你是个至情至义的人，我们一见如故，变成知己，也可说是有缘，可惜现在又远远地分在两地。人非草木，孰能无情。想到这里，心中颇为惆怅，想必你也有同感吧！

不知你何时再来我这？假如来，请先通知，我去接你。最后，希你时常来信，祝你幸福快乐！

友：××谨启

×月×日

【例文4】 问候病人的信

××弟：

分手两个多月，甚是惦念。昨日，我得知你患××病，已入院治疗。这种病我在一家医学杂志上看到过，要注意饮食调理，中药治疗效果较好，我推荐你找中医看看。只要你治疗及时，想必会很快痊愈。

身体是工作的本钱，我们都还年轻，小病小灾抗一抗就过去了。望你多多保重，好好休养。

祝你：早日康复！

哥：××

思考与练习

一、填空题

1. 统一的邮政编码是由______位阿拉伯数字组成的。

2. 一般书信由______和______两部分组成。
3. 收信人的邮政编码应写在信封的________位置。
4. 书信的内容一般由称呼、______、正文、______、______和落款组成。

二、判断题（正确的画对号，错误的画错号）

1. 目前国内统一的邮政编码是由7位阿拉伯数字组成的。（　　）
2. 收信人的邮政编码应写在信封左上方空格内。（　　）
3. 寄信人的地址、姓名可以不显示在信封上。（　　）
4. 信封上收信人的姓名可以省略，改用昵称表示。（　　）
5. 信笺是书信的内容，一般分为称呼、问候语、正文、祝颂语、落款几部分。（　　）
6. 在写一般书信的时候，为了表示对收信人的重视，应先谈自己的事情。（　　）

三、选择题

1. 寄信人的邮政编码应写在信封的（　　）。
   A. 左上角　　B. 左下角　　C. 右上角　　D. 右下角
2. （　　）不属于一般书信的内容。
   A. 标题　　B. 称呼　　C. 问候语　　D. 落款
3. （　　）的署名可以写小名或昵称。
   A. 感谢信　　B. 一般书信　　C. 求职信　　D. 慰问信
4. 一般书信的信封上不包括下列（　　）一项。
   A. 问候语和祝颂语　　B. 收信人和寄信人的邮政编码
   C. 收信人的姓名　　D. 寄信人的地址

四、应用文写作

请给你远在外地的同学写一封信，介绍你在学校的学习和生活情况。

第二节　日　　记

日记，顾名思义，就是记下自己当天的言行、见闻、感想中有意义的部分。作家碧野说过："不论是中学生还是中专生，在这幸福的年代里写下的日记，是最明净的心灵的镜子。它的最大魅力，是纯真的情，稚嫩的美。"由此可见，日记是对自己生活观察的真实记录。它所描写的人物、记叙的事情都是实感真情，是实事求是的，而不是生编硬造的。生活中的喜怒哀乐皆可入笔。因此，一般来说日记是不便公开的，它是作者写给自己看的。日记之所以会成为老师们训练作文的一种方式，是因为日记具有自由、真诚、灵活的特点，其内容可多可少，其题材可宽可窄，其方式可叙可议……因而适合学生练笔。

一、日记的基本格式和写法

日记的格式比较固定，也比较简单。日记的第一行写明日记的月、日（第一篇要点明年份）、星期几及天气情况，然后在下一行即可开始写正文。在必要的时候，也可以根据内容及中心思想为日记加上标题。

二、日记的内容

日记的内容取材于现实生活，因而可写的内容很多，一本书、一件事、一个人、一个景致……都可以进入作者的构思。它可以是一篇结构完整的文章，也可以是片言只字。

三、日记的写作要求

日记的内容必须真实，感情必须真挚，这是日记写作的最基本的一点。唯有如此，日记才称得上是每个人在“生活道路上印下的足迹”。日记是自己生活的一面镜子，如果歪曲现实，闭门造车，那只能是自欺欺人，掩耳盗铃，这也就失去了记日记的意义。

日记的主题要集中，特别是写叙事日记，既要叙述具体，又不能记“流水账”。在日记中抒发感受时，切忌泛泛而谈，只停留在表面，因为只有揭示出生活的本质意义，才能获得对生活的独特感受。

【例文1】

映 山 红

×月×日　星期一　晴

映山红是美丽的，我怀念故乡的映山红。

暮春三月，春意盎然，千山芳草凝碧，万树飞花点翠。你燃起千万丛篝火，在山麓、在原野，激动地夸耀着四月的绚丽。

你像大自然抖开的丝绸铺在山冈，又像春天展开的锦缎盖在斜坡。啊，映山红，你炽热而无邪，华美而不妖，你是春天的骄子！

我怀着欣喜的心情，从山野采来一束欲放的花苞，用透明的墨水瓶，用清澈的泉水，用我洁净的信念，小心谨慎地侍养着你，像孕育我的希望。夜里，你的倩影撞入我的梦里，我感受到有甜蜜的欣喜从唇边溢出。

次日醒来，花开了，鲜红鲜红的一束，每一朵像一位少女，朝我含情脉脉地微笑，启开了朱唇，羞答答地半露玉齿。我急切地捧在手心，端详着。啊，映山红，你是要对我吐露你心中的秘密么？你是一组动人心弦的抒情诗，是一曲昂扬激越的赞美歌。想着、看着，我脸红了，心急了，血沸腾了。啊，春天握在我手里了。

远处杜鹃鸟清脆的啼鸣声，像一支支无形的梭，牵着我的心飞翔在春天的旋律中，我忘却了淡淡的乡思而倍感兴奋。

故乡是遥远的，故乡的映山红是美丽的。

【例文2】

一　　天

×年×月×日　星期五　晴

今天，是我最幸福的一天，也是令我终生难忘的日子，因为我将在这里——首都北京和来自全国各地的小发明家们共同参加“第四届全国青少年科学创造发明比赛”，而今天，则是大赛举行开幕式的日子。

早晨八点钟左右，我们便来到了举行开幕式的大本营——宋庆龄儿童科技馆。穿过油漆铁门，进入一个宽阔的场地，这里四周环绕着油漆铁栏杆，鲜花与松柏的清香阵阵扑面而来，令人心旷神怡。向右一拐，迎面是一所高大雄伟的楼房，写着几个金塑大字：宋庆龄儿童科技馆。右侧也刻着一行金塑行书，是邓小平爷爷的题词：教育要面向现代化，面向未来，面向世界。我们排着整齐的队伍，伴着雄壮有力的鼓号声走进会场，各位领导和科学家们也陆续入场。望着那一位位和蔼可亲的叔叔伯伯们，我的心幸福地怦怦跳个不停，胸脯随着乐曲一起一伏，多么激动人心的时刻呀！电视台的记者忙着录像，各新闻单位的记者也抓紧时机抢镜头，我们沉浸在热烈而庄重的气氛之中。主持人介绍了这次大赛的概况以后，北京市副市长讲了话，我聆听着，直到讲话结束了，头脑中还萦绕着这么一句深含哲理的名言：创造力与想象力和知识量成正比，与惰性成反比。是的，我一定要将它牢牢地铭刻在心里，并把它作为自己行动的指南，使自己成为一个创造型人才。

一阵雷鸣般的掌声把我从沉思中引回现实，猛一抬头，啊！原来是国家教委副主任和著名科学家钱三强爷爷亲自来为大会剪彩了！我的心里又涌起一股暖融融的幸福浪花。我们从祖国的四面八方来到这令人向往的北京，看到的是整洁、壮丽的市容，听到的是“小发明家”“小科学家”的光荣称号，得到的是师长们无微不至的关怀与伙伴们纯真、亲密的友情，我们被幸福包围着。这里虽然没有自己的父母兄弟，但是，我们之间却比亲人还亲；这里虽然不是自己的故土家乡，但是，我却感到比家乡更温暖！今天，一些国家领导人和著名科学家亲自出席大会，并且接见了我们，更使我们感到了党和国家对青少年科技活动的极大重视，我们怎能不激动万分呢?!

乐曲声又奏响了，我们迈着矫健的步伐进入宋庆龄儿童科技馆布展，将自己的作品或模型放入本省的展柜里，等候新闻界人士的参观和评委们的提问，并随时进行答辩。钱三强爷爷来到我们省的展柜前了！他拿出其中的一件作品和我的伙伴交谈着，慈祥地微笑着，不断地点头。记者们赶紧抢拍下这感人的一幕，镁光灯照亮了整个大厅，就这样，我们度过了一天的幸福时光。

晚上，我的心情仍然久久不能平静，躺在床上辗转反侧，不禁想起了邓颖超奶奶的题词：人小志气高，努力去创造。从小准备好，长大立功劳。

【例文3】

观察日记三则

母鸡夸蛋

10月28日　星期日　晴

我家养有一只老母鸡，她的嘴坚硬，脚和爪粗壮，羽毛色彩光润，很逗人喜欢，但我今天却非常讨厌她。

正午十二点过五分时，老母鸡下了蛋，兴致勃勃地飞出窝来，伸长脖子四下张望，尾巴翘来翘去地满院子走着，扯起嗓门高喊着，好像说：“我下了蛋，个个大，我下了蛋，个个大……”

从院子走过去的人，听到老母鸡的叫声，高兴地笑了；树上垒窝的喜鹊听见了也笑呵呵地向她表示祝贺；我听见了也很高兴，还撒了把米来喂她。

老母鸡伸长脖颈，头一低一仰地吃完了米，见大家再不理她了，便骄傲地把脖子一扬，扑棱棱地飞到墙头上大叫起来：“我下了蛋，个个大……”性情急躁的喜鹊正忙着垒窝，听见母鸡叫，仿佛生气地呵斥道："夸啥，夸啥，下了蛋又有什么了不起，吵得四邻几家不得安宁。"母鸡听了怒气冲冲地说："住嘴，你不尊重我的劳动，我偏要喊'我下了蛋，个个大，我……'"母鸡使劲地叫啊叫啊，吵得喜鹊生气了，吵得邻居小孩睡不成觉，吵得我复习不成功课。我听得实在不耐烦了，拿起竹竿朝母鸡打去，母鸡见势不妙，只好哇地一声从墙头上飞下来，束起羽毛快速地跑了。

冬 雪

1月25日 星期四 中雪

"忽如一夜春风来，千树万树梨花开。"

今天早晨打开门，只见眼前一片银白，到处铺满了雪花，各种树木都开着洁白的花朵。此时，纷纷扬扬的雪花从神秘的天国继续飘下来，落在田里、路上，滋润着万物，给小麦盖上了厚厚的银白色的被子，给人们来年的丰收带来了希望。

走在路上，极目远眺，千里江山变成了粉妆玉砌的世界。进了校园，那落了叶的树木上，挂满了毛茸茸的银条儿；那些冬夏常青的柏树上挂满了蓬松松、沉甸甸的雪球，一阵风吹来，树木轻轻地摇着，那美丽的亮晶晶的雪球就簌簌落下来。

雪，在不停地落下，多么洁白的雪啊！

客 人

9月10日 星期四 晴

上午，我在家里温课。忽然门外一声询问："张书记在家吗？"我放下手里的书，准备迎客。

门帘揭开了，客人已经走了进来。"您来了，请坐！"我一边说，一边打量着来人。只见他三十上下年纪，干部模样，大个儿，略胖，肤色黑红，满面笑容。他手提一个蓝色帆布大提包，装得圆鼓鼓的，他随手把提包放在桌上，我便递水给他："请喝水！"我不会陪客，不知再说什么好。"你爸爸啥时下班？""十二点。"这时，他从提包里取出一包糖和几个大苹果，先让我，我不吃，便笑眯眯地给弟妹们又塞糖，又递苹果，还说："咱们都是同乡，是亲戚。"最后对我说："这东西给你们家，明天下午再来看你爸爸。"

第二天下午，他又带着一些东西，同昨天一样，异乎寻常地热情大方，满面笑容。爸爸回家，他们相见了。爸爸退了他的东西。啊？他不是我家的亲戚？他是求爸爸帮他调工作的，从乡下调城里。

原来如此。

思考与练习

一、填空题

1. 日记是对自己生活观察的________记录。

2. 必要时，日记可根据内容及中心思想加上________。

二、判断题（正确的画对号，错误的画错号）

1. 日记可以"备遗忘，录时事，志感想"。（ ）

2. 日记具有持续性、真实性、灵活性、典型性的特点。(　　)

3. 日记从内容和写法上大致可以分为备忘式日记、纪实式日记、随感式日记、研讨式日记四种。(　　)

4. 给老师看的日记可以适当虚构。(　　)

三、选择题

1. 下列不属于日记特点的一项是（　　）。

A. 持续性　　B. 真实性　　C. 约束性　　D. 典型性

2. 下列可以没有署名的一项是（　　）。

A. 报告　　B. 通知　　C. 日记　　D. 请示

四、应用文写作

根据自己当天的言行、见闻或感想写一篇日记。

第三节　读书笔记

一、读书笔记的概念

读书笔记是在阅读书籍报刊过程中，对其中的重要内容，有用的资料，以及阅读时的体会、感想和见解所作的记录。

二、读书笔记的作用

(1) 作读书笔记可帮助记忆，弥补脑力不足，有效提高读书效率。

(2) 作读书笔记可锻炼思考能力。读完书用笔记记下来，想一想，这便是思考，常思考，可锻炼人的思维的条理性、逻辑性和分析综合能力。

(3) 可积累有用材料，开阔视野，提高语言文字表达能力。

(4) 做笔记会产生新的思考，有利于发现新问题，有利于研究新问题。

三、读书笔记的种类

读书笔记种类很多，一般分为四大类。

(1) 摘要式　摘要式读书笔记即将书中或文章中一些重要观点、精彩精辟语句，有用数据和材料摘抄下来，目的是积累各种资料，为科研、教学、学习和工作做好准备。可按原书或原文系统摘录，也可摘录重要论点和段落，还可摘录重要数字。

【例文 1】

人最宝贵的东西是生命，生命属于我们只有一次。一个人的生命是应当这样度过的：当他回首往事的时候，他不因虚度年华而悔恨，也不因碌碌无为而羞耻，——这样，在临死的时候，他就能够说："我整个的生命和全部的精力，都已献给世界上最壮丽的事业——为人类的解放而斗争。"

摘自《钢铁是怎样炼成的》

（2）评注式　评注式笔记不单要摘录，还要写出自己对这些要点的看法和评价。常用方法有书头批注，即在书中重要的地方用笔打上符号或在空白处加批注、折页作记号；也可用提纲方法把书和文章论点或主要论据扼要地记叙下来；还可用摘要式综合全文要点、记下主要内容；读完全书或全文对得失加以评论也是一种方法。

【例文2】

刚从远处看到的那个笔直的山峰，就站在峡口上，山如斧削，隽秀婀娜。

（刘白羽《长江三日》中的一句）

按：用“隽秀”形容“笔直的”、“如斧削”的“山”尚可，而用“婀娜”来形容就不妥当了。“婀娜”是形容姿态柔软而美好，“如斧削”一样笔直的山峰怎么能给人以柔和的感觉呢？可以把“婀娜”改为“挺拔”。

（《语文短评·顾此失彼》）

（3）心得式　心得式读书笔记即读后感，是读书或读文章后写出的自己的认识、感想、体会和启发。常用方法有：札记，是摘记要点与心得结合的产物；心得，也叫读后感。将读书体会、感想、收获写出来，综合观点、见解，提出自己的看法并记录下来，也是很好的读书方法。

【例文3】

古人说：“案头书要少，心头书要多。”其实这两句话是有因果关系的。案头书多，不能专精，心头的书便多不起来。但是，心头的书，乃是平时生活和案头积累起来的。

（《北京晚报》1981年5月18日）

（4）记载式

1）笔记本。成册笔记本可用来抄原文、写提纲、记心得、写综述。长处是便于保存，缺点是不便分类，但可按类单独成册。

2）活页本。活页本可用来记各种各样的笔记。长处是便于分类、节约纸张和日后查阅。

3）卡片。卡片的好处是便于分类，可按目排列，便于灵活调动又节省纸张，但所能容纳的篇幅小，内容不宜长。

4）剪报。把报纸和有用的资料剪下来，长文章可贴在笔记本或活页本上，短小的材料可贴在卡片上。剪报材料可加评注，也可分类张贴，要注明出处，以便使用。

5）全文复印。重要的读书材料，为保持完整性，可全文复印编目分类留用。

思考与练习

一、填空题

1. 读书笔记一般可分为________、________、__________、记载式四大类。
2. 我们常说的读后感即为_________读书笔记。
3. 剪报是______读书笔记的一种。
4. 读书笔记是在阅读书籍报刊过程中，对其中的重要内容，有用的资料，以及阅读时的体会、______和______所作的记录。

二、判断题（正确的画对号，错误的画错号）

1. 读书笔记种类很多，一般可分为摘要式、评注式、心得式、记载式四大类。(　　)
2. 作读书笔记可帮助记忆，弥补脑力不足，有效提高读书效率。(　　)

第八章　启事应用文

8

学习目标

1. 熟悉和掌握启事、海报的基本格式和写法。
2. 能根据实际需要撰写各种类型的启事，设计不同形式的海报。

第一节　启　　事

一、启事的概念

启事是公开的简便文告。“启”是陈述、告诉人的意思，“事”就是事情。启事，就是把事情陈述出来、告诉大家。凡是机关团体、企事业单位或个人有什么事要提请公众注意，希望大家帮助的时候，就把它写成文字张贴出来，或登在报纸杂志上，或让电视台、广播电台播出，这种公开发表的文字，就是启事。

二、启事的特点

1）发布寻求参与、合作的事项，相关者可以自愿参与。
2）应用广泛，机关、社会组织、个人都可以使用。
3）宣布方式多样，可以通过媒体发布，也可以按照规定张贴。

三、启事的类型

启事可分为三大类：第一类是征招类启事，包括招生、招聘、招标、招工、招领、征稿、征婚、换房等启事；第二类是声明类启事，包括竞赛、讲座、开业、停业、迁移、更正、更期、更名、遗失、作废、解聘、辨伪等启事；第三类是寻找类启事，包括寻人、寻物启事等。

四、启事的基本结构和写法

启事由标题、正文、落款三部分组成。

(1) 标题　启事首行正中写标题，要用大字醒目地写出，如“招聘启事”、“寻人启事”等，有时在“启事”之前加上“重要”等字样，有时将“启事”两字省去，只写“招聘”、“寻人”。

(2) 正文　标题下一行空两格开始写正文。正文的内容一般包括目的、意义、原因、特征、待遇、条件等。正文部分是体现各种启事不同性质和特点的关键部分，应依据不同启事的内容和要求，变通处置，注意突出启事的有关事项，不可强求一律。例如，寻物启事应着重交代丢失物品的名称、特征、时间、地点，失主姓名、住址或单位名称、地址，发现后交还的办法和酬谢方式等；开业启事则应写明开业单位的名称、概况、性质、地点、经营项目和开业时间等内容；招聘启事一般包括基本情况、招聘对象、应聘条件、招聘待遇、招聘方式等内容。因此，这部分要写得具体、明白、详细，连细节也要写清楚，不能含糊。

(3) 落款　落款由署名和日期两部分组成。署名即写启事的单位名称或个人姓名。署名，署全名，如果是单位，最好盖上公章。在署名之后，要写启事的年、月、日，并附上联系地址和电话号码、电子邮箱等，有时还要把乘车路线写明。

五、启事的写作要求

1）情况要真实可靠。启事是公开说明某事或希望公众予以协助办理或帮助做某事，其内容必须完全真实，不得弄虚作假，否则就是欺骗他人。

2）内容要单一清晰。启事要做到一事一启，不要几件事情放在一个启事中去写，否则启事的内容就会芜杂，重要的事情就会湮没其中。

3）语言要简明扼要。启事都是张贴在公共场所或报纸杂志的某一角落，所占篇幅有限，所以语言要尽量写得简明扼要，通俗明白，让人一看就懂，不宜将细节一一写清，更无需描写渲染。

4）启事的读者极为广泛，没有指定对象，因此开头一般不用称呼。

六、启事与通知的不同之处

启事与通知有相同之处，都具有告知性，但两者又有明显的不同。

1）通知是机关应用文，启事是一般应用文。

2）通知所告知的对象是特定的，启事所告知的对象是不确定的。正因为如此，通知不具有广泛性，而启事具有广泛性。

3）通知要求被通知的人遵照办理，语气是要求；启事不能要求所告知的对象照办，只能请求协助办理，语气是希望。

4）通知不以个人名义发，一般要盖公章；有些启事可以个人名义发，可不盖公章。

启事同广告也有相同之处，都具有广泛的告知性，但两者也有明显的区别：广告是推销商品、招徕顾客的一种媒介；启事则是告知事项的一种手段。广告以商品为内容，启事以事件为内容。

七、“启事”与“启示”的区别

要注意的是，“启事”不能写成“启示”，前者是公开陈述，后者则是启发指示，二者风马牛不相及。因此，写作者用字一定要规范，不要把“启事”和“启示”混淆了。

启事属于一般性的宣传、告知或请求，不具备任何法令性、政策性，也没有任何强制性和约束力。启事的对象可以参与启事中所要求的事，也可以在集体与集体之间、个人与个人之间、集体与个人之间，通报信息，相互联系，处理事情，应用范围相当广泛，使用也很简便易行。

【例文1】

招领启事

昨天晚上8点，我在体育器材办公室门口拾到钥匙一串，请失者到校门卫张师傅处认领。

拾者

×年×月×日

【例文2】

寻物启事

今天上午7点，本人在公交8路车五角场东站候车时，不慎遗失公文包一个，内有重要合同、票据及现金支票等物。本人现万分焦急，恳请拾到者速打电话（电话号码）与我联系，我将立即前往认领，当面致谢并给予酬金壹仟元。

××工贸公司业务部　李×

×年×月×日

【例文3】

××律师事务所
招聘启事

××市××律师事务所是一所经政府司法机关批准成立的合作制律师事务所，主要从事房地产、知识产权、金融、证券、商务、劳动等方面的法律业务。因业务发展需要，经××市人才服务中心批准，现诚聘下列人员：

一、专职律师2名。条件：①已具有律师资格；②大学本科以上学历，会一门外语；③身体健康；④档案存在人才交流中心。

二、文秘1名。条件：①女性，年龄在22岁以下；②能熟练使用现代办公用品；③身体健康；④高中以上学历。

我所对专职律师设有灵活的取酬方式，专职律师可以根据自己的能力作出选择。

有意者，请将本人简历（附照片）寄至××市×区××大街36号×宾馆619或622房间。
邮编：××××××
电话：×××××××
谢绝来访，来信必复。

【例文4】

迁移启事

因办公大楼维修，自即日起文学社、记者团、校刊编辑部迁移至综合楼304室办公，投稿箱、意见箱也迁至综合楼正门处。欢迎全体同学到新址联系工作，投送稿件。

院学生会
×年×月×日

【例文5】

“感受文化经典”大学生征文启事

为进一步在校园中营造多读书、读好书的浓厚氛围，培育和弘扬以爱国主义为核心的民族精神和以改革创新为核心的时代精神，引领广大青年学生不断提升自身的文化品位和思想道德修养，充分展现当代大学生健康向上的精神风貌，在××市第五届社会科学普及周期间，我校将在全校大学生中开展“感受文化经典”征文比赛活动。

① 征文要求：征文要紧密围绕“感受文化经典——我最喜爱的一本书”的主题，观点鲜明，文字简练，每篇文章3 000字左右，体裁不限（不包括诗歌类体裁）。我校将在校内初选的基础上，推荐15篇优秀文章参加全市评选。征文应为原创，严禁抄袭，对抄袭文章，一经发现，即取消评奖资格并通报批评。

② 报送要求：每篇文章报送文字稿一份、电子稿一份。页面设置：纸张16开，页边距上下左右均为2厘米。打印格式：正标题小二号宋体加粗，副标题小三号黑体，正文小三号仿宋。字符间距：标准。

③ 奖项设置和表彰奖励：本次大学生征文比赛设一等奖10名、二等奖20名、三等奖40名、优秀奖若干名。获奖者将由××市有关组织单位颁发证书，获奖作品将由国家级出版社结集出版。

④ 报送方式：欢迎广大学生踊跃参加，并以学院团总支为单位于×年×月×日前将比赛征文（电子稿通过U盘报送）报送校团委办公室（地址：G301）。

党委宣传部　校团委
×年×月×日

思考与练习

一、填空题

1. 启事的“启”是______、告诉他人的意思，“事”就是________。

2. 在写招领启事时，其标题也可以写成______或______。

3. 写寻物启事的目的是求人帮助，所以行文之中要有______之意。

4. 写招聘启事，最重要的是要把招聘目的、______和______写清楚。

二、判断题（正确的画对号，错误的画错号）

1. 启事是因有事需向公众说明，或因有事请求公众帮助而写。(　　)

2. 招领启事的标题也可以写成“招领”或“拾物招领”。(　　)

3. 寻物启事和招领启事都要把物品的特征说得越详细越好。(　　)

4. 写寻物启事的目的是求人帮助，所以行文中要有感激之意。(　　)

三、指出下面“启事”中的不妥之处并加以改正

启　　事

昨天，我放在操场司令台上的一块手表忘记拿了，有谁看见了请还给我，我将非常感谢。

失者

×月×日

四、简答题

简述启事与通知的不同之处。

五、应用文写作

1. ××中学初三·二班的吴×同学在上体育课时不小心把一串钥匙弄丢了，钥匙串上有一把白色的防盗门钥匙，两把铜制钥匙，还有一个鱼形的小饰物。请你帮她写一张寻物启事。

2. ×年×月×日，××技师学院劳动后勤服务公司人员张××在外出时不慎丢失一枚公章，一个月后，该公司启用新公章，新公章与旧公章相比，明显的区别是取消了公章中间的五角星，而直接刻印××技师学院劳动后勤服务公司字样。请你代写一份启事，在媒体宣布作废旧公章、启用新公章的信息。

第二节　海　　报

一、海报的概念

海报是向公众报道或介绍有关电影、戏曲、杂技、体育、学术报告会等消息时所使用的一种招贴性应用文。

海报通常张贴在有关演出的场所，或较为醒目的地方，告知有关活动的事项。有的海报还可以在广播电视上播出。

二、海报的特点

海报一般具有以下一些特点。

(1) 广告宣传性　海报希望社会各界参与，它是广告的一种。有的海报加以美术的设计，以吸引更多的人加入活动。海报可以在媒体上刊登、播放，但大部分是张贴于人们易于见到的地方。其广告性色彩极其浓厚。

(2) 商业性 海报是为某项活动作的前期广告和宣传，其目的是让人们参与其中，演出类海报占海报中的大部分，而演出类海报又往往着眼于商业性目的。当然学术报告类的海报一般是不具有商业性的。

三、海报的种类

从内容上看可以将海报分为以下几类。

(1) 电影海报 这是影剧院公布演出电影的名称、时间、地点及内容介绍的一种海报。这类海报有的还会配上简单的宣传画，将电影中的主要人物画面形象地展现出来，以扩大宣传的力度。

(2) 文艺晚会、杂技、体育比赛等海报 这类海报同电影海报大同小异，它的内容是观众可以身临其境地进行娱乐观赏的一种演出活动，这类海报一般有较强的参与性。海报的设计往往要新颖别致，引人入胜。

(3) 学术报告类海报 这是一种为一些学术性的活动而发布的海报，一般张贴在学校或相关的单位。学术类海报具有较强的针对性。

四、海报的基本格式和写法

海报一般由标题、正文和落款三部分组成。

(1) 标题 海报的标题写法较多，有以下一些形式：

其一，单独由文种名构成，即在第一行中间写上“海报”字样。

其二，直接以活动的内容作为题目，如“舞讯”、“影讯”、“球讯”等。

其三，可以是一些描述性的文字，如“×××再显风采、××寺旧事重提”。

(2) 正文 海报的正文要求写清楚以下一些内容：

1) 一段式。内容简单的通常只用三言两语，一段成文。例如，“×月×日下午×时，我院和××学院足球队在本院大操场进行友谊比赛，欢迎踊跃观赛”。

2) 项目排列式。内容稍多的可分项目，分项排列成文。例如：

特邀××学院××教授主讲《沟通》

讲座形式：视频为主，辅以讲解。

时　　间：×年×月×日至×日，每晚×时至×时。

地　　点：××报告厅。

入场办法：×月×日起在本馆门口售票处售票，每票×元。

3) 附加标语式。有的海报在正文首或正文末加上排列整齐的标语，起画龙点睛和渲染吸引的作用。但要遵守真实的原则，不能哗众取宠，招摇撞骗。

(3) 落款 落款要求署上主办单位的名称及海报的发文日期。有的正文已把有关内容写清楚了，可以不设结尾。有的结尾还加上一些吸引人的口号，如“售完即止！勿失良机”之类。

以上格式是就海报的整体而讲的，在实际的应用中，有些内容可以少写或省略。

五、海报的写作要求

1）海报一定要具体真实地写明活动的地点、时间及主要内容，文中可以用些鼓动性的词语，但不可夸大事实。

2）海报要求文字简洁明了，篇幅短小精悍。

3）海报的版式可以做些艺术性的处理，以吸引观众。

【例文1】 欢迎海报

海　　报

“到北京看长城，到扬州看运河。”为了让同学们对运河文化有较多的了解，特邀知名的文史专家×××先生于六月八日下午三时在我院教学楼报告厅举行《×××文化与×××》的专题讲座。欢迎大家踊跃参加。

×××学院团委

×年×月×日

【例文2】 戏剧海报

海　　报

×县川剧团将来我市演出川剧《鸳鸯楼》、《张飞认母》。

时间：×月×日至×日每晚7时30分。

票价：1元，2元。

地点：××影剧院。

××市××组举办

×年×月×日

【例文3】 体育海报

海　　报

经过三周的预赛，×班与×班一路过关斩将，获得本届“星光”杯排球赛决赛权。现定于×月×日×时在校体育馆内举行决赛。两支劲旅狭路相逢，赛事一定精彩激烈。冠军究竟为谁所得，欢迎全校师生届时亲临现场，一睹健儿风采。

校学生会校体育教研室

×年×月×日

【例文4】 讲座海报

海　　报

为丰富同学们的文学理论知识，提高大家的文学鉴赏能力，特邀请××大学中文系教授、文艺评论家×××先生来我校作“生活中的文学与文学中的生活”专题讲座。时间为×月×日×时。地点在第二教学楼阶梯教室。欢迎全校同学前往听讲。

校学生会校朝晖文学社

×年×月×日

【例文5】　报告会海报

报告会海报

为进一步推动向雷锋同志学习活动的开展，我院团委邀请雷锋生前所在连队指导员李××来我院作报告。欢迎全体团员、教工同志踊跃参加。

时间：×月×日×时。

地点：本院礼堂。

××技师学院团委会

×年×月×日

思考与练习

一、填空题

1. 海报的语言可带有一定的______，必要时可配上______。
2. 海报一般由______、______、______三部分组成。
3. 海报既有____作用，又有______功能。
4. 海报具有________和______的特点。

二、判断题（正确的画对号，错误的画错号）

1. 启事和海报都是向公众发送信息的应用文，因而其性质是相同的。(　　)
2. 海报主要用于宣传，既有广告作用，又有通知功能。(　　)
3. 启事可以通过媒体发送，而海报只能写在纸上通过张贴发送。(　　)
4. 学术报告类的海报也是具有商业性特点的。(　　)
5. 海报的语言可带有鼓动性，但不能过分夸张，更不能失实。(　　)
6. 海报的版式可以做些艺术性的处理，以吸引观众。(　　)

三、选择题

下列对海报的表述不正确的一项是（　　）。

A. 海报既有广告作用，又有通知功能

B. 海报要写明联系方式

C. 海报可选用彩纸写

D. 海报的语言可带有鼓动性

四、简答题

1. 简述海报的格式与写法。
2. 写作海报应注意哪些问题？
3. 比较启事和海报的异同。

五、应用文写作

1. 请根据下面这则材料写一张海报。

校学生会文艺部在校门口张贴了一份通知，要求校铜管乐队和校合唱队于周五下午四时在大礼堂进行彩排。请根据这则材料写一张海报。

2. 以学院团委的名义写一份“青春诗会”的活动海报。

第九章　经济应用文

9

学习目标

1. 了解合同、说明书、广告的概念、特点、作用、种类。
2. 能依照教材中的例文学写合同、说明书。
3. 能够撰写文字广告。

第一节　合　　同

一、合同的概念

合同，又叫契约，是平等主体的自然人、法人或其他经济组织之间设立、变更或终止民事权利义务关系而签订的协议。按照法律和政策规定签订的合同，对签约各方都有约束力，当事人之间因合同的签订而产生的权利和义务关系，受到法律的保护和监督。因此，合同对加强地区、部门、单位和个人之间的经济联系和协作，对促进社会主义商品经济的发展，对保证国民经济计划的实现都具有重要作用。

二、合同的特点

(1) 合法性　合同的内容要符合《中华人民共和国合同法》的规定。

(2) 平等互利性　签订合同的双方或多方的法律地位是平等的，合同是自愿协商的产物。合同条款中，权利、义务也是相互的、对等的，不能将其建立在损害对方或他方利益之上。合同内容也是等价有偿的。

(3) 协商一致性　合同的签订是一个协商一致的过程。合同的内容只有表达当事人彼此一致的意愿，其条款才能成立。只有当事人经过充分的协商，将应承担的义务和应享有的权利充分表达出来并形成文字，合同关系才算真正建立。因此，没有充分表达意愿、草率成文的合同，是难以保证实施而最终实现经济目的的。同时，在履行合同过程中，如需要变更合同条款，也要重新协商补签，任何不经双方或多方协商一致而改变合同者，要承担违约责任。

（4）规范性　规范性具有两层含义：其一是依法成立的合同对当事人具有法律约束力；其二是指合同的写法和格式需要规范。

三、合同的种类

合同的种类很多。按性质分，有供销合同、承包合同、订货合同、修建合同、租赁合同、供用电合同、运输合同、借贷合同、财产保险合同、科技协作合同、赠与合同、劳动合同等；按形式分，有条款式合同、表格式合同；按时间分，有长期合同、中期合同、短期合同等。

四、合同的基本格式和写法

合同一般由以下四部分组成。

（1）标题　标题要写明合同的性质，如“订货合同”、“建筑承包合同”等。

（2）单位名称　写明签订合同的双方或几方单位的名称。为了行文方便，一般都在单位名称后面，用括号分别注明“甲方”或“乙方”或“需方”等。

（3）正文　这是合同的主要部分，一般包括以下几个方面：

1）标的（指法律行为所要达到的目的）。

2）数量和质量。

3）价款或酬金。

4）履行合同的期限、地点和方式。

5）违约责任。

6）当事人商定的其他条款。

合同如有图纸、表格、样品等，应写在正文中或附在正文后面。合同的有效期限、合同的份数和保存，也可酌情在正文中写明。

（4）署名和日期　要写明双方单位的全称和代表人姓名及日期，并签名盖章。如有第三方，第三方也必须签名盖章。

五、合同的写作要求

1）必须符合国家的政策法令。

2）必须坚持平等协商的原则。

3）合同的条文必须具体、明确，标点符号要正确。

【例文1】

订货合同

立合同人：××市××县百货公司（以下简称甲方）

××市××电视机厂（以下简称乙方）

甲方向乙方订购下列货物，双方协议订立合同如下：

货物名称：牡丹江牌12英寸黑白电视机。

规　　格：TM2－3型。

订购数量：伍佰台。

货款单价：每台叁佰捌拾元。

货款总额：壹拾玖万元整。

交货日期：×年×月×日以前全部交清。

交货地点：××火车站。

交货办法：铁路托运，由甲方负责办理，费用由乙方负担。

付款方法：银行托收。于本合同签订之后的第二天，由甲方向托收银行一次性付清。

违约处罚办法：交货误期七天以内，每台按原价的百分之三交付罚款；超过七天，按原价的百分之五罚款；超过一个月，按原价的百分之十罚款；超过两个月，按原价的百分之二十罚款；超过三个月，按原价的百分之四十罚款。甲方如未按合同期限一次性付清货款，每延期一天，即按未付清货款的百分之一罚款。

合同变更：如甲方中途要求增加订货，双方另议；如甲方要求减少订货，乙方按减少台数原价的百分之七十退款。

损失赔偿：交货后，如发现产品确因质量问题造成甲方减价销售的损失，乙方负责赔偿；无法销售的，乙方予以更换。

签订合同日期：×年×月×日。

本合同自签订之日起生效。本合同一式二份，双方各执一份。

××市××县百货公司（盖章）
经办人×××（签名盖章）
××市××电视机厂（盖章）
经办人×××（签名盖章）
×年×月×日

【例文2】

建筑承包合同

立合同人：××化肥厂（甲方）
××市第×建筑公司（乙方）

为建筑××化肥厂办公楼，经双方协商，订立本合同。

① 甲方委托乙方修建办公楼一座，由乙方按甲方提出的图样（附件一）建造。

② 全部修建费（包括材料、人工）议定为人民币×万元。

③ 甲方在签立合同×周内，先付给乙方全部建造费的百分之七十，其余百分之三十，在办公楼建成验收合格后×天内全部付清。否则，每延一天，即按应付而未付金额的百分之一罚款。

④ 办公楼在九个月内建成（从×月×日到×月×日）。

⑤ 修建办公楼所用的材料，按双方协议的标准（附件二）采办。

⑥ 如质量不符合国家标准，由乙方返修。原材料低于协议标准，乙方按照材料差价的两倍赔偿损失。如不能按期完工，延长一个月，甲方扣除付给乙方的建筑费的百分之一；延长三个月，扣除百分之四；延长半年扣除百分之十；延长九个月扣除百分之三十。

⑦ 合同一式两份，双方各执一份。

立合同人：××化肥厂（公章）
代表×××（私章）
××市第×建筑公司（公章）
代表×××（私章）
×年×月×日

思考与练习

一、填空题

1. 合同又叫__________，是平等主体的自然人、法人或其他社会组织之间为了__________、__________或__________民事权利义务关系而签订的协议。

2. 合同按形式可分为__________式合同和__________式合同。

3. 按照法律和政策签订的合同，对签约双方都有__________，当事人之间因合同的签订而产生的__________和__________关系，受到法律的保护和__________。

二、判断题（正确的画对号，错误的画错号）

1. 合同必须坚持平等互利、协商一致的原则。(　　)

2. 合同的条文只要具体、明确，标点符号可以不用太在意。(　　)

3. 合同必须经过鉴证或公证才具有法律效力。(　　)

4. 如果有可以直接使用的合同范本，最好选择规范文本。(　　)

三、选择题

1. 合同按性质可分为（　　）。

A. 条款式和表格式

B. 长期、中期、短期合同

C. 条款表格式合同和买卖合同

D. 供销合同、承包合同、订货合同、修建合同、租赁合同等

2. 合同中的标的是指（　　）。

A. 合同双方签约者权利义务所指向的对象

B. 取得对方产品而支付的价款

C. 标题

D. 合同签约人

四、问答题

1. 合同的正文内容一般包括哪些方面?

2. 订立合同应注意哪些事项?

3. 合同有哪些特点?

五、指出下列合同中语言上不恰当的地方并加以改正

1. 某购销合同中写明交货地点为上海。

2. 某合同中的“违约责任”中写道“乙方不能按时交货，每延期一天，应偿付甲方5%的违约金”。

3. 甲乙双方签订了一份“加工承揽合同”，其中交货时间是这样拟定的“甲方要求乙方于×年×月×日前完成全部加工物件”。

第二节　说　明　书

一、说明书的概念

说明书是一种向顾客、读者、观众以及社会各界简要说明商品、服务项目、社团机构、书籍资料、电影戏剧、游览胜地等的文体。

二、说明书的特点

（1）说明性　说明书是说明事物性质的应用文，它是对某种产品的介绍与说明，目的是使读者对产品有所了解，并能正确使用。

（2）知识性　说明书基本上都是知识性的内容说明。如照相机的说明书，图文并茂，不仅有文字说明，还附有图解，看完说明书，除可基本掌握这种相机的使用方法外，还可学会不少摄影技术。

（3）实用性　说明书是一种实用性的应用文。它的目的就在于说明某种产品、某种事物的基本知识，从而有助于人们对该事物的了解和掌握。实用性比较强。

（4）图文并茂　为了说明事物，说明书通常不仅用文字说明，还大量采用插图和照片。如北京雪花牌电冰箱说明书就用了大量的插图和彩色照片，给读者留下了深刻的印象。

三、说明书的种类

说明书一般分为：产品说明书、使用说明书、安装说明书、电影戏剧说明书、书刊说明书等。

（1）产品说明书　它是生产厂家向用户介绍产品用途、性能、规格、特点的说明书。

（2）使用说明书　它是以介绍产品性能、零部件及使用方法为主要内容的说明书。如海尔空调器使用说明书，它把海尔空调的性能、特点、各种参数、使用方法及如何保养、注意事项告诉用户，以延长产品的寿命。

（3）安装说明书　它是在产品（机器）安装时所参考的说明书，包括安装步骤、方法、操作规程等。安装人员根据说明书进行安装。

（4）电影戏剧说明书　它主要是介绍电影、戏剧故事情节内容的说明书，与电影、戏剧简介相似，使读者在看了说明书之后，了解剧情，产生一饱眼福的欲望。

（5）书刊说明书　它是以介绍书籍、刊物为主要内容的说明书，与图书简介、报刊介绍差不多。

随着经济建设的迅速发展，说明书的应用越来越广泛，我们应该掌握说明书的写作方法，发挥其在经济建设中应有的作用。

四、说明书的基本格式和写法

说明书的格式比较灵活，随着经济的繁荣，新产品层出不穷，说明书的格式也不断创新。但无论如何变化，其基本结构不变，主要仍由标题、正文、落款三部分组成。

（1）标题　标题的写法有三种形式：一种是直接写“产品介绍”；一种是以产品名称作为标题，如《××高级人参珍珠霜》；另一种是由产品名称和文种作为标题，如《××牌染发香波使用说明书》。

（2）正文　这是说明书的主体部分。不同类型的说明书，侧重点不同。药物说明书着重说明其成分、功效和服用方法；机械商品说明书着重说明其构造、操作方法和维修保养方法；食品说明书着重说明用法、配料、生产日期及保质期、储存方法。还有一种以插图为主的说明书，用产品的图像、照片等来说明产品，增加了产品及其性能的直观性。

（3）落款　一般写明企业或单位名称、联系地址、电话号码、邮政编码、电子信箱、网址等资料，便于消费者与企业联系。

五、说明书的写作要求

1）要有较强的说明性。说明书的写作目的是向人们介绍宣传一种产品，因此，说明书应采用说明的表达方法，用简明的文字说明产品的性能、特点等。

2）要有较强的知识性。说明书是介绍产品、传播知识的要通过对产品的介绍，使人们获得有关的知识。

3）要有严格的科学性。要尊重科学，介绍的知识要准确、真实，不要夸大事实。

【例文1】

家用黏合剂说明书

本品荣获×年××省重大科技成果奖。

特点：双组分糊状品，使用方便，黏结对象广，黏结力极强，无毒害。

用途：本品适用于金属、玻璃、陶瓷、木材、水泥、塑料、橡胶等同种或异种材料之间的黏结、填隙、密封等。

用法：① 除去被黏合面油污，必要时打磨，但新鲜断面不必作此处理。

② 可在较厚的纸上分别挤出等体积或等长度的甲、乙组分，拌匀后使用，黏合后过夜即牢固。气温越高，干固越快，数日后牢固度更高。

化工部××化工研究院一分院研究黏合车间制

厂址：××省××县

【例文2】

京剧《蔡锷与小凤仙》说明书

1915年，刚刚创建了四年的共和政体面临着夭折的噩运。

窃据大总统高位的袁世凯，背叛民国，依附列强，承认灭亡中国的不平等条约《二十一条》，卖国称帝，急不可待地筹建洪宪小朝廷。

被软禁在京师的辛亥革命元勋名将、卸任云南都督蔡锷将军，力主废约宣战，反对帝制活动，遭到袁世凯更进一步的疑忌。袁世凯密令九门提督江朝宗加强了对蔡锷的禁锢与监视，又指使其长子袁克定用软化手段多方笼络，意在收服蔡锷及其旧部两师云南新军，稳住西南半壁。

与此同时，蔡锷也秘密地多方联系了海内外爱国志士，酝酿着武装讨袁行动。

为了麻痹袁世凯，蔡锷收敛真实政见，与帝制红人往来酬酢，出入于八大胡同的高等妓院云吉班，结识了京华名妓小凤仙。当他察觉小凤仙是有特殊背景的袁家工具时，便以壮志消磨的"风流将军"面目与她周旋。

小凤仙怀抱深心，别具慧眼。她逐渐从"留恋声色"的蔡锷身上，看出了辛亥名将崇仰民主、锐意共和的真灵魂。于是，在几次危机中不着痕迹地掩护和配合了蔡锷的反帝制秘密活动。最后，在一阕《高山流水》的琴曲中，两人真心相见，定为生死之交。

袁世凯登基前夜，小凤仙勇于牺牲自我，帮助蔡锷逃出北京，奔赴云南，打响了讨袁第一枪。四万万同胞投袂而起，不到半年，就推倒了这个不可一世的皇帝。

将军百战余生，溘然长逝；小凤仙历经劫难，长歌当哭：

天长地久无穷期……

思考与练习

一、填空题

1. 产品说明书是生产厂家向用户介绍产品__________、__________、__________、__________的说明书。

2. 书刊说明书是以介绍__________、__________为主要内容的说明书。

3. 安装说明书是在产品（机器）安装时所参考的说明书，包括__________、__________、__________等。

二、判断题（正确的画对号，错误的画错号）

1. 说明书的格式比较灵活，随着经济的繁荣，新产品层出不穷，说明书的格式也不断创新，其基本结构也在不断变化。（　　）

2. 说明书要有严格的科学性。要尊重科学，介绍的知识要准确、真实，不能夸大事实。（　　）

三、选择题

1. 说明书的特点有（　　）。

A. 说明性、知识性、实用性、图文并茂

B. 说明性、准确性、具体性

C. 实用性、简洁性、准确性

D. 实用性、知识性、科学性

2. 使用说明书主要介绍产品的（　　）。

A. 性能、零部件及使用方法

B. 使用方法、特点

C. 性能、特点

D. 注意事项、特点

3. 产品说明书的主要表达方式是（　　）。

A. 叙述　　B. 说明　　C. 议论　　D. 描写

4. 产品说明书写作中，首要的是（　　）。

A. 语言优美　　B. 构思巧妙　　C. 态度诚恳　　D. 说明准确

四、简答题

1. 什么是说明书？

2. 说明书一般分为哪几类？

3. 说明书的写作要求是什么？

五、请指出下面说明书中的错误并加以改正

××牌饮水机免费保修说明书

1. 保修期限三年。

2. 保修方式：用户凭有效购机发票和保修手册与我公司指定的专业服务网点联系，方可享有保修服务。

第三节　广　　告

一、广告的概念

广告是企事业单位向消费者或服务对象介绍商品、宣传服务内容或文娱活动等用的一种宣传文体。

这个定义包括以下基本内容：

第一，广告是一种传播手段，是市场经济活动的传播工具。它在生产者、商业经营者和消费者之间起沟通作用，是市场购销的组成部分，它有助于开展竞争，指导消费，促进生产发展。

第二，广告的范围包括商品和服务两大部分。商品与服务是构成现代社会经济生活的基础，广告与市场是紧密相连的。

第三，广告是通过一定的媒体进行的。

广告有广义和狭义之分，广义的广告范围很广，包括以盈利为目的的商业性广告和不以盈利为目的的非商业性广告（如政治宣传广告、公关广告和道德教育广告等）。狭义的广告是指盈利性的经济广告或商业广告，它是广告主以付费的方式，通过大众传播媒介向公众提供有关的商品、劳务、观念等信息的一种传播方式。

下面所介绍的广告就是狭义的广告。

二、广告的特点

（1）宣传介绍性　有人将广告比做买方和卖方的“联姻红娘”，是很贴切的。它通过语言、文字、图画、影视形象等宣传手段，把商品的功能、特点、用途、用法等向人们进行宣传介绍，或把服务范围、项目、方法、对象告诉人们。因此说，宣传介绍性是广告的主要特点。

（2）艺术性　为扩大宣传效果，广告采用多种喜闻乐见的形式，文学、美术、音乐综合运用。文字广告要优美，富有情趣；美术广告要以健康的审美趣味，吸引消费者或服务对象；音乐广告要以悦耳动听的乐曲招引听众。总之，一切广告都讲究艺术，追求新颖，以增强广告效果。为此，广告必须抓住商品的特点、优点，摸透消费者和服务对象的心理，运用各种艺术手法，突出商品的特点，使顾客产生购买欲。

（3）真实性　真实性是广告的生命，广告一定要实事求是，不可弄虚作假，哗众取宠。语言要讲究分寸，不可滥用“驰名中外”、“誉满全球”、“全国第一”、“国家级”、“最高级”、“最佳”之类的赞誉之词。《中华人民共和国广告法》第四条明确规定：广告不得含有虚假的内容，不得欺骗和误导消费者。

（4）严肃性　随着商品经济的发展，广告的应用范围越来越广泛，它对人们的思想意识、兴趣爱好、道德风尚有广泛的影响。内容健康，情趣高尚，符合党和国家的各项政策，才能保证广告的严肃性。任何时候也不允许宣传低级庸俗、丑恶淫秽的东西，同时也不得贬低其他商品或者服务。

（5）载体的多样性　为了更大限度地使社会了解某种产品的信息或者某种服务项目的信息，广告往往借助多种多样的载体材料作为商品、服务信息的传播媒介，其载体材料具有多样性。

一般来说，广告的载体有：

1）印刷品（报纸广告、杂志广告、传单广告等）。

2）录音录像带（广播广告、电视广告、电影广告等）。

3）网络（网络广告）。

4）木质或铁质材料（路牌广告、场地广告、橱窗广告、车船广告等）。

5）电传广告（霓虹灯广告等）。

三、广告的作用

（1）交流信息，沟通产销　有些商品往往在这个地区畅销，在另一个地区滞销。畅销的地区，消费者难以买到商品；滞销的地区，经营者难以卖出商品。广告可以交流信息，沟通产销。有人把广告比做“推销者的喉舌”、“消费者的向导”，生动地说明了广告沟通产销的重大作用。

（2）引起竞争，改善管理　消费者选择商品的标准是物美价廉，生产者为了使自己的产品能够畅销，就必须提高产品质量，增强其竞争力。通过广告，同类企业可以互相了解各自产品的优、缺点和经营管理技术等情况，取长补短，改善管理，提高管理水平。

（3）扩大销售，促进生产　市场瞬息万变，竞争激烈。广告可以及时反映国内外市场的动态，帮助生产和销售单位适应各种变化，把生意做活，使企业经营者抓住时机，扩大销售，促进生产，增加产品收入。

(4) 传播知识，丰富文化生活　广告通过各种媒介传播商品知识，介绍产品特点、使用方法，介绍医药产品的功效、性能和用法，介绍旅游胜地的概貌、历史等。同时，它以人们喜闻乐见的艺术形式，增强其文娱性、趣味性、欣赏性，丰富人们的文化生活。

四、广告的种类

依据不同的标准，可对广告进行以下分类。

(1) 按广告的性质分类　可分为经济广告（具有盈利性质）和社会广告（非盈利广告，如公益广告）。

(2) 按广告的作用分类　可分为商品广告、招聘广告、劳务广告、服务广告等。

(3) 按广告的传播媒介分类　可分为报纸广告、杂志广告、电视广告、电影广告、网络广告、包装广告、广播广告、招贴广告、POP广告、交通广告、直邮广告、车体广告、门票广告、餐盒广告等。

随着新媒介的不断增加，依媒介划分的广告种类也会越来越多。

(4) 按广告的目的分类　可分为产品广告、品牌广告、观念广告、公益广告。

(5) 按广告的传播范围分类　可分为国际性广告、全国性广告、地方性广告、区域性广告。

(6) 按广告的传播对象分类　可分为消费广告和企业广告。

(7) 按广告主分类　可分为一般广告和零售广告。

五、文字广告的基本结构和写法

广告一般包括标题、正文、结尾三部分。

(1) 标题　对广告的标题要求是：醒目、新颖、简短，有启发性，一看就兴趣横生。下面介绍几种常见写法：

1）标名式。以产品名称为标题，如“神奇de快胃片”、“中华药物牙膏”；也有的以厂名作为标题，如“999南方制药厂”、“广东华宝空调器厂”等。

2）疑问式。这种标题，题目发问，正文作答。例如，“万千宠爱缘何在?”下面写道：“中意冰箱，人人中意。”又如，“您希望您的宝宝健康成长吗?”

3）欢迎式。以欢迎消费者、顾客、观众等方式为标题，如“欢迎乘坐中国东方航空公司班机”。

4）慰问式。以向用户表示敬意为标题，如“青岛面粉机械厂向国内外用户祝贺新年”。

5）通告式。以告知信息的方式作为标题，如“深圳四通公司现货供应”。

6）祈使式。以恭敬的态度、礼貌的语言、请求的口气，促使读者前去购买商品，如“购买中外节目VCD请到北京外文书店专卖部”。

7）感叹式。用赞叹的语气赞美广告事物，以激起消费者的购买欲望，如“凤凰，凤凰，理想辉煌!”

8）描写式。采用文学描写的方法，形象地描绘广告事物，如“家用‘郁金香’，满屋生辉煌”。

9）寓意式。常借用成语和名言生动地反映企业和产品形象，在简明的广告语言中，含有某种深刻的余地。例如，“默默无蚊的奉献”是灭蚊器的广告；“心服，口服”是矿泉水的广告。

10）反语式。利用反语，巧妙地道出产品的特色，往往给人更加深刻的印象。例如，牙刷广告：“一毛不拔”；打字广告：“不打不相识”。

除了以上几种形式外，有的广告还采用间接标题，用迂回的语言吸引人们，待看完正文、画面等后才豁然开朗。例如，酸梅汁、杨桃汁的广告：“小别意酸酸，欢聚心甜甜”；又如推销洋河大曲的广告：“酒气冲天，飞鸟闻香化凤；糟粕落地，游鱼得味成龙”。这些隽永有趣的标题，对商品有画龙点睛之妙。

（2）正文　正文是广告的主体，一般要求以精练的语言介绍产品的品种、性能、特点、用途、规格、价格以及使用方法，有时还写明出售时间、方式、地点、接洽方法等。通常有以下几种写法：

1）陈述体。用简练的语言，直截了当地说明商品的有关情况，如例文1。

2）证书体。借助政府业务部门对产品的评定或颁发的荣誉证书来宣传商品，以取得消费者的信任，激发购买欲，如例文2。

3）诗体。用诗歌形式宣传商品，如例文3。

4）对话体。用对话方式介绍产品，如例文4。

5）新闻体。用类似新闻的样式写的文字广告，既具有新闻的某些特点，又具有广告的特点，如例文5。

（3）结尾　结尾是广告的落款，一般交代厂名、地址、电话号码、邮政编码、开户银行、联系人等，以便联系。

六、文字广告的写作要求

1）突出产品个性或者企业精神，有强烈的品牌意识。广告语可以说是企业精神的高度浓缩，它能使受众在第一时间知道它是在卖什么东西。

2）富有亲和力和感召力。一是让消费者融入广告语的意境中，使他们感觉不到产品与广告的距离，觉得企业平易近人，这就是所谓的“亲和力”。二是让广告语产生强大的驱动力，使消费者产生购买欲望或对企业产生认同感，这就是所谓的“感召力”。

3）语言简洁流畅，容易背诵，容易流传。

4）构思新颖独特，不能人云亦云。

5）契合公众心态，发掘文化内涵。

【例文1】

××牌××型电脑程控打铃器

该器是专供机关、学校、车站、医院、工厂等单位进行周期性自动控制打铃而设计的现代化报讯仪器。按作息时间表一次性编程后，打铃器每天即可重复执行。多只电铃同步自动控制。

本品采用日本电脑程控集成电路组装，设有高精度计时器与高性能控制系统。走时、程序均不受停电的影响，整机设计线路先进，性能稳定，经久耐用，功能齐全，使用方便，欢迎来人来函订购。

单价：258元（含包装邮费）

厂址：××市××路××弄××号

电话：××××××××

邮政编码：××××××

联系人：×××

【例文2】

堵 灵 漏

荣获×年首届××国际博览会银质奖

荣获×年××市科学技术进步三等奖

荣获××市“建国四十周年百项科技贡献活动”奖

荣获×年军转民高技术出口产品展览交易会银质奖

荣获×年第二届××国际博览会金质奖

（文字说明略）

公司名称：（略）

联 系 人：（略）

公司地址：（略）

电　　话：（略）

邮政编码：（略）

【例文3】

羽绒，羽绒，
如天堂春梦——
温暖，轻柔，
将那寒冬消融。
……

【例文4】

唐杰忠：老马，您在等谁呀？

马　季：我的那个“嘉陵”。

唐杰忠：嘉陵是您爱人吗？

马　季：我太爱“嘉陵”了，它有许多优点，容貌长得盖世无双，风度潇洒……

唐杰忠：什么，姑娘们向您“求爱”？

马　季：什么呀！您瞧，它来了。

唐杰忠：啊，原来是“嘉陵摩托车”啊！

【例文5】

××大酒店开业
××市××路××号

本酒店定于×年×月×日开始营业，深盼各界人士，惠然光临，予以指导。本酒店从法国礼聘名厨，巧制法国传统名菜。其他特别名菜尚有：①北京填鸭；②神户鲜腰；③原汁蔼鳌等，敬请一试。

思考与练习

一、填空题

1. 广告是企事业单位向消费者或服务对象__________、__________或文娱活动等时使用的一种__________文体。

2. 对广告标题的要求是__________、__________、__________、__________。

3. 广告的作用有__________、__________、__________、__________等。

二、选择题

1. 广告的特点是（　　）。

A. 宣传介绍性、艺术性、真实性、严肃性

B. 艺术性、娱乐性、介绍性、知识性

C. 宣传介绍性、真实性、娱乐性、知识性

D. 真实性、严肃性、知识性、娱乐性

2. 广告按作用可分为（　　）四类。

A. 商品广告、服务广告、劳务广告、招聘广告

B. 招聘广告、劳务广告、广播广告、品牌广告

C. 招聘广告、电视广告、劳务广告、报刊广告

D. 服务广告、商品广告、劳务广告、路牌广告

三、简答题

1. 什么是广告？

2. 广告标题常见的写法有哪些？

3. 广告的正文通常有哪些写法？

四、应用文写作

阅读下列材料，并为它写一则广告词。

××厂生产的××牌黑发防脱洗发水是××中医学院教授著名老中医陈××授方、监制的，用地道的名贵中药及鼎湖山地区稀有中草药制成。该产品经省卫生防疫站检验，证明对人体无害，产品远销东南亚。

该厂现征集××牌黑发防脱洗发水广告词，要求突出其四大功效：黑发与生发功效、防止脱发功效、解决青少年白发问题、护发去头屑止痒等。广告词要求朗朗上口、通俗易懂。

五、下列几组广告词，你认为哪句更好？为什么？

1. （1）本店出售的女式服装，选用高级面料，由高级服装设计师设计加工，款式新

颖，色调柔和，做工考究，在××年评会上荣获××部银质奖，产品远销东南亚，请大家认准××牌商标。

（2）请领着你的女友到本店来吧，我们会把她打扮成更可爱的新女人——只花几十元钱，这将是你有生以来最轻松、最愉快的付款。

2.（1）车到山前必有路，有路必有丰田车。

（2）福建汽车厂，敢问路在何方。

3.（1）太平洋保险保太平。

（2）平时注入一滴水，难时拥有太平洋。

六、分析下面这则广告在创意上有什么特点，谈谈你在广告创意方面得到了什么启发。

日本有家旅馆，生意一直很萧条。旅馆后面山上有一片空地，老板想在这里栽些树，绿化一下以吸引顾客，但资金不足，力不从心，有人给老板出了个好主意。于是，旅店老板推出了一则别出心裁的广告："亲爱的旅客，你好！本店后山有空地，宽阔而幽静，专门为旅客植纪念树之用。如您有兴趣，不妨种下小树一棵，本店派人专门为你拍照纪念。树上可留下木牌，刻下你的尊姓大名和植树的日期……"广告发出后，响应的人络绎不绝。没过多久，旅店后山上的树，已是林木葱郁。那些在此种过树的人，经常来这里看望。从此，这家旅店变得顾客盈门，生意兴隆。

第十章 宣传应用文

10

学习目标

1. 具体了解新闻、广播稿、演讲稿的概念、特点及其写作要求与方法。
2. 能撰写新闻稿、广播稿、演讲稿。
3. 了解通讯、解说词的概念、特点、分类及其写作要求与方法。
4. 初步学会撰写通讯、解说词。

第一节 新 闻

一、新闻的概念

新闻，又称消息，是对新近发生的、有社会意义的事实的及时报道。报社、通讯社、广播电台、电视台等新闻机构对国内外消息的报道通称新闻。

二、新闻的特点

新闻的主要特点有以下几点。

(1) 真实 真实是新闻的灵魂和生命，是新闻写作的基本原则。真实，要求新闻反映的事实，包括人物、时间、地点、事件细节、数字等，准确无误，没有虚构，没有夸张。

(2) 新鲜 新闻要求的“新鲜”包含三层意思：一是从时间上说，是“新近”发生的事；二是从内容上说，事实必须给人以新意、新消息、新启发，是有所发现和创造的新事；三是从常规上说，新闻报道的事要有异常特点或违背常规，如“夏天下雪”、“冬天响雷”等。

(3) 短、快 短小精悍是新闻的又一特点。报纸上常见的新闻，多则几百字、几千字，少则百把字，有的几十个字，甚至浓缩成一句话。快，是指新闻的时效性强。有人说“新闻是易碎品”，“像容易变质的食物”，所以要抢时间采访，抢时间写作，及时发表。例如，

1981 年刚上任两个月的美国总统里根遇刺，美国广播公司在事件发生后 7 分钟，就播出了这则消息。好多新闻，过了一定时间，就失去了它的价值。

三、新闻的分类

依据不同的标准可以把新闻分为若干种类。从报道的内容上可分为政治新闻、社会新闻、经济新闻、体育新闻、文教新闻等；从报道的对象上可分为人物新闻、事件新闻、会议新闻等；从报道的地域范围上可分为国际新闻、国内新闻、地方新闻等；从篇幅的长短上可分为长新闻、短新闻、标题新闻和一句话新闻等。

通常把新闻分为以下几种。

（1）动态新闻　它是新闻中最常见的一种，用于报道国内外重大事件、新人、新事、新成就、新经验。

（2）综合新闻　综合新闻即把不同地区、不同单位发生的具有同类性质的事实汇集在一起，进行综合报道的新闻。

（3）评述性新闻　它是用夹叙夹议、边述边评的方式报道的新闻，包括时事述评、思想述评、工作述评等。

四、新闻的结构和五要素

1. 新闻的结构模式

新闻的结构模式与一般文章有较大的差别，写作时应根据内容需要恰当选用。新闻的结构模式常见的有以下三种。

（1）倒金字塔结构　这是一种以新闻事实的重要性递减为顺序安排材料的结构方式。它把新闻中最重要的、最新鲜的事实或结论放在新闻的最前面（即放在导语内叙述），然后按新闻事实由大到小的顺序依次安排材料。这种结构从内容的重要性次序上看，像一座倒置的金字塔。由于它符合读者的阅读心理，又便于编辑对内容的取舍、修改，同时，模式化后便于作者掌握运用，因此，这种结构自形成以来，一直受到各方面欢迎，现已成为新闻的“经典结构”方式。请看下面这条新闻：

17 岁华裔女生获美国西屋科学头奖

新华社华盛顿 3 月 14 日电（记者周锡生）美国西屋科学天才奖评委会的人士 14 日说，美国 17 岁的华裔女高中生艾琳·安·陈因在研究与淋巴癌有关的基因方面取得成就，获得了今年西屋科学天才奖的头等奖——4 万美元的大学奖学金。

艾琳·安·陈因来自美国西海岸圣迭戈市，在研究中成功地将两种与淋巴癌有关的基因分离出来，并经过实验弄清了这两种基因在癌细胞扩散方面的作用，从而为进一步开展淋巴癌研究提供了重要依据。

美国西屋科学天才奖创立于 1942 年，每年评选一次，今年是第 54 届。据介绍，在美国西屋科学天才奖的历届获奖者中，迄今已有 3 人获得了诺贝尔奖。

这则新闻段落的先后顺序就是依据所述事实的重要性的大小来安排的，第一段点出了该新闻最重要、最吸引人的事实：美国 17 岁的华裔女高中生艾琳·安·陈因在研究与淋巴癌有关的基因方面取得成就，获得了今年西屋科学天才奖的头等奖；第二段介绍了艾琳·安·

陈因的研究成果；第三段叙述了美国西屋科学天才奖的历史。这条新闻段落的先后顺序是按事实的主次排列的，各部分之间的内在逻辑并不强，这是一种典型的倒金字塔结构的新闻。

（2）金字塔结构　与倒金字塔结构相反，它把主要的事实放在篇后，前面设置某种悬念，让读者必须读完，弄清事情的全貌。这种写法，保持了故事的完整性，把情节步步推进，事件的高潮在后面出现，读来兴趣盎然，引人入胜，使人有一种渐入佳境的感觉。例如：

泰晤士河10个水闸落成

合众国际社伦敦5月6日电　请忘记威尼斯的悲凄境地吧，伦敦现在一寸一寸地在下沉。它成了造成英格兰北部从海中上升、南部下沉的一次地质“跷跷板”运动的受害者。

没有人能够确切地说出伦敦下沉的具体数字。但是在伦敦大桥附近挖凿罗马时期修建的码头的考古学家发现，1 900多年前，这些码头比现在修建的码头低5米。

这就是说，每一百年下沉23厘米。

而威尼斯在上个世纪只下沉了20厘米。

由于北海汹涌的海潮可能淹没正在下沉的伦敦市，伊丽莎白女王本周主持泰晤士河10个水闸的落成典礼。这将是世界上最大的活动式防水堤，可以在30分钟内升高，挡住向伦敦伍尔韦奇倒灌的海水。

这是一则采用金字塔结构的新闻。这条新闻一开始就设置了一个悬念：“请忘记威尼斯的悲凄境地吧，伦敦现在一寸一寸地在下沉。”接着按照伦敦下沉这一事实的过程来写，最后推出“伊丽莎白女王本周主持泰晤士河10个水闸的落成典礼”，用来“挡住向伦敦伍尔韦奇倒灌的海水”，以免伦敦被海水淹没。

（3）倒金字塔和金字塔结合的结构　这是现代新闻写作中常用的一种手法，即在导语部分采用倒金字塔式，主体部分采用金字塔式，同时体现了两种结构的长处。例如：

打完电话抢钱开溜　电话单锁定两嫌犯

本报济南7月2日讯（记者　王××　通讯员　陈××）边旅游边上网聊天，没几天两个青年几乎身无分文。于是他们趁打电话之机，佯装买烟抢劫了一售货亭售货员。两个青年中途换了两次车并扔掉了凶器。但机关算尽的两人还是难逃法网。

今年×月×日×时，淄博青年王某和张某乘火车来泰安旅游，二人先后在泰安市的两个网吧上网玩游戏，玩至深夜×点×分，二人来到火车站广场西侧一售货亭打电话给在泰安某卫校读书的同学。

在打完电话离开售货亭时，二人发觉随身携带的钱花得已差不多了。王某见售货亭只有一名女售货员，便心生歹意，提议拿出旅游备用的刀恐吓女售货员抢钱花。二人商量完毕，又返回售货亭，二人佯称买烟，故意递给对方20元钱让其找零，趁女售货员转身拿零钱时，张某闯进柜台掏出身上的匕首，捂住对方的嘴，用刀子进行威胁。王某趁机抢过盛钱的纸盒子，抓起300元钱后仓皇逃跑，消失在夜色中。为了避免行踪被人发现，在逃跑中两人先后两次换乘出租车，又将作案凶器丢弃，躲藏3天后，他们开始到处打探情况。最终家人告诉他们，公安机关已锁定他们，是售货亭售货员提供的一张电话单把两人牵了出来。×月×日，两人在家人的陪同下，到泰安铁路派出所投案自首。

日前，济南铁路运输检察院以抢劫罪对张某和王某批准逮捕。

这是一条运用倒金字塔和金字塔结合的结构写成的新闻。这条新闻的导语部分运用倒金字塔结构方式写明了两个青年“趁打电话之机……抢劫了一售货亭售货员”后，“中途换了两次车并扔掉了凶器”，但“还是难逃法网”的结局。主体部分运用金字塔结构，按照时间顺序记述事件发生的经过，将整个事件完整地呈现在读者面前。

2. 新闻的组成部分

一般地说，一条新闻由标题、导语、主体、背景和结尾五部分组成。新闻的内容，通常有时间、地点、人物、事件、结果五个要素。

（1）标题　标题是新闻的眼睛，一则好的新闻，首先要有一个好的标题。精心制作标题犹如“画龙点睛”，它既要概括新闻的主要内容，又要醒目、新颖、有趣味。这样才能引起读者注意，增强阅读兴趣。标题本身就应该是一条独立的消息。

新闻的标题有三种形式：

1）多行标题。多行标题主要是三行标题，即引题、正题、副题。引题又称眉题，其作用一般是介绍背景，烘托气氛，以引出正题。正题又称主题，其作用是概括介绍新闻的主要内容，点明新闻的中心思想。副题介绍与正题有关的情况，是对正题的补充。例如：

庆祝中华人民共和国成立五十周年

（引题）

国务院举行盛大国庆招待会

（正题）

江泽民、李鹏、李瑞环、胡锦涛、尉健行、李岚清出席　朱镕基讲话

（副题）

有的消息标题在引题、正题、副题之后，还有提要题。通常三行以上的标题用于内容较多的大消息。

2）双行标题。双行标题由引题、正题或正题、副题组成。新闻的正题一般都有实质性的内容，因此又称实题；副题和引题一般是对气氛的烘托、意义的阐述，因此又称虚题。双行标题一般是虚实结合、彼此呼应、互相补充。例如：

我驻外使领馆举行招待会

（引题）

庆祝新中国成立五十周年

（正题）

首届中国国际高新技术成果交易会开幕

（正题）

朱镕基总理出席开幕式并致辞

（副题）

3）单行标题。单行标题只有主题，这种标题简明、醒目。例如：

国庆放长假　消费掀热潮

（2）导语　导语是新闻开头的第一句话或第一个自然段。通常用简明的文字概括介绍新闻的主要内容，揭示新闻的主题，使读者先有一个总的概念。写新闻要把最重要、最新鲜

的事实放在导语中，以吸引读者。导语的写法很多，常用的一般有以下几种：

1）叙述式。这是最常见的方式。它是把新闻中最重要、最新鲜、最有吸引力的事实，高度概括地加以叙述。如：

今天×时×分，我国在太原卫星发射中心用“长征四号乙”运载火箭，成功地将中国和巴西联合研制的“资源一号”地球资源遥感卫星送入预定轨道。一颗巴西小型科学应用卫星也同时搭载升空。这是我国与巴西在航天技术领域的首次合作。

2）描写式。对某一个富有特色的事实和一个有意义的侧面，用简明的语言进行描写，给读者以鲜明的印象。如：

世纪之交，西藏雪域高原上耸立起了五座水电站。它们犹如五轮灿烂的太阳，伴随着百万藏胞阔步迈向21世纪。

3）评论式。对报道的事实进行简洁、精辟的评论，以揭示事物的性质和作用，引起读者的重视。如：

大量应用于信息产业的电子基础材料18微米铜箔，已由我国联合铜箔有限公司研制成功，近日通过了国家新产品技术鉴定。这项技术突破标志着我国已成为世界上掌握这一技术的第二个国家，对我国计算机、航空航天等高科技领域的自主开发生产具有重要的战略意义。

4）结论式。将新闻事实的结论，在开头部分写出来，开门见山，反映事实的意义。如：

为期3天的×年世界体操锦标赛资格赛经过紧张的角逐，今晚在天津体育馆赛罢。继中国女队杀入团体决赛之后，中国男队也以排名第一的成绩顺利进入决赛。进入决赛的还有俄罗斯、日本、韩国、美国5队。前12名的队取得进军悉尼奥运会的资格。

5）提问式。用提问的方式引出新闻报道的事实，设置悬念，引起读者的注意和思考。如：

新华社武汉×年×月×日电　长江究竟有多长？源头在哪里？经长江流域规划办公室组织查勘的结果表明：长江的源头不在巴颜喀拉山南麓，而是在唐古拉山脉主峰各拉丹冬雪山西南侧的沱沱河，长江全长不止5 800千米，而是6 300千米，比美国的密西西比河还要长，仅次于南美洲的亚马孙河和非洲的尼罗河。

6）引语式。引用与新闻有关的诗句、格言或生动、隽永的话作为导语，以增强导语的生动性和力量。如：

“一条大河波浪宽，风吹稻花香两岸。”“从草原来到天安门广场，高举金杯把赞歌唱。”一首首曾伴随和影响几代人成长的经典歌曲，今晚在北京音乐厅再度响起，依旧深深地打动了全场观众的心。

（3）主体　这是新闻的主要部分，是对新闻事实作具体的报道和说明。这一部分要用充分的有说服力的事实材料来阐明新闻的主题。

新闻主体的结构一般有三种形式：

1）时序结构。按照事件发生、发展的先后顺序安排层次。这样可以使读者对事件的发生、发展过程有一个鲜明的印象。如例文《引滦工程昨日全线试通水》这则新闻的主体部分就属时序结构。从“10时整”写起，“11时”、“中午12时”，到“晚8时”为止，条理清楚，增强了事件的紧迫性。

2）主次结构。把主体部分中最重要的内容放在前面，然后详细叙述。例如，《许杏虎、朱颖烈士部分骨灰在丹阳安葬》就属这种结构。这种结构对读者来说，如果没有时间或没有兴趣看全文，只看前两段就能知道事情的主要内容。

3）逻辑结构。根据事物之间的内在联系或逻辑关系，如因果关系、并列关系、主次关系等，来组织层次，安排结构。例如，《××县中毒民工全部脱险》就属这种结构。

（4）背景　背景材料是指新闻中与报道事实有关的情况，如交代与事实有关的历史情况、地理环境等，以便通过比较、衬托，使报道的主题更深刻。背景材料是新闻的从属部分，通常出现在主体中。

1）对比性材料。即对人物或事物的正反、今昔进行对比，在比较中突出其重要意义。例如，《刮目相看西海固》一文中就有这样一段对比：

进入彭阳县茹河谷地，迎面一幅立体图画：公路两侧耸立着高高的新疆杨，河谷地带是油绿的玉米土豆间种作物，远处的山丘林草茂密、层峦叠翠，令人不敢相信这里是年降水量只有400毫米的干旱山区。这个奇迹出现在刚刚诞生15年的彭阳县。15年前彭阳还是固原县一个区的时候，她是西海固贫穷面貌的缩影："山是和尚头，沟里没水流。"

2）说明性材料。即对所报道的事实中有关的历史背景、地理环境、社会环境作出介绍与描述。

3）注释性材料。即对新闻报道中涉及的概念、原理及名词、术语进行解释，以帮助读者理解新闻中的有关内容。

（5）结尾　结尾又称结语，是新闻的最后一句话或一段话。

新闻要求简明扼要，报道完事实就要结束。结尾的写作方式有以下几种：

1）小结式。对所报道的事实或意义作简要概括，以突出重点，加深印象。例如，《刮目相看西海固》一文的结尾：

西海固人民脚下的路依旧在不断延伸，西海固人民摆脱贫穷的脚步也在越迈越快。

2）启发式。在讲完主要事实后，为启发读者，用启发或激励的语言给读者留下思考的余地。如《卫运河水何日清》的结尾是这样写的：

看着厂区内堆积如山的麦草和滚滚流淌的黑水，人们不禁要问：卫运河何日能变清？

3）展望式。在报道完主要事实之后，进一步指出事情发展的必然趋势或必然结果。如《全年经济增长可以达到或超过7%》结尾写道：

据悉，目前这些政策措施得到了社会各界的广泛认同，有效地改善了居民的心理预期，增强了经济发展的信心。各项措施的逐步落实，对扩大投资、增加消费和促进进出口产生了积极的影响，年初国家确定的宏观调控目标可望基本实现。

4）号召式。根据报道的事实提出具有号召性的意见，激励读者为实现某一目标而行动。如《中国环境与发展国际合作委员会第三次会议闭幕》一文的结尾：

委员会副主席、国家环保总局局长解振华在闭幕式上说，希望委员会全体成员在今后的工作中一如既往地致力于解决中国环境与发展中的关键问题，并在推动中国同世界的合作中继续发挥桥梁作用。

五、新闻的写作要求

1）五要素要齐全。新闻的五要素：何时、何地、何人、何事、何故。写作时要认真写好这几个方面的内容。

2）要用事实说话。

3）观点要正确，分析角度要新颖，报道要及时。

【例文1】动态新闻

滦河水向天津奔来

引滦工程昨日全线试通水

三大水库依次开闸　分水枢纽送水顺利

万米隧道畅通无阻

本报讯　昨日上午，引滦入津工程全线试通水。我市人民朝夕盼望的滦河水向天津奔来。

10时整，潘家口水库、大黑汀水库同时按动提闸电钮，顿时，水流直泻，瀑声如雷，白雾升腾。

在大黑汀水库前，清澈的滦河水如离弦之箭，通过540米长的渠，射向分水枢纽闸门，激起巨大的浪花；水头在闸门出口处卷起无数旋涡，转眼间奔入12.39千米长的隧洞。

此时，分水枢纽前彩旗飞扬，人头攒动，解放军指战员有的挥舞双手，有的晃动草帽；从鬓发斑白的首长到生龙活虎的战士们，都在尽情地欢呼、跳跃。他们的嗓子喊哑了，他们的眼里噙着泪花。一年多的艰苦奋战结出了胜利果实，引滦战士向天津人民奉献了最珍贵的礼物！

这次试通水的目的，是全面检验引滦工程中的各水工建筑、闸门、隧洞、河道的工程质量和测量水文水利数据，为正式通水做好充分准备，试通水从15日起，到月底前完成，分成上游、下游两段同时进行。上游段由潘家口水库开始，经大黑汀水库、分水枢纽、隧洞、黎河，进入于桥水库；下游段自于桥水库开始，经州河、输水明渠、四大输水泵站、尔王庄水库，穿越市区输水暗管，把水送入本市自来水厂。试通水的水流量自每秒40立方米、每秒60立方米（设计流量）、每秒75立方米（校核流量）依次递增。试通水期间，有100名有关人员在沿线测量数据。

为了一睹滦河水奔出隧洞口的精彩场面，记者乘车和看不见的水头赛跑，于11时13分到达隧洞出水口。刚下来，就听见干部战士们高声欢呼："来啦！来啦！"转瞬间，奔腾的滦河水翻着浪花从隧洞中泻出，扑进了宽阔的黎河。干部战士纷纷跳入水中，合影留念。

于桥水库也在中午12时放水，放水过程顺利，设备运转正常。晚8时，水头已流过杨津庄闸。

简析：这则新闻的标题属三行题，引题烘托天津人民渴望滦河水早日到来的迫切心情和全线试通水时兴高采烈的气氛，引出正题。正题概括了新闻的主要内容。副题句式整齐，引人注目，气势连贯，洋溢着胜利的喜悦。导语属叙述式，简明扼要地概括了新闻的主要内容。主体部分五要素俱全，时间、地点、人物、事件、结果，非常清楚。按时间顺序安排材料，突出了放水过程顺利，设备运转正常。第五自然段是背景材料，交代了试通水的目的、规模、步骤、流程、流量等科学资料。结尾只两句话，是对新闻的补充、说明，使这则新闻更加完整。

【例文2】动态新闻

“神舟六号”飞船将于2005年秋发射

新华社北京1月20日电（记者　王宇　张毅）国防科工委副主任、国家航天局局长孙来燕20日透露，备受关注的“神舟六号”飞船将于今年九、十月间发射，航天员设为两名，计划飞行时间4到5天。

据介绍，与“神舟五号”飞船飞行时航天员不进入轨道舱使用生活设施不同，届时“神舟六号”飞船在飞行过程中，航天员将首次进入轨道舱，并开展微重力、育种等多项科学实验活动。

孙来燕介绍，目前飞船的返回舱、轨道舱和推进舱已进入总装阶段，正在进行环境试验、仿真试验等各项测试以及发射前的准备工作。

据悉，中国科研人员攻克了“神舟六号”飞船因多人多天飞行带来的环境控制和生命保障等方面的技术难关，作为“神舟五号”飞船的后续产品，“神舟六号”飞船在设计上优化全船配置，减轻结构重量，合理安排新增设备在轨飞行工作模式，保证了飞船的能量平衡，进一步提高了飞船的可靠性和安全性。

【例文3】综合消息

云南省庆祝建党80周年活动高潮迭起

云南台综合消息：

连日来，“没有共产党就没有新中国”的歌声响彻云岭大地。从迪庆高原到澜沧江畔，从洱海之滨到珠江源头，从省会昆明到千里边疆，到处洋溢着对党的浓浓深情；从机关到企业，从学校到部队，从城市到农村，处处充满着对党的热爱。

在中国共产党成立80周年的喜庆日子里，全省各级党组织、共产党员和各族人民满腔热忱，开展丰富多彩的纪念活动，尽情抒发对中国共产党的真挚感情。共产党好、社会主义好、改革开放好的主旋律在云岭大地回响。

在省会昆明，庆祝建党80周年系列活动高潮迭起。省博物馆“光辉的历程——中国共产党成立80周年图片展”吸引着无数参观者。同时，纪念中国共产党80周年研讨会、座谈会纷纷在省市机关、企业、学校、部队举行。具有革命历史意义的遗址、旧居、爱国主义教育基地成为人们纷纷前往参观学习的地方。在寻甸回族自治县柯渡镇丹桂村红军长征纪念馆，每天都会迎来数百来自全省各地的参观者，他们在中央红军总部旧居前，回顾党的光辉历史。云南早期地下党在蒙自查尼皮村召开云南省委第一次代表大会的旧址，吸引了大批学习参观者，他们对革命先辈无比敬仰。

在大理，“热爱共产党，永远跟党走”万人签名活动热潮翻涌。一位有58年党龄的银发老人激动地说：“做一名共产党员，我感到很光荣！”一位学生饱含深情地说：“我会永远记住入党誓词，用实际行动为党旗增辉。”

以纪念建党80周年为主题，全省各地广泛开展了学术研讨活动，各地还在广大党员中开展“共产党员如何实践‘三个代表’大讨论”，“共产党员人人为群众办实事”大行动，学习与实践“三个代表”成为各地党组织以实际行动纪念建党80周年的重要内容。

曲靖、红河等地广泛开展“建党80周年知识竞赛”；怒江、迪庆等民族地区则用民族歌舞宣传党的光辉历程，感谢共产党的恩情。不少地州还举办“改革开放成就展”、摄影作品展、电影展播等活动，隆重纪念党的光辉节日。

彩云之南，云岭大地，各族儿女用火一样的热情歌颂伟大的中国共产党，歌颂伟大的社会主义祖国，歌颂改革开放的大好形势。

（云南人民广播电台2001年7月1日首播）

思考与练习

一、填空题

1. 新闻，又称______，是对______发生的，有社会意义的______的及时报道。

2. 新闻的主要特点为______、______、______。

二、判断题（正确的画对号，错误的画错号）

1. 为了使新闻更具吸引性，可适当地夸大事实。（　）

2. 在一定程度上“新鲜”是新闻的生命，没了新鲜性新闻也就失去了它的价值。（　）

3. 为了使新闻具有完整性，新闻应多使用长句。（　）

4. 新闻有时也可以适当加以议论和抒情。（　）

5. 一般一篇新闻只报道一个事实，一事一文。（　）

6. 只要是新发生的事都可以写成新闻。（　）

三、选择题（含单项选择和多项选择）

1. 下列（　）项不是新闻的特点。

A. 真实性　　B. 及时性　　C. 简明性　　D. 逻辑性

2. 下列（　）项属于新闻的要素。

A. 时间　　B. 地点　　C. 人物　　D. 事件经过

四、比较下列一组导语，看看哪一个写得更好。

1. 数千名外国游客今天同北京市民一道欢度中秋节，其中还有一名曾经登上月球的美国宇航员××××。

2. 20年前登上月球的美国宇航员××××和数千名外国游客今天同北京市民一道欢度中秋节。

五、应用文写作

写一篇新闻，报道学校或班上新近组织的某项活动。时间、地点、事件要交代清楚，还要注意详略得当，有条有理。

第二节　通　　讯

一、通讯的概念

通讯是对近期出现的典型人物、典型事件所作的具体形象的报道。和新闻一样，是报纸、广播、电视等媒体常用的文体。它以叙述和描写为主，兼用议论、抒情等表达方式，及时报道现实生活中有影响的人物、事件、工作经验和地方风貌，给读者以教育和启迪。

二、通讯的特点

（1）生动性　通讯，尤其是人物通讯具有一定的文学色彩。它借用文学手段，可以用描写、抒情、对话，可以用比喻、象征、拟人等修辞手法。它在报道真实的人和事的过程中，善于再现情景，平添许多生动形象，给人以立体感、现场感。

（2）完整性　通讯能够相对完整、相对具体地报道人物或事物的过程。它所采用的材料比新闻丰富、全面，其容量比新闻厚实、充足。它要求详尽、具体地报告事件的经过、演绎人物的命运，充分展开情节，甚至描写细节和场面。这些既是生动性的表现，同时也是内容完整性、具体化的要求。

（3）评论性　通讯可运用夹叙夹议的方法对人或事作出直接的评论，新闻则不可以。通讯在报道人物或事件的同时，记者可以表露自己的情感倾向。但是通讯的评论又不同于议论性文体的论证，通讯的评论须时时紧扣人物或事件，作适时的评价点拨。

三、通讯的种类

根据通讯的特点，通讯一般可分为四大类，即人物通讯、事件通讯、工作通讯和概貌通讯。

（1）人物通讯　人物通讯就是以报道人物为主的通讯。通过报道一个或几个人物的思想言行和事迹，揭示他们的精神境界和道德情操，达到教育群众的目的。例如，《县委书记的榜样——焦裕禄》，就是比较典型的人物通讯。人物通讯可以写人物的一生，也可以写人物的生活片断。

（2）事件通讯　事件通讯是以记事为主，报道新闻事件发生、发展过程的通讯。它完整、深入地报道一件新闻事件的发生、发展和结果，介绍具体情况，交代来龙去脉，阐明其典型意义和作用，体现时代风貌。事件通讯也可以突出描写事件的某一个片断或侧面，例如《为了六十一个阶级弟兄》这篇事件通讯，写了找药送药的全过程；而《三十而立》报道的仅仅是美国选手卡尔·刘易斯创百米世界纪录的片断。

（3）工作通讯　工作通讯是报道先进工作经验或某项工作成就的通讯，它介绍的工作经验要有典型意义，通过典型剖析，概括出具有规律性的东西。

（4）概貌通讯　概貌通讯也叫风貌通讯，它主要是报道某一地区、部门、单位的自然风貌、风土人情、发展变化、生活状况或进行某一活动的基本面貌。

四、通讯的结构

通讯的特点是结构灵活自由，可以使用各种表达方式。通讯由开头、正文、结尾三部分组成，外加多样化的标题。

（1）开头　通讯的开头是应该仔细琢磨的，需要考虑读者的新闻心理，结合通讯的写作意图，引导读者有兴趣地读完全文以注意事件的发展和人物的精神面貌，最终把人物或事物的本质揭示出来。为此，开头的关键在于截取人物或事物的一个部分或横断面，作为“切口”进入叙述。通常这个“切口”可以是以下两种情况：

1）开门见山法。即言归正传，落笔入题或单刀直入。这种开头或直接进入通讯的主旨，马上叙述通讯的故事，或交代通讯写作的缘由，或立即展开通讯的主题。

2）形象化的写作。即开头推出环境描写，借以引出通讯的人和事；或开头抒发感情，渲染通讯将要描写的气氛；或开头先说委婉故事，借以引出通讯的深刻含义；或开头引用名诗名句等，为通讯铺垫，即隐含的主旨。这样，便可以从情感上引起读者的注意。

（2）正文　通讯的正文要正确反映客观事物的内在联系和发展规律，服从通讯表现主题的需要。根据这个原则，通讯的结构一般分为纵式结构、横式结构和纵横式结构三种：

1）纵式结构，也称顺序结构，是以时间的推移为顺序安排全文。

2）横式结构，是以空间的变换为标志来安排层次，或以事物性质的不同侧面来安排层次。

3）纵横式结构，也称合式结构，即以时间为“经”，以空间为“纬”，采取“纵横交叉”的方式，来安排层次。

（3）结尾　通讯的结尾常见的有：总结全文，深化主题；展示未来，坚定信念；抒发情怀，感慨系之；蕴涵哲理，发人深省；含蓄委婉，回味无穷。

五、通讯的写作要求

1）从时代和事实出发提炼主题。

2）选取典型材料表现主题和刻画人物。

3）巧妙地布局谋篇。

4）综合运用各种表现手法表现主题。

通讯要求具体、形象地叙述事物，这就决定了通讯的表现手法是以叙述和描写为主，把叙述和描写结合起来。在描述过程中，还常常使用抒情和议论。叙述主要用于对人物、事件的交代和说明。描写主要用于对人物、事件作具体、生动、形象的描绘，使读者身临其境。议论用于作者对事物本质的分析和评论。抒情用于作者表达思想感情。以上四种方法综合运用，巧妙结合，可以使通讯叙事生动形象，议论透彻精辟，抒情感人肺腑。

六、通讯与新闻的异同

（1）通讯和新闻的共同特点

真实准确地反映现实生活中的新人、新事、新风貌。

（2）通讯和新闻的不同特点

1）新闻的概括性强，一般是一篇新闻只报道一个事实，一事一文，简洁明快，一般没有情节描写；而通讯则是详细、具体、完整地报道事件的全过程。例如，《××县中毒民工全部脱险》和《为了六十一个阶级兄弟》两篇文章是同一个题材，但写法却不同。前者是新闻，简单概括地报道了事件的概况；后者是通讯，详细报道了找药送药抢救民工的全过程。

2）在表达方法上，新闻多用叙述，而通讯在叙述的基础上可以灵活运用描写、抒情和议论，可以运用比喻、拟人等多种修辞手法，以增强表达效果。

【例文1】

击毙“二王”纪实

9月18日傍晚，在蒙蒙秋雨中，××省××县的东北角山区，突然响起了几声急剧的枪声。大约过了抽一支烟的工夫，从××公社××大队××生产队所在的山坡草丛里，两具尸体被抬下山，送上了等候在山边公路上的汽车。看到“二王”被击毙，附近的群众都拍手称快，喜悦地高呼：“‘二王’被打死啰！”

被击毙的“二王”，就是公安部在全国通缉追捕的持枪杀人犯王×、王××兄弟二人。王×今年30岁，原是××市××区××卫生院的药剂员，×年因扒窃判刑三年，去年3月刑满释放。王××今年26岁，原是××七二四厂六车间材料员。两犯今年2月在××抢劫枪支，持枪行窃，杀人作案后，向我国南方仓皇逃窜，一路昼伏夜行，继续盗窃抢劫，行凶杀人，犯罪累累，最后窜到××山区。在××县军民张开的天罗地网里，他们终于落得了可耻的下场。

高度的警觉者

9月13日上午8时半，××县民政局工作人员刘××外出机关门口，发现对面××杂品商店路边有一个头戴旧草帽，戴着黑眼镜的人，身子跨在一辆溅满泥土的自行车上，一脚踏地，一脚踏着车蹬。一会儿，一个矮个子从杂货店出来了。这两个人一前一后成斜线地骑着自行车往前走，然后停下来又到一个香烟摊前买烟，高个子仍然跨在自行车上做观望状。刘××发现这两个人神态异常，于是也装着买东西的样子走到烟摊前，发现这两个人是外地口音，而且讲话时声音故意压得很低。待这两个人再去另一家商店购买食品时，刘××飞身跑向当地派出所报告了可疑情况，并领着公安人员乘车尾追，在离县城3千米处迎头截住了这两个人。这两个人当即开枪，并弃车逃跑。公安人员从他们丢弃的自行车架上的一个塑料包中，发现两支五四手枪。经上报公安部核对枪号，认定这两支五四式手枪中的一支是3月25日“二王”在×××检查站从我民警手中抢夺的。“二王”就这样在××县暴露了。

处处是监视的眼睛

经过紧急动员，××县人民下定了决心，一定要在××把“二王”抓住。从城镇到山区，人们根据通缉中描述的特征，发现可疑情况，立即向公安机关报告。公安干警、武装警察沿着罪犯逃遁的方向，在每条路上都设置了关卡。

9月15日下午，××公社一位中年女社员赶集回家，在村边山路上看到了一个陌生的黑脸高个子，衣服又脏又不合身，手拿一个旧茶缸，站在一个脏水塘旁发呆，样子不像本地人。这位女社员故意咳嗽一声，想试探此人的反应。高个子立即转身向山上走去了。她觉得十分可疑，一回到村里，顾不得回家放东西，就直奔生产队队部报告。可是当公安人员赶到时，那个高个子已经不见了。虽然不能肯定此人就是逃犯，但这里是“二王”逃遁的方向，于是立即在这里布下了监视岗。

18日凌晨1时许，天刚刚下过大雨不久，××公社××大队××生产队社员曾××，为了赶当天的集市，起早请了社员何××来家杀猪。曾××17岁的女儿曾××刚帮忙杀完猪，站在房檐下休息，就看见屋前小路上有两个一高一矮的黑影，低头勾腰，一拐一瘸地走了过来。待两人走近时，见他们衣服都淋湿了，可是那矮个子挎的一个篓子是干的。她心头疑云顿起，问道："你们是什么人？"没有一丝回音。曾××立即警觉起来，心想："莫非这就是全国要捉的那一高一矮的逃犯？"她转身一看，父亲也同样在门口盯着这两个人。她便飞身跑向大队部去报告……

县、社公安人员得到报告后，在一个小时内便开车赶来，跟踪追寻。当时天已破晓，他们发现去××公社××生产队的山路上有一高一矮两个人在仓皇逃跑。待追到离××村0.5千米左右时，这两个人又消失在山林里。公安人员立即鸣枪报警。

偏向虎山行

早晨6时许，一个包围圈在方圆14平方千米的×××周围紧缩了。武装警察部队及其他搜山人员，散布在×××的沟沟壑壑。

"逃犯有枪，躲在暗处，我们在明处，要注意安全！"领导同志不断提醒搜山的同志。但勇士们只有一个念头，只要能把恶贯满盈的"二王"捉拿归案，个人的安危又算得了什么？

武装警察部队参谋吴××、班长甘××搜到一个斜坡上，无法步行，但他们又不肯放过任何一块"二王"可能藏身之地，便一起坐地滑下去。甘××的脚刚一着地，就踩着了一堆软绵绵的东西。刹那间，枪声响起，潜伏在茅草堆里的王××向甘××开了一枪。随后，王×也从草丛里跳了出来，持枪向吴××射击。在"二王"开枪拒捕的情况下，闻声赶来的勇士们射出了正义的子弹，当场击毙了这两个害人虫。

简析：这是一则事件通讯，它详细地报道了公安干警与人民群众团结战斗终于击毙"二王"事件的全过程。其主要特点是：

(1) 新闻性　它报道了一件新鲜而且重要的事情。

(2) 完整性　它将击毙全国通缉追捕的持枪杀人犯"二王"事件的来龙去脉、原因结果、具体情节真实地作了报道。

(3) 生动性　表达方法灵活多样，运用了小标题，有叙述，有描写，再现了惊心动魄的斗争场面，表现了公安干警和人民群众不顾个人安危与罪犯英勇斗争的精神。

【例文2】

温馨留蓝天爱心在人间
——陈太菊家人向西南航空公司致谢

3月22日下午，因丢失一年血汗钱受到西航乘务员帮助的打工妹陈太菊的两个姐姐陈太凤和陈太翠，从广汉市专程赶到成都双流机场，亲手将写有"温馨留蓝天，爱心在人间"的一面锦旗赠送给西航总经理王如岑，以表达全家人的诚挚谢意。

去年12月30日，在广东中山一童装厂打工一年的陈太菊从珠海机场乘机到成都，过安检时忙乱中不慎将12 900元血汗钱丢失了。在她痛不欲生之际，西航乘务员为其捐款，从而感动了全机123位旅客也纷纷解囊相助。当晚23点过后，同机旅客古和强、张其君夫妇在回到家整理行李时意外发现了陈太菊的钱盒，于是冒着浓雾连夜驱车赶到双流机场，将钱盒交给西航乘务部值班领导。元月一日，西航派人到广汉寻找陈太菊后及时归还了钱盒。陈太菊得到失款后，感动不已，当场将在飞机上所得的6 000元捐款委托给西航的同志，请转捐给“希望工程”。

四川省青少年发展基金会接到这笔捐款后，打破常规，立即将该款拨给朱德同志的故乡仪陇县，使得15名失学儿童得以重返校园。“这一串串动人的真实故事，就像是导演编的，简直令人不敢相信，然而它却实实在在地发生在我们自家人身上。”陈太菊的姐姐陈太凤噙着泪水，满怀感慨地握着王如岑的手说，“你们培养了这么好的乘务员，我们全家人会永远感激你们的。”

作为全国人大代表，3天前从北京开完人大会议归来的王如岑拖着锦旗说：“推进社会主义精神文明建设，是我们共同的大事，刚召开的全国人大会议把它放在了很重要的位置。陈太菊把款转捐给‘希望工程’的举动，做得很好，它对我们继续抓好安全服务工作，也是一种激励。”

据悉，陈太菊已于3月13日重返广东求职打工去了。

思考与练习

一、填空题

1. 通讯一般可以分为四大类，即______通讯、______通讯、______通讯和______通讯。

2. 《为了六十一个阶级弟兄》是一篇______通讯，而《县委书记的榜样——焦裕禄》则是一篇典型的______通讯。

二、判断题（正确的画对号，错误的画错号）

1. 通讯结构灵活自由，可以使用各种表达方式。(　)
2. 通讯一般由标题、导语、正文、结尾四部分组成。(　　)
3. 通讯同新闻一样要求有时效性，要新鲜。(　)
4. 通讯可以运用比喻、拟人等多种修辞手法，因而可以适当地夸大事实。(　)

三、选择题

下列说法不正确的一项是（　　）。

A. 通讯和新闻一样，是报纸、广播、电视等媒体常用的文体

B. 通讯和新闻的一个共同的特点是：迅速及时地反映现实生活中的新人、新事、新风貌

C. 通讯的结构一般分为纵式结构、横式结构和纵横式结构三种

D. 通讯要求具体、形象地描述事物，这就决定了通讯的表现手法是以描写为主，把抒情和描写结合起来

四、简答题

1. 简述新闻与通讯的区别。
2. 简述通讯和新闻的不同特点。
3. 写作通讯时应注意哪些事项？

五、应用文写作

请你采访、调查学校或班级中某一位学生干部，根据其优秀事迹，围绕一个中心，选择几个不同侧面的材料，写一篇通讯。

第三节　广　播　稿

一、广播稿的概念

广播稿就是为广播电台、电视台、广播站写的新闻稿件。它包括消息、通讯、专访、特写、新闻评述、听（观）众来信等各种具有新闻特征的文章。

随着现代科学技术的发展和人民物质文化水平的提高，广播、电视的普及率越来越高。目前，广播、电视已成为党和政府向广大人民群众进行思想教育和文化传播的重要工具，因此，广播稿的写作越发显得重要了。

二、广播稿的特点

广播稿的特点主要有以下三个。

（1）可听性　它主要是靠有声语言来影响听（观）众、进行宣传的，具有可听性。

（2）时效性　因为它是靠电波传递声音的，所以速度快，时效性更强。

（3）广泛性　由于广播、电视不受时间、空间和听众知识水平的限制，收听（视）率很高，范围广，听（观）众多，具有广泛的群众性。

三、广播稿的写作要求

写广播稿要适合听觉语言的下列特点。

1）要适合说，适合听。适合说，说得语音响亮，不拗口，优美、形象；适合听，听来顺耳，易记，易懂。老舍在《对话浅谈》中说：“‘张三李四’好听，‘张三王八’就不好听，前者二平二仄，有起有落；后者四字皆平，缺乏抑扬。”如有人在形容山西昔阳地区农田不平坦时说：“眉毛丘，月牙丘，青蛙一蹦过三丘。”既好说好听，又生动形象，易懂易记。

2）要口语化。所谓口语化，就是和平常说话一样明白，这一点与写其他应用文尤其是公文正相反。行政公文忌用口语，广播稿要求用口语，尽量少用书面语。如写公文用“谢世”、“均应”，写广播稿最好改用“去世”、“都应该”；写通讯，用“东方泛白”，写广播稿用“天刚亮”更合适。

3）要尽量用短句。长句子一般结构复杂，常常有较长的修饰、限制、补充说明成分，这样的句子读起来不一定不通顺，听起来就难懂难记。阅读文章遇到难懂的字句可以多读几遍，听广播就不同，这句没听懂，那句又广播了。所以，写广播稿尽量用结构简单、通畅易懂的短句。

4）要防止同音相混，不该省的不要省。例如，“南逃”和“难逃”，“权力”和“权利”，“死日”和“四日”，有时容易误听。“敌人难（南）逃”用在广播稿中，到底是“向南逃跑”呢，还是“难以逃跑”呢？不易听懂。还要注意双音词和单音词同义时，尽量用双音词，不要省略。例如，“即”改用“就是”，“将”改用“将要”，“因”改用“因为”等。

5）结构要单一。广播稿的结构一般是单线式，不能多线穿插，尽量不用倒叙、插叙、补叙。或以时间先后顺序，或以事情发展顺序。

6）注意几种标点的用法。引号，有时表示反语，用在广播稿中就听不出来。例如，夏衍写的《包身工》中有这样的句子：“有几个‘慈祥’的老板……”写广播稿时就应改为“有几个所谓慈祥的老板 …… ”括号里的话是注释性的，广播时也听不出来。例如，翦伯赞写的《内蒙访古》中有这样的句子：“这一带在古代是一个‘少草木，多大沙’（《汉书·匈奴传》）的地方。”写广播稿时可改为“这一带在古代的情况，在《汉书·匈奴传》中就有‘少草木，多大沙’的记载。”另外，遇到用破折号、顿号时，也要适当变通。

【例文1】

我怎么学起医来（节录）

张海迪

我来的时候是春天，春天是播种季节，不是收获季节。这个时候大概没有我干的活儿。怎么办呢？我就这样等着吗？不久，有一件事情深深地触动了我。这件事也为我开拓了一条最初的为人民服务的路。村子里头有一个小男孩，五六岁，非常可爱。我们刚刚搬到村子里的时候，他总是慌慌张张地为我们搬东西，不是提个小篮，就是提个小花盒。后来我看他挺可爱，给他起了个名，叫“小不点”。“小不点”常常到我们屋来玩，他见我看书，拄着下巴颏，站在桌子旁边问：“姐姐，你不出去玩，你闷吗？我推你出去玩吧！”我说：“你长大了再推我出去玩吧。”可是有一天上午，我正在看书的时候，“小不点”的妈妈匆匆忙忙地抱着“小不点”进来了。一进门就慌慌张张地说：“玲玲，你快看看，你这城里来的姑娘懂得多，你看看你兄弟这是咋啦？”我一看，吓了一跳。他翻着白眼，吐着白沫。当时我还是一个不满15岁的小姑娘，我也不知道是怎么回事，只知道他生了病。我就说：“哎呀，你赶快把他送到医院吧，千万不要耽误！”可是，我们那儿离公社医院绕道走要走十几里路，到县城要走二十多里路。后来，“小不点”走到半路上死了。我当时就非常恨我自己，为什么不会治病呢？我要是会治病，这个小弟弟不就死不了吗？这件事激发了我，农村缺医少药，农民看病很不容易，我不能下地干活，学习当个医生给群众看病不是很好吗？

简析：这篇广播稿（节录）是张海迪讲自己怎么走上学医道路的。它的主要特点是语言口语化，读来顺口，听来悦耳、通俗、亲切、自然、生动。体现出听觉语言的特点，没有难懂的句子，没有文绉绉的词语。同时，叙事也很形象。

【例文2】

国旗下讲话：养成良好习惯，做文明学生

亲爱的老师们、同学们：

大家早上好！今天我在国旗下讲话的题目是《养成良好习惯，做文明学生》。文明的一切都是由细节构成的，通过这些细节，我们看见了文明离我们国家还有一定距离，因此我们每个学生都应该养成文明习惯，做文明学生。

记得有人说过："人，一撇一捺，写起来容易做起来难。我们要经常去思考，我在做什么，我做得怎样，我要成为怎样的人。"做怎样的人，一百个人会有一百种答案，但在每一个答案的背后都有一个基点，那就是做人首先要做一个文明的人。

文明是什么？文明是路上相遇时的微笑，是同学有难时的热情帮助，是平时与同学相处时的亲切，是见到老师时的问早问好，是不小心撞到对方时的一声"对不起"，是自觉将垃圾放入垃圾箱的举动，是看到有人随地吐痰时的主动制止……文明是一种品质，文明是一种修养，文明是一种受人尊敬并被大家广泛推崇的行为。

做文明之人，就要会用文明语，做文明事。再简单地讲，就是要懂礼貌，明事理。中国素有"礼仪之邦"之称，礼貌待人是中华民族的传统美德。生活在幸福时代的我们，如果不能继承和发扬这种优良传统，就不能真正做一个快乐的人。文明礼貌是最容易做到的事，同时也是生活里最重要的事，它比最高的智慧、比一切的学问都重要。礼貌经常可以替代最珍贵的感情。

同学们，让我们一起行动起来——做一个文明讲礼的好学生！让我们的校园处处开满文明之花！

我讲话完毕，谢谢大家！

思考与练习

一、填空题

1. 广播稿的特点主要有______、______、______。

2. 广播稿要适合说，也要适合______，易______，易懂。

3. 广播稿要求用______，尽量少用书面语。

4. 广播稿的结构一般是______，不能多线穿插。

二、判断题（正确的画对号，错误的画错号）

1. 广播稿只要适合听就行了，至于是否适合说则无关紧要。（　　）

2. 广播稿要求用口语，尽量少用书面语。（　　）

3. 为力求严谨，广播稿应尽量使用有较长修饰、限制、补充说明的长句。（　　）

4. 当双音词和单音词同义时，广播稿要求应尽量使用双音词。（　　）

5. 广播稿可以多线穿插，为了更加吸引听众，可以采取倒叙、插叙的叙述方式。（　　）

6. 在广播稿的撰写中应注意适时变通，以便听众能够听懂。（　　）

三、选择题

1. 下列（　　）不是广播稿的特点。

A. 可听性　　B. 时效性　　C. 广泛性　　D. 程式性

2. 广播稿应采取（　　）的叙述方式。

A. 顺叙　　B. 倒叙　　C. 插叙　　D. 补叙

四、简答题

写广播稿应注意哪些事项？

第四节 演 讲 稿

一、演讲稿的概念

演讲稿又叫讲演稿、演讲辞、讲话稿，它是演讲者在群众集会或会议上发言的文稿。一篇好的演讲稿是演讲成功的基础。

二、演讲稿的种类

讲演稿可分为两类：一是在各种会议上的讲话稿，包括报告、讲话、致词类文稿；二是在各种演讲比赛或讲演会上的演讲稿。无论是讲话稿还是演讲稿，都具有宣传群众、教育群众、鼓动群众的作用。例如，李燕杰、张海迪、曲啸等同志启迪人们心灵的演讲，就曾在鼓励广大青少年树立共产主义理想方面发挥过巨大的作用。

三、演讲稿的特点

（1）针对性　演讲稿不论是在内容方面，还是在语言方面，都是针对听众的。听众向往什么，厌恶什么，追求什么，担心什么，都是写演讲稿必须顾及的。想引导听众喜欢某一事物，演讲稿就应该善于激起听众对某事物的好感；想引导听众反对某一事物，演讲稿就应该善于激起听众对某事物的厌恶和反感。

（2）鼓动性　鼓动性是演讲稿的生命，好的演讲稿要使听众“快者抛髯，愤者扼腕，悲者掩泣，羡者色飞”。这种鼓动性一方面要从演讲稿内容中体现，一方面要从语言色彩上体现。闻一多先生的《最后一次讲演》就有极强的鼓动性，曾经一次一次激起全场雷鸣般的掌声。

（3）口语化　演讲稿是靠演讲者诉诸听众听觉的演讲来实现其价值的，语言口语化是其又一个显著特点。演讲稿在语言的要求上和广播稿差不多。语言要口语化，通俗易懂，要浅近，有风趣。少用书面语言，多用大众口语；少用复杂长句，多用精辟短句。

四、演讲稿的基本格式和写法

演讲稿没有严格固定的格式，它一般分为标题、称谓、开场白、主体、结束语等五部分。

（1）标题　成功的标题能概括演讲的中心内容，体现演讲的内容风格，还能发人深思，引人入胜。标题有两种形式，一种是文章式标题，用以概括演讲稿的主旨。常用的集中命题的方式是：

1）主题型即在标题中把演讲的主题揭示出来，使听众通过标题就能了解演讲的内容，如《把青春献给人民的教育事业》。

2）比喻型标题的好处在于将抽象化的问题具体形象化，即深入浅出地揭示主题，如《天使，我为你歌唱!》将学生比喻成老师心目中的天使，老师的教学就是为了天使在歌唱。

3）警句型是用警句来揭示主题，如《天下兴亡，匹夫有责》。

4）抒情型即在标题中抒发感情，如《党啊，亲爱的妈妈》。

5）设问型即在标题中提出问题，然后在文中进行回答，这种标题的好处在于能够吸引听众，如《谁来保卫我们的绿色家园》。

6）补充型即标题的后一句是对前一句的补充说明，如《热爱祖国，为奥运喝彩》。

另一种是“在……上的演讲”式的标题，通常是后人辑录文章时加上去的。

(2) 称谓　得体的称呼使人感到亲切，会唤起听众的注意，拉近演说者与听众的感情距离。称谓写在讲话词的开头、顶格，单列一行，如“各位来宾”、“朋友们”等。除开头称呼外，在演说过程中还要适当地穿插使用。凡长篇演讲，在层次过渡或转换论点时用在有关段首，起提示听众注意的作用。

(3) 开场白　万事开头难，好的开头是成功的一半。瑞士作家温克勒曾经说过：“开场白有两项任务，一是建立说者与听者的同感，二是如字义所释，打开场面，引入正题。”开场白应能迅速创造一种气氛，抓住听众的注意力，控制听众的情绪，为演讲的主体打下基础。开场白有多种方式：或点题，开门见山，道出题旨；或说明，交代背景，说明意图；或概括，扼要介绍，揭示内容；或渲染，娓娓道来，以小见大；或设问，欲擒故纵，引发思考；或导引，引用名言，导出正题。形式要新颖，内容要新鲜，要有容量，要有气势。开场白要注意的几个问题：一是切忌卖弄；二是谦虚有度；三是平等待人。另外，开场白要根据演讲的场所、时机、听众的情况而有所变化。

(4) 主体　这一部分是演讲的展开部分，它要根据开场白中提出的问题进行阐述和议论。这一部分是演讲成败的关键。要写好这一部分，需要做到以下几点：

1）选好演讲主体的重点。这个重点是指那些能体现演讲中心和目的，蕴涵着极深刻的思想与充满感情的段落和语句。演讲内容的重点，随着演讲内容的不同而有所不同。就一次演讲来说，重点在开头的很少，绝大部分在主体中，也有的在结束部分。另一种情况是，重点不是集中而是分散的，分散在各部分、各层次之中。

2）安排好讲述的层次。层次的安排要视演讲的体式而定：

① 议论式演讲。与论说文一样涉及提出问题，分析问题，解决问题三个环节；多采用并列式、总分式、层递式、对比式结构；多采用引证法、喻证法、对比法、类比法、例证法等。

② 叙述式演讲。多采用时间顺序、空间顺序、因果顺序、问题顺序结构。

③ 抒情式演讲。演讲内容按演讲者感情的自然发展顺序来表述，结构手法与散文类似，不拘一格，抒情方式多为间接抒情，也有直接抒情的。

为了在有限的时间内始终抓住听众的注意力，主体部分除了注意用语言（提示性、总结性语言）揭示演讲层次的发展和意思的转变之外，还要在适当的地方设计演讲的高潮，做到跌宕起伏，有张有弛，富有变化。一般说来，宣传鼓动性内容的演讲都有一到几次高潮，学术性内容的演讲则不必硬性设计。

(5) 结束语　这部分总结全文。结束语设计至关重要，因为一方面，它体现演讲稿的完整性，另一方面它又密切关联着演讲的气氛和效果。所以结束语既要总结全文，同时语言又要含蓄、深刻、有力，给人以“余音袅袅，不绝于耳”的感觉，这样才能收到良好的效果。结束语的常见写法有催人奋起的激励式、耐人寻味的含蓄式、加深印象的重申式、引人发笑的幽默式和深化主题的总结式。结尾不宜突然刹车，草草收兵；不宜写得太长，意已终而言未尽；不宜节外生枝，画蛇添足。

五、演讲稿的写作要求

1）了解对象，有的放矢。写演讲稿首先要了解听的对象。了解他们的基本情况，也就是听众的年龄层次、文化程度、工作类型等，再根据他们所关心和迫切需要解决的问题去写演讲稿，这样才能达到宣传、鼓动、教育和欣赏的目的。否则演讲稿写得再好，听众听起来也是味同嚼蜡，毫无兴趣。

2）观点正确，感情真挚。正确的观点本身就带有一定的说服力，再加上演讲者深刻的分析，独到的见解就更增强了演讲的可信度。另外，有怒有喜、有憎有爱的丰富感情要发自肺腑地流露出来，只有这样，才能打动人、感染人，才能与听众在感情上产生共鸣。

3）语言简洁，富有文采。优秀的演讲稿要做到语言简洁明快，概括力强，切忌拖泥带水，烦琐冗长。丰富贴切的修辞，生动的语言是表情达意的基础，是引起听众共鸣的最好方式。

【例文1】

丁肇中在1976年诺贝尔奖授奖会上的发言

国王、王后陛下、皇族们、各位朋友：

得到诺贝尔奖，是一个科学家最大的荣誉。我是在旧中国长大的。因此想借这个机会向发展中国家的青年们强调实验工作的重要性。

中国有句古语：“劳心者治人，劳力者治于人。”这种思想使很多发展中国家的学生都倾向理论研究，而避免实验工作。事实上自然科学理论不能离开实验的基础，特别是物理学是从实验中产生的。

我希望由于我这次得奖，能够唤起发展中国家的学生们的兴趣，从而注意实验工作的重要性。

简析：一位科学家，在如此隆重的会议上，演讲稿不足200字，他完全跳出了荣誉的羁绊，想到的是“向青年们强调实验工作的重要性”。开宗明义列举事实，正反比较，现身说法，实事求是，恰中肯綮，表明这位科学家献身科学、不忘故国的情谊。

【例文2】

泥土的联想

在座的各位领导、同志们：

谁不希望有个理想的职业？谁不希望有个辉煌灿烂的前途？可是生活之路却偏偏把我引进了卫校的大门，毕业后当了一名护士。我和许多同命的姐妹一样，在短暂的兴奋过后，留下的只是自卑和迷茫。我苦苦地思索着，难道我自己的一生就这样度过？一次偶然的机会，使我真正认识了泥土。于是，我的思路也发生了巨大的转变。今天，我要给大家讲的题目是：“泥土的联想”。

在山清水秀，景色迷人的地方，你常可见参天的大树，争艳的百花。它令你心旷神怡，诗兴大发，发出由衷的赞叹。然而，在这样的时刻，你是否会留意它脚下培育它们的泥土呢？

或许，你不会留意，因为它是那样地默默无闻，终生只知奉献，不计个人得失。尽管人们不愿正视它，对它的事业嗤之以鼻，但它仍然甘当花木的培养者，视培养花木为己任与乐事。这种无私的奉献精神，这种对事业始终不渝的责任心，不能不说是泥土的可贵之处。

我常常在想，我们护士这个职业，不正是具有泥土的这种高贵品格吗？

清晨，当人们还在酣睡的时候，我们却正在巡视着病房，察看病人病情的蛛丝马迹，不断地给病人注入战胜疾病的信心和勇气。在长长的走廊里，在洁净的病房里，洒下了我们辛勤的汗水，留下了我们赤诚的足迹。我们的柔和，我们的真诚，使忧郁者舒展紧锁的眉头，使消沉者精神振奋，使痛苦者笑逐颜开，使濒死者绝处逢生。当看到由自己精心护理的病人康复出院，与亲人团聚，重返工作岗位的时候，我们真正体会到了自己存在的价值。

尽管我们的工作辛劳而平凡，待遇不高，且常为世俗偏见瞧不起，但我们却乐在其中。因为，我们的事业是人类崇高的事业，我们的工作是神圣而伟大的工作。我们绝不是仅仅依靠打针、发药过日子。你看，我们敏锐的眼睛，能从病人微小的变化中，识别出潜在的危险的症候；我们灵巧的双手，能在危急的时刻将针头准确无误地刺入病人干瘪的血管，为患者架起“生命的桥梁”；我们轻捷的双腿，能在病人需要时，将“生命之气”迅速地带到床边。“三分治疗，七分护理”，病房—走廊—药房，在这循环往复的轨迹里，辐射着我们青春的全部光和热。虽然没有为国家生产一吨钢，一粒粮，一尺布，但是，在祖国的各行各业里，却遍布着我们亲手治愈的建设者。他们的成就，就是我们的骄傲；他们的幸福，就是我们的欢乐。

我们是一抔默默无闻的泥土，但我们却用自己的青春，让果木结下累累硕果，让花草开出灿烂耀眼的花朵！

我们甘当这样一抔泥土！

我们喜爱具有泥土精神的护士职业！

简析：这篇演讲稿有以下特点。

（1）开头引人入胜，扣人心弦　先从听众心理讲起，谁都想有一个理想的职业，然而自己卫校毕业后却当了一名普通护士。开讲征服了听众，使其非听下去不可。

（2）感情充沛　整篇演讲以理为骨架，以情为血肉，事中有情，情中含理，洋溢着对病人真挚的感情，能引起听众的共鸣。

（3）语言生动活泼　演讲以泥土为线索，通过联想，运用叙述、描写、议论、抒情等表达方式，辅以排比、比喻、衬托等多种修辞格，妙语连珠，句句激荡着听众的心扉。

思考与练习

一、填空题

1. 演讲稿具有______群众、______群众、______群众的作用。

2. 演讲稿一般由标题、______、______、主体、结束语五部分组成。

3. 演讲稿的标题一般有两种形式，一种是______式标题，一种是“在……上的演讲”式的标题。

4. 演讲稿的特点有______性、______性、______化。

5. 称谓写在讲话词的开头、______，单列一行。

二、判断题（正确的画对号，错误的画错号）

1. 一般说来，宣传鼓动性内容的演讲都有一到几次的高潮。（ ）

2. 学术性演讲不必硬性设计高潮。（ ）

3. 议论式演讲一般由提出问题、分析问题、解决问题三个环节组成。（ ）

4. 抒情式演讲多为直接抒情。（ ）

5. 结束语不宜写得太长，但可以写得很短。（ ）

6. 演讲稿一般多用精辟短句，少用复杂长句。（ ）

三、多项选择题

1. 下列（ ）项是议论式演讲经常采用的结构。

A. 并列式　B. 总分式　C. 层递式　D. 对比式

2. 下列（ ）项是叙述式演讲经常采用的顺序结构。

A. 时间顺序　B. 空间顺序　C. 因果顺序　D. 问题顺序

3. 演讲稿的特点有（ ）。

A. 针对性　B. 鼓动性　C. 口语化　D. 程式性

四、简答题

1. 演讲稿的特点有哪些？

2. 演讲稿在结束语的写作上有哪些注意事项？

五、应用文写作

请以班委会的名义组织一次班级演讲赛，要求从下面给定的范围或题目中选择一个。

1. 以“保护绿色家园”为主题写一篇演讲稿。

2. 以“我爱我的专业——××××”为题写一篇演讲稿。

3. 选择中国的某个节日，设置具体听众，写一篇演讲稿。

第五节　解　说　词

一、解说词的概念和种类

解说词是对事物、人物进行解释说明的一种文体。它包括电影、电视解说，文物、书画解说，展览、展销解说，名胜、古迹解说等。

解说词具有补充视觉和听觉两大作用，因此，解说词分为两大类别。一类是视觉补充类，如电影、文物古迹、专题展览、产品等解说词；另一类是听觉补充类，如录音剪辑、广播等解说词。前一类有看得见的实物和形象，后一类完全凭听觉。

二、解说词的特点

(1) 通俗化、口语化　解说词的受众广泛，观众、听众的年龄、职业、文化程度差别很大。解说词要顾及各方面，要通俗易懂，易于被广大观众、听众所接受。它不仅让人看，让人听，有的还供解说员讲，因此必须口语化，读来上口，听来入耳，尽量少用生僻的书面语言。

（2）针对性强　解说词是针对实物、图片、画面等解说的，以解说对象为依据。一段解说词对准一幅画面或一组电影、电视镜头，不能错位，不能脱离解说对象另搞一套。如大型纪录片《毛泽东》的解说词，就是针对一组组的电影镜头作了针对性的客观的解说。

（3）文艺性强　好多解说词如电影、电视、名胜、古迹的解说词，除了有通俗化、口语化、针对性的特点以外，还具有文艺性强的特点。它对解说对象作生动、形象的描绘，兼有文艺作品的某些特点，用诗一般的语言来打动观众、听众。如纪录片《敬爱的周恩来总理永垂不朽》的解说词文艺性就很强。它运用比喻、拟人、对比、衬托、对偶等多种修辞手法，对一组组镜头进行了生动形象的描绘。诗一般的韵味，浓烈的情感，震撼着每个观众的心灵。

三、解说词的写作要求

1）要充分了解解说对象。写解说词必须对解说对象了如指掌，一知半解不行，否则，解说词就很难将解说对象写真切、写准确。如要写山西双林寺十八罗汉塑像的解说词，就必须对十八罗汉塑像进行实地考察，观察十八罗汉的形象，详细了解它的历史、作者、特点、艺术价值，研究其历史资料，不然，就写不好它的解说词。

2）必须具备真挚而丰富的感情。对赞颂的事物充满热爱，对鞭挞的事物有切肤之恨，爱憎分明，写出来的解说词才具有浓厚的感情色彩，有情才有力，有力才感人。大型纪录片《毛泽东》的解说词，之所以具有很强的感染力，就是因为作者对伟大领袖毛泽东具有无比深厚的感情。

3）灵活运用多种表达方式。为了增强表达效果，解说词的写作除了用说明方法以外，还经常用到描写、议论、抒情。既可用散文式，也可用韵文式。电影、电视、戏剧、名胜、古迹等解说词，往往用形象的文学语言，对解说对象进行生动、形象的描绘，给人以美的感受。

【例文1】

大型纪录片——毛泽东（选录）

您想了解毛泽东传奇般的一生吗？您想了解毛泽东特有的人格魅力吗？您想了解毛泽东浪漫的诗人情怀吗？您想了解毛泽东与人民群众有怎样一种天然的血肉联系吗？请看大型电视纪录片《毛泽东》。全片共分12集，每集50分钟。

第一集　丰碑在人民心中

题记：大区书记到中南海开会，毛泽东只给每人一碗面条……

毛泽东来自人民，心系人民，相信人民，依靠人民。他关心人民的疾苦，受到人民的爱戴，人民永远怀念他。本集反映毛泽东同人民群众天然的血肉联系和为人民服务的思想，以及他为党的干部保持发扬优良传统所作出的不懈努力。这是毛泽东和他领导的中国共产党走向胜利的根本保证。

第二集　历史的选择

题记：邓小平说，没有毛主席，至少我们中国人民还要在黑暗中摸索更长的时间……

毛泽东是属于中华民族的，也是属于整个世界的。本集通过现实的采访和历史的展示，集中反映中外人士对毛泽东的评说、怀念、崇敬，以及毛泽东在20世纪中国历史上的地位和不断扩展的影响。从韶山到天安门，毛泽东由一名普通的农家子弟，成长为中国共产党的领袖，并领导中国人民推翻了三座大山，建立了新中国。历史选择了毛泽东，中国人民选择了毛泽东。

第三集 曲折之路

题记：毛泽东第一次当主席的时候，心中装满了苦涩……

在遵义会议确定毛泽东的领导地位之前，毛泽东经历了几起几落。毫无疑问，在中国革命的艰难困苦中，毛泽东是前进的旗帜与方向。但认识到这一点需要时间，需要付出鲜血与生命的代价。本集以毛泽东上井冈山之后直至遵义会议这段历史时期经历的个人命运沉浮，反映了他对武装斗争道路的艰苦探索。

第四集 艰难的探索

题记：毛泽东曾想骑马沿黄河考察……

解决中国问题首先要解决农民问题，源于对中国国情的深刻了解和正确估计，毛泽东才能走向成功。反之，将走向失误。本集反映毛泽东对农民问题的重视和一生几次重要的调查研究活动，说明他把马克思主义同中国实际相结合，找到了一条中国革命的正确道路，并力图探索一条中国社会主义建设道路。

第五集 书上有路

题记：谁也不知道毛泽东一生读了多少书，但他反对本本主义……

毛泽东高度重视理论建设，善于批判继承前人的思想成果。本集反映毛泽东作为伟大的马克思主义理论家、思想家的读书生活以及成长为中国共产党的领袖的过程，特别是他把读书同中国革命和建设实践密切联系起来的特征。

第六集 大海纳百川

题记：毛泽东说，国事是国家的公事，不是一党一派的私事……

本集以毛泽东的统一战线思想为主线，表现他同党外人士的交往，同时还表现毛泽东是如何团结党内犯过错误的同志，团结广大知识分子和各族人民，为着共同的目标努力奋斗的，从而反映毛泽东和中国共产党人海纳百川的广阔胸襟。

第七集 胸中百万兵

题记：在河北的一个农家小院里，毛泽东指挥了三大战役，白了一根头发……

本集表现了毛泽东作为一代军事大家的独特风采——胸怀全局、运筹帷幄、多谋善断的军事智慧和战略家气魄，以及他在中国革命战争中总结出来的富有中国特色的战略战术思想。

简析：解说词与说明书不同，不仅让人看，而且让人听。这篇解说词两方面都照顾到了，文字简练精粹，有韵味，读来朗朗上口，听来动听入耳，且生动活泼，幽默风趣。一集一节文字，针对性强，倾注了对毛泽东浓烈的感情，叙述、议论、抒情紧密结合，具有强烈的感人力量。

【例文2】

电影《敬爱的周恩来总理永垂不朽》解说词（节录）……

……

群山肃立，江河挥泪，辽阔的祖国大地沉浸在巨大的悲痛之中。

……

总理爱人民，人民爱总理。总理和人民同甘苦，人民和总理心连心。

……

从首都到边疆，从北国到南方，从工厂、矿山到农村、营房，人民的眼泪流成了河。……

您为祖国山河添光辉，您为中华儿女振声威，您不朽的业绩永世长存，您光辉的名字青史永垂。

……

灵车队，万众心相随。哭别总理心欲碎，八亿神州泪纷飞。

……

长夜无音，天地同悲。只见灵车去，不见总理归。

……

思考与练习

一、填空题

1. 解说词是对______、______进行解释说明的一种文体。
2. 解说词分为两大类，一类是______类，另一类是______类。

二、判断题（正确的画对号，错误的画错号）

1. 解说词应对准画面或镜头，不能脱离解说对象另搞一套。（ ）
2. 为了力求准确，解说词不应具有文艺作品的文艺性。（ ）
3. 解说词可以综合运用多种修辞手法作形象的描绘。（ ）
4. 名胜古迹、专题展览的解说词应多用专业术语，以显其专业化。（ ）
5. 要想解说词有感染力，必须具备真挚而丰富的感情。（ ）

三、选择题

下列（ ）项不是解说词的特点。

A. 通俗化　　B. 口语化　　C. 针对性　　D. 鼓动性

四、简答题

写解说词应注意什么问题？

五、应用文写作

为你熟悉而又喜欢的一个自然景点拟写解说词。

第十一章　法律应用文

11

学习目标

1. 了解民事起诉状、刑事自诉状、经济纠纷起诉状的概念、结构与写法。
2. 能仿照教材中的例文学写民事起诉状和刑事自诉状、经济纠纷起诉状。
3. 了解上诉状、申诉状、答辩状的概念、结构和写法。
4. 了解上诉状、申诉状的区别。

法律应用文是指在民事、刑事诉讼中，由公安机关、人民检察院、人民法院、律师或案件当事人，针对案情，根据法律规定的诉讼程序和手续而制作的具有法律作用或法律意义的文件统称。法律应用文有统一的、固定的格式；行款严格，语言庄重，应尽量使用法言法语，并注意以事实为根据，以法律为准绳；一些诉讼文书的用纸大都统一印制。本章主要介绍民事或刑事案件当事人或法定代理人经常使用的民事起诉状、刑事自诉状、上诉状、经济纠纷起诉状、申诉状和答辩状。

第一节　民事起诉状

一、民事起诉状的概念

民事起诉状，是民事案件的原告或其法定代理人，为维护民事权益就有关民事权利和义务的争执向人民法院提起诉讼的书状。

民事起诉必须符合法律规定的三个条件：第一，原告必须是与本案有直接利害关系的公民或者法人、非法人团体；第二，起诉必须有明确的被告、具体的诉讼请求和事实根据；第三，请求解决的问题必须属于人民法院主管和由该人民法院管辖。

二、民事起诉状的基本格式和写法

1）标题。在诉状上部正中写“民事起诉状”。

2）诉讼参与人基本情况。原告是公民的，写明姓名、性别、年龄、民族、籍贯、职业，工作单位和住址。如果原告是不满18周岁的未成年人，就写明法定代理人的姓名和职务，以及与原告的关系。

原告是企事业单位、机关、团体的，要写明企事业单位、机关、团体的全称和所在地。在原告下面写法定代表人的姓名和职务。

原告不论是公民或者法人，如果有委托代理人的，在原告下一项写明委托代理人的姓名和职务以及与原告的关系。

被告栏事项和写法与原告栏事项和写法一样。

3）案由。案由也就是民事法律关系的内容提要，它集中反映了各种民事和经济纠纷案件的性质和特征。如“租赁合同纠纷”、“继承权纠纷”、“分家析产纠纷”等。

4）事实和理由。这是核心部分，应主要写清以下几点：

① 当事人之间纠纷的由来、发生和发展的情况。

② 当事人之间争执的主要焦点和双方对民事权益争执的具体内容。

③ 与案件有直接关系的客观情况。

④ 提供充分的人证、物证、书证。

写以上事实，要注意写明六个要素（时间、地点、人物、事件、原因、结果)，要真实可靠。

写理由时，要以法学理论或法律条文作为依据，写明认定被告侵权或违法行为的性质和造成的后果以及被告应当承担的责任。

5）诉讼请求。诉讼请求要写明原告请求人民法院解决的实际问题，要达到的目的和要求，要写得具体、明确。

6）写起诉状所递交的人民法院名称。

7）具状人签名或盖章，注明年、月、日。

8）附注。本诉状副本的份数；书证、物证的名称和件数；证人的姓名和住址。

【例文】

民事起诉状

原告：王××，女，61岁，汉族，××市人。退休职工。住本市××街×号。邮政编码：××××××。

被告：赵××，男，40岁，汉族，××省××县人。××市第十二中学职工。住本市××区××胡同××号。邮政编码：××××××。

诉讼请求：索取房租240元。

事实与理由：

我在本市××区××胡同××号居民大院有房屋两间，是准备以后给孙子结婚居住的。被告赵××见此房空着，便托侯××再三说情，央求租给他暂时居住。当时我说房屋年久失修，现无力修缮。被告说，这不要紧，能够凑合着住就行了。这样，于×年×月初，双方议定每月房租为40元，按月交付，订了一个很简单的租房协议书（详见附件）。上半年被告按月如数交付房租，但自7月份起被告久拖不交，现已6个月，共欠房租240元。我多次催要，被告一直不付，说修缮花了许多钱。被告既不搬走，也不补交房租，不得已诉诸法院。

租房之初，我已讲明无力修缮，被告也讲明"凑合"着住，但当他住进房屋后就不"凑合"着住了，擅自进行修缮，所花修缮费理应自付。租房经过有中间人侯××为证，索取房租有协议书为凭。《中华人民共和国民法通则（以下简称《民法》）》第84条和第85条规定："债权人有权要求债务人按照合同的约定或者依照法律的规定履行义务"；"依法成立的合同，受法律保护"。为此，请求人民法院维护法律尊严，维护我的合法房租，判决被告赵××偿付所欠房租，并收回房屋自住。

此致

××人民法院

起诉人：王××（盖章）

×年×月×日

附：1. 本状副本1份

2. 王××与赵××租房协议书复印件一份（原件在开庭时递交）

3. 侯××证明1份（侯住本市××街×号）

简析：此起诉状除案由外内容俱全，即标题、诉讼参与人基本情况、诉讼请求、事实和理由、递交的人民法院、落款、附件。

事实部分，时间、地点、人物、事件、原因、结果清楚，主要情节具体，事实确凿有据。理由部分，援引《民法通则》条文合理合法。诉讼请求具体明确，合情合理。

思考与练习

一、填空题

1. 民事起诉状的核心部分是______部分。

2. 民事起诉状，是______的原告或其法定代理人，为维护______就有关民事权利和义务的争执向______提起诉讼的书状。

二、判断题（正确的画对号，错误的画错号）

1. 原告有委托代理人的要写明委托代理人的姓名和职务以及与原告的关系。（　　）

2. 民事起诉状的尾部还应注明本诉状副本的份数。（　　）

3. 为了保护证人的安全，起诉状中无需注明证人的姓名及住址。（　　）

4. 起诉状俗称"状子"或"状纸"，又称诉状。（　　）

三、指出并改正下列诉讼文书中的语病

1. 王某瞒过办公室主任和其他办公室的同志，贪污公款一万五千九百多元。

2. 赃款除查获者外，已基本为该犯所挥霍。

3. 李某杀死了妻子、母亲到派出所报案。

4. 省政法工作会议以后，各区组织了一个法律顾问处。

5. 该犯行凶杀人计在二人以上。

四、简答题

1. 什么是民事起诉状?

2. 民事起诉状的核心部分是什么?包含哪些内容?

3. 根据《中华人民共和国民事诉讼法》(以下简称《民事诉讼法》)规定，进行起诉必须符合条件。请问：起诉需要符合哪些条件?

五、应用文写作

依据下面材料写一份诉讼文书。

张××，男，36岁，汉族，××市人，××市××机械公司技师，住××市××区××大街××号。告××市××机电公司经理钱××。

×年×月×日至×月×日，张××为钱××按协议完成QPT液压机维修工作。协议规定酬劳为每台套维修手工费210元，共完成54台套，张××在约定时间完成上述工作，但钱××只给付4 200元，其余款项至今未予给付。

第二节　刑事自诉状

一、刑事自诉状的概念及有关规定

刑事自诉状是刑事自诉案件的被害人或其法定代理人为追究被告人的刑事责任或者附带民事责任而直接向人民法院提起诉讼的书状。

《中华人民共和国刑事诉讼法》(以下简称《刑事诉讼法》)对自诉案件的范围作了具体的规定，它包括两方面：一是告诉后才可受理的刑事案件，即情节恶劣的侮辱、诽谤案，干涉他人婚姻自由案，虐待案等；二是其他不需要侦查的轻微的刑事案件，如伤害案、抗拒执行判决裁定案、重婚案、破坏现役军人婚姻案，以及遗弃案等。

人民法院受理自诉案件后，可以调解，当事人也可以和解。在判决宣布前，自诉人还可以撤回起诉。被告人可以对自诉人提起反诉。

自诉案件与公诉案件主要有以下几点不同：

1) 公诉案件的被告人罪行重，最高可判无期徒刑或死刑；而自诉案件最高刑为3年或2年有期徒刑，只有遗弃罪的最高刑为5年有期徒刑。公诉案件，不论受害人是否控告，都要审理；自诉案件只有告诉才受理。

2) 公诉案件是国家检察机关以公诉人身份向人民法院提起诉讼；自诉案件是由受害人或法定代理人提起诉讼。

3) 公诉案件不能采用调解的方式，只有通过判决方式审结；自诉案件可以通过调解的方式审结。公诉案件的被告人无反诉权；自诉案件的被告人对自诉人有提起反诉的权利。

二、刑事自诉状的基本格式和写法

1) 标题。写明“刑事自诉状”或“刑事附带民事自诉状”。

2) 诉讼参与人身份等基本情况　自诉人栏中应写明姓名、性别、年龄、民族、籍贯、职业、工作单位和住址。如果自诉人是不满18周岁的未成年人，第二项还要写明法定代理人的姓名，以及与自诉人的关系。如果是刑事附带民事诉讼的，则应写明自诉人即附带民事原告人。

被告人栏的事项及写法与原告人栏基本相同。

3）案由。按《刑法分则》的规定，写明案件的性质。如“故意伤害案”、“诽谤案”、“虐待案”、“干涉他人婚姻自由案”等。

4）事实和理由。事实就是被告人侵害受害人（自诉人）权益的犯罪事实及造成的结果，即写清何时、何地、何人、何种原因、何种手段、有何情节、造成何种后果，并同时提供证据。

理由，以给犯罪行为定性、论罪为主要内容。主要写明以下两点：①对案件事实的概括，说明被告人出于何种动机，运用何种手段，造成何后果；②援引法律条文，说明被告人犯了哪一条哪一款，构成了什么性质的犯罪。

5）诉讼请求。请求人民法院对被告人追究刑事责任及损害赔偿。

6）写明诉状递交的人民法院名称。

7）具状人签名或盖章，注明年、月、日。

8）附注。写明副本份数，书证、物证的名称、件数，以及证人的姓名和住址。

【例文】

刑事自诉状

自诉人：高×悦，男，54岁，汉族，××县×镇，河东村农民。

自诉人：高×奎，男，29岁，汉族，××县×镇，河东村农民。

被告人：高×利，男，28岁，汉族，××县×镇，河东村农民。

案由：故意伤害。

事实和理由：

×年×月×日下午7时许，被害人高×悦的妻子刘×荣，途经其旧宅时，发现被告人高×利同其父高×宜等人，违反村委会决定，非法在自诉人宅基地上建棚。刘×荣上前制止，被告人非但不听劝阻，反而将年近50岁的刘×荣摔了两个跟头，刘×荣脸部及右腿都被摔伤。自诉人高×悦、高×奎闻讯前来找被告评理，不料被告人全家大打出手。被告人高×利在自诉人毫无防备的情况下，先是操起一把菜刀从屋里冲出来，一刀将自诉人高×悦右脸面砍伤，接着又一刀砍在高×悦的脖颈上，被害人高×悦当即血流如注，昏倒在地。自诉人高×奎见状，迅速上去夺刀。高×利又凶狠地朝高×奎右手一刀砍去，被害人高×奎右手鲜血四溅，疼痛难忍，当即昏迷不醒。见此情景，被害人高×奎堂兄高×奋力夺下被告人凶器，然而被告人高×利仍不罢休，又跑回屋里拿出一把斧子，狂妄地声称要杀死被害人高×悦全家。幸亏在场群众极力制止，被告人的罪恶目的才未得逞。

当晚，被害人高×悦、高×奎立即被送往××县医院。经医生诊断，被害人高×悦右面部皮裂伤，伤口长5厘米，深达1.5厘米，右颈皮裂伤，伤口长5厘米；被害人高×奎右手背皮裂伤，伤口长3厘米，右手小动脉破裂，血管肌腱断裂。

以上事实，由在场人高×远、张×芳、吴×英、巩×刚、高×、高英×等人以及医院诊断为证。

综上所述，被告人高×利主观上有故意伤害他人的动机，客观上实施了伤害他人身体健康的行为。按照两院两部（1990）《人体轻伤鉴定标准（试行）》第 14 条、第 17 条和第 21 条之规定，被害人高×悦、高×奎的损伤属于轻伤范围，被告人高×利的行为已触犯了《中华人民共和国刑法》第 234 条第一款之规定，构成故意伤害罪。为此，自诉人特请求人民法院：

（一）依法追究被告人故意伤害罪的刑事责任。

（二）责令被告人承担被害人全部医药费，生活补助费，赔偿误工等经济损失。

此致

××县人民法院

具状人：高×悦

高×奎

×年×月×日

附注：（略）

简析：此刑事自诉状的主要特点是被告人侵害自诉人权益的犯罪事实及所造成的后果写得清楚、具体，突出了关键情节。这样写充分证实了被告人既有故意伤害人的动机，又有行为，还有结果。同时，提供了人证、书证，便于人民法院调查审理。另一特点是在写理由时，准确引用法律条文，给被告的犯罪行为以准确的定性，为下文写诉讼请求提供了法律依据。诉讼请求明确，具体，合情，合理，合法。

思考与练习

一、填空题

1. 刑事自诉状是刑事自诉案件的______或其______为追究被告人的______或者附带______而直接向人民法院提起诉讼的书状。

2. 刑事自诉状用于______后才可受理和其他不需要进行______，由人民法院直接处理的______的刑事案件。

3. 人民法院受理自诉案件后，可以______，当事人也可以______。在判决宣布前，自诉人还可以______起诉，被告人也可以对自诉人提起______。

二、判断题（正确的画对号，错误的画错号）

1. 刑事自诉状适用于所有性质的案件。（　　）

2. 刑事自诉状可直接向人民法院提起诉讼。（　　）

3. 自诉案件不论受害人是否控告，都要审理。（　　）

4. 自诉案件最高刑为 3 年或 2 年有期徒刑。（　　）

5. 自诉案件的被告人无反诉权。（　　）

6. 自诉案件是由受害人或法定代理人提起诉讼。（　　）

三、选择题

1. 下列（　　）项不适用于自诉案件。

A. 抢劫案　　B. 伤害案　　C. 侮辱案　　D. 干涉婚姻自由案

2. 自诉案件的最高刑期为（　　）。

A. 5 年　　B. 3 年　　C. 10 年　　D. 无期

3. 自诉案件的诉讼人是（ ）。

A. 国家检察机关 B. 受害人的亲属 C. 受害人 D. 人民法院

4. 刑事自诉状的理由部分应写明（ ）。

A. 案件的性质 B. 人民法院的名称 C. 诉讼请求 D. 援引的法律条文

四、简答题

自诉案件与公诉案件的不同点有哪些？

第三节 上 诉 状

一、上诉状的概念、类型及有关规定

上诉状是诉讼当事人或者他们的法定代理人，不服地方各级人民法院第一审的判决、裁定，依照法定程序，在法定期限内，请求上一级人民法院依法撤销、变更原审裁判，或者重新审理而制作的诉讼文书。

当事人上诉是有一定条件的，包括：

1）上诉状只能由具有法定身份的人提出才具有法律效力。根据我国《民事诉讼法》规定，民事案件的原告和被告，包括民事诉讼中只有一个原告和一个被告的双方当事人，原告或被告有两个以上共同诉讼人和有独立请求权的第三人都可提出上诉，无行为能力的当事人，可由法定代理人提起上诉。

2）上诉状必须在法定上诉期限内写出并提交上级人民法院才具有法律效力。

上诉状分刑事上诉状、民事上诉状和行政上诉状三种。

公诉案件中的被害人，由于他们不是案件的当事人，则无权提出上诉；自诉案件的被害人，则有权提出上诉；刑事附带民事诉讼中的当事人和他们的法定代理人，只能对地方各级人民法院第一审判决、裁定中的附带民事诉讼，提出上诉，对刑事部分则无权提出上诉。

对判决提出上诉的期限为15日，对裁定提起上诉的期限为10天。上述期限都是从接到判决或裁定书的第2日起计算。

二、上诉状的基本格式和写法

（1）标题 一般写“刑事上诉状”、“民事上诉状”、“刑事附带民事上诉状”、“行政上诉状”等。

（2）当事人身份等基本情况 刑事上诉状，先写上诉人，次写被上诉人。二者均要写明姓名、性别、年龄、民族、籍贯、职业、工作单位和住址。同时要注明当事人在一审中是原告还是被告。公诉案件无被上诉人，不能说被上诉人是人民检察院。

民事上诉状、行政上诉状，当事人身份等基本情况写法和刑事上诉状基本相同。

如果上诉是法定代理人或委托代理人提起，也应写明上述身份等基本情况。

（3）事由 写明因何案、不服何法院、于何时、以何字号判决或裁定而提起上诉。

（4）上诉理由 这是上诉状的核心部分，要根据刑事、民事、行政案件的不同特点来写。

刑事上诉状，应针对以下四个方面上诉：

1）针对原审判决、裁定认定事实方面的错误进行申辩，或指出认定事实有出入，或指出遗漏了重要事实，或指出缺乏证据，或另外提供证据，从而阐明原裁判认定事实不准确。

2）针对原审判决、裁定认定性质的不当进行申辩，提出法律依据，或作罪轻的申辩，或作无罪的申辩。

3）还可针对原审判决、裁定量刑畸重进行辩解，并提出正确量刑的理由和法律依据。

4）也可针对原审判决、裁定在审判程序上的不当进行申辩，指出在审判程序上违反了什么法律规定，从而导致实际处理不当。

民事、行政上诉状的理由，除针对原审判决、裁定认定事实有误和违反诉讼程序外，主要还要围绕权利和义务以及行政机关的侵权行为来写，并写明原审判决、裁定，适用法律条文不当，提出纠正的法律依据。

(5) 上诉请求　主要写明请求第二审人民法院撤销（一部分或全部分）、变更原审判决、裁定，或者请求重新审判。

(6) 上诉状递交的人民法院名称

(7) 上诉人签名或盖章，注明年、月、日

(8) 附注事项

【例文1】

刑事上诉状

上诉人：张××，男，20岁，汉族，××省××市人，住××省××市××乡××村。

上诉人因抢劫一案不服××市中级人民法院（1998）×法刑字第×号刑事判决，现提出上诉。理由如下：

一、上诉人应为胁从犯，不是从犯。上诉人仅于×年×月×日晚10时许，参与抢劫一次，而且是被同案被告人任××、郭××以外出看电影的名义诱骗参加的。当上诉人意识到被诱骗参加抢劫犯罪时，坚决要求退出，遭到任××、郭××的拒绝。任××立即拔出尖刀威胁说，如不从就杀掉上诉人（郭××证明）。上诉人就是在这种情况下参加犯罪的，在实施抢劫时，在任××强迫下将任××抢得的15 000元现金拿走。事后，任××给上诉人200元钱，被上诉人拒绝。判决书认定“被告人任××、郭××伙同张××抢劫作案一次”和“被告人张××系共同犯罪的从犯”是不正确的。上诉人不是伙同作案，是在被诱骗、被胁迫的情况下参与，并且是没有实施抢劫行为，拒绝分赃款的。符合《中华人民共和国刑法》（以下简称《刑法》）规定的胁从犯的特征，应为胁从犯。

二、根据我国《刑法》第28条“对于被胁迫参加犯罪的，应当按照他的犯罪情节减轻处罚或免除处罚”之规定，判决上诉人适用《刑法》第27条之规定处罚是不正确的。

综上所诉，判决适用法律条文不当，量刑过重，请求依法改判。

此致

××省高级人民法院

上诉人：×××

×年×月×日

附件：（略）

简析：此上诉状上诉理由写得好。一是抓住××人民法院一审定性不当，指出不是

“从犯”而是“胁从犯”。接着从三方面申辩：①主犯以外出看电影的名义诱骗上诉人参与；②主犯以尖刀相逼；③未实施抢劫，仅仅是被强迫拿走赃款，且拒绝分赃款。据此否定了上诉人是“从犯”的定性，并根据《刑法》规定，说明符合胁从犯的特征。二是抓住适用法律条文不当。既然定性不正确，那么根据不正确的定性适用的法律条文也就不当了。从而得出“量刑过重”的结论。最后提出上诉请求——“依法改判”，合情、合理、合法。

【例文2】

民事上诉状

上诉人（原审被告）：××市××有限责任公司，住所地本市建国西路××号。

法定代表人李××，系该公司董事长，电话1385××55×0。

被上诉人（原审被告）：××市××有限公司，住所地本市建国西路××号。

法定代表人许××，系该公司经理，电话1390××00××2。

上诉人因与被上诉人租赁合同纠纷一案，不服××市××区人民法院（2010）泉民初字第1××9号判决，现依法提起上诉。

上诉请求：

1. 请求改判被上诉人赔偿上诉人损失共计人民币40 000元。

2. 请求判令被上诉人承担本案一、二审的全部诉讼费用。

事实与理由：

一、一审判决认定根据被上诉人在×年×月×日向上诉人发出的回函来看，纠纷发生时双方当事人对租赁关系是否存续认识尚存在较大争议。系认定错误。

上诉人与被上诉人租赁合同到期以后，被上诉人继续占有租赁房屋，双方形成不定期租赁合同，后来不定期租赁合同也予以解除了。被上诉人在其×年×月×日的回函中就已经明确表明其无能力再签合同。这时双方的租赁关系就已经终止了，双方之间是否存在租赁关系并无争议。所以一审判决系认定错误。

二、一审判决认定被上诉人的行为与上诉人主张的损失之间不存在必然的因果关系，要求被上诉人承担损失没有法律依据。系认定错误。

上诉人与被上诉人之间的租赁合同终止以后，上诉人完全有权利将其房屋租赁他人，这是上诉人的合法民事权利，其行使不应当受到任何限制。被上诉人在与上诉人之间的租赁关系终止以后，没有及时腾房，其行为已经构成了侵权，就应当为其侵权行为向上诉人赔偿损失。因被上诉人没有及时腾房的侵权行为，导致上诉人向案外人赔偿了违约金。上诉人的损失依法应由被上诉人承担。

综上，被上诉人到期没有腾房的侵权行为与上诉人向案外人承担违约金从而向被上诉人主张损失之间存在必然的因果关系。所以一审判决系认定错误。

综上所述，一审法院认定事实存在错误，请求二审法院依法予以改判，支持上诉人的上诉请求。

此致

××市中级人民法院

上诉人：××市××有限责任公司
×年×月×日

简析：这份上诉状格式正确，上诉人在摆出不服××市××区人民法院（2010）泉民初字第1××9号判决的论点后，依法提出两点上诉请求，然后充分运用事实论据进行说理、论证，事实确凿，有理有据，具有很强的说服力，能达到让执法者支持上诉人的上诉请求的目的。

思考与练习

一、填空题

1. 上诉状分为______上诉状、______上诉状和______上诉状三种。

2. 上诉状是对人民法院______的判决、裁定，按照法定的______和______，向______人民法院提起上诉时使用的文书。

二、判断题（正确的画对号，错误的画错号）

1. 自诉案件的被害人有权提出上诉。(　　)

2. 上诉期限是从接到判决或裁定的当日起计算。(　　)

3. 对判决提出上诉的期限为15日，对裁定提出上诉的期限为10天。(　　)

4. 上诉状无需列举事实，只需明确指出原审判的错误或不当之处。(　　)

5. 逾期写出和送达的上诉状，同样具有法律效力。(　　)

6. 上诉状只能由具有法定身份的人提出才具有法律效力。(　　)

三、多项选择题

上诉状应具有（　　）。

A. 针对性　　B. 说理性　　C. 逻辑性　　D. 评判性

四、简答题

1. 什么是上诉状？

2. 上诉状与起诉状的异同？

第四节　经济纠纷起诉状

一、经济纠纷起诉状的概念

经济纠纷起诉状是经济案件的原告或法定代理人，为了维护自己的经济权益向人民法院提出诉讼的文书。

二、经济纠纷起诉状的基本格式和写法

经济纠纷起诉状的结构与写法，同民事、刑事诉讼状差不多，由六部分组成。

（1）标题　写明“经济纠纷起诉状”。

（2）当事人的基本情况　先写原告人，后写被告人，有几个依次写几个，且都要写明姓名、性别、年龄、民族、籍贯、职业（有正式职业的要写清工作单位）和住址七项。

原告、被告如果是企事业单位、机关、团体时，应写明单位全称、地址，并在下一行写明法定代表人的姓名和职务；有诉讼代理人的也应写明其姓名、单位、职务和住址。

(3) 请求事项　即请求人民法院依法解决的经济纠纷问题。这部分应写明原告人的目的要求，请求事项要合情、合理、合法。例如，是请求履行合同，还是请求裁决合同的哪条、哪款等。

(4) 事实和理由　这是起诉状的主要部分，是胜诉或败诉的关键。

1) 事实方面的写作，要以经济纠纷的发生、发展为线索，以时间先后为顺序，写明被告如何侵害了原告的合法权益，诸如纠纷发生的时间、地点、原因、经过及关键情节等。尤其是双方争执的焦点、被告应承担的法律责任，要准确无误。被告人侵权行为造成的后果要重点写清。在写明事实的同时，要提供必要的证人、证言和证物。

如原告在纠纷过程中也有一定的责任或过错也应写明，以便于人民法院全面了解，分清是非。

2) 理由方面的写作，首先要写明根据以上事实，认定被告人侵权或违法、违约的性质及造成的恶果；其次要写明请求事项的法律依据和条款。

(5) 结尾　主要写三项内容：

1) 起诉状提交的人民法院的名称。

2) 具状人姓名。

3) 具状日期。

(6) 附项　写明下列事项：本状副本×份；物证×件；书证×件。

【例文】

经济纠纷起诉状

原 告 人：××市××区××公司
地　　址：××市××区××路×号
法人代表：××××，系公司经理
被 告 人：××市××区××商店
地　　址：××市××区××大街×号
法人代表：×××，系商店经理
案　　由：追索货款，赔偿损失

诉 讼 请 求

1. 责令被告偿还原告货款3万元。
2. 责令被告赔偿拖欠原告货款3个月的利息损失。
3. 责令被告赔偿原告提起诉讼而产生的一切损失，包括诉讼费、请律师费等。

诉讼事实和理由

原告和被告×年×月×日商定，被告从原告处购进西凤酒200箱，价值人民币3万元。原告于当年×月×日将200箱西凤酒用车送至被告处，被告立即开出3万元的转账支票支付原告，原告在收到支票的第二天去银行转账时，被告开户银行告知原告，被告账户上存款只有1.2万余元，不足清偿货款。由于被告透支，支票被银行退回。当原告再次找被告索要货款时，被告无理拒付。后来原告多次找被告交涉，均被被告以经理不在为由拒之门外。

根据《中华人民共和国民法通则》第106条第一款和第134条第一款第七项的规定，

被告应当承担民事责任，原告有权要求被告偿付货款，并赔偿由于被告拖欠货款而给原告带来的一切经济损失。

证据和证据来源：

1. 被告收到货后签收的收条1份。

2. 银行退回的被告方开的支票1张。

3. 法院和律师事务所的收费收据×张。

此致

××区人民法院

起诉人：××市××区××公司（盖章）

×年×月×日

附：1. 本状副本1分

2. 书证×份

简析：这份经济纠纷起诉状，根据诉状使用格式，在开头部分，介绍了当事人的基本情况。此起诉状案由明确，诉讼请求具体明确，交代事实简洁清楚，陈述理由合情合理，引用法规明确、具体，人称前后一致。这是一篇值得学习的起诉状。

思考与练习

一、填空题

1. 经济纠纷起诉状必须有明确的______，具体的______和事实依据。

2. 经济纠纷起诉状是经济案件的______或______，为了维护自己的经济权益向人民法院提出诉讼的文书。

3. 经济纠纷起诉状由标题、______、请求事项、______、结尾和______六部分组成。

二、选择题（正确的画对号，错误的画错号）

1. 诉讼请求时（　　）请求法院解决经济纠纷所要达到的目的。

A. 被告人　　B. 原告人　　C. 当事人　　D. 法官

2. 现在起诉状不列案由一项，将其并入（　　）一栏。

A. 尾部　　B. 事实和理由　　C. 请求事项　　D. 首部

三、简答题

经济纠纷起诉状的主要部分是什么？包含哪些方面？

第五节　申　诉　状

一、申诉状的概念

申诉状是指诉讼当事人及其法定代理人、被害人及其家属或者其他公司，对已经发生法律效力的判决、裁定认为确有错误，向人民法院或者人民检察院提出申请复查纠正的书状。它是运用特殊程序维护申诉人合法权益的文书。

二、申诉状的类型

申诉状有刑事申诉状、民事申诉状和行政申诉状。

我国法律规定，被害人对人民检察院所作的免予起诉和不起诉的决定不服有权提出申诉。

三、申诉状与上诉状的区别

1）申诉状是对已经发生法律效力的判决、裁定认为确有错误而提出的书状，不受时间的限制；而上诉状则必须在规定的时间内进行才有效，逾期不得上诉。

2）上诉状递交的是原审人民法院的上一级法院，申诉状递交的一般是原审人民法院。提出申诉，并不能停止判决、裁定的执行，不一定引起审判监督程序的发生，而上诉状递交后即可引起二审程序发生。

四、申诉状的基本格式和写法

1）标题。应分别写明“刑事申诉状”、“民事申诉状”、“行政申诉状”。

2）申诉人基本情况。写明姓名、性别、年龄、民族、籍贯、职业、工作单位和住址。

如果是刑事案件的在押人申诉，应写明现押处所；如果是被告人的辩护人、亲属或其他公民申诉的，应写明申诉人的姓名、职业，同被告人的关系，并加写被告人的基本情况。

如果是民事案件当事人申诉的，还应将对方当事人（被申诉人）的基本情况写明。

如果是行政案件的当事人申诉的，要写明被申诉机关的名称及其法定代表人的姓名、职务。

3）案由。写明何人因何案，不服何法院何字号的判决、裁定而提出申诉。

4）申诉理由。不论刑事、民事还是行政案件，均应写明以下主要内容：

① 如实写明客观事实，在叙述事实时，针对原审判决、裁定认定事实方面的不当，提供全、准、新、实的事实。

② 列示证据，为了说明申诉的事实准确可靠，列示与请求目的相符的人证、物证、书证。

③ 依法说理，要紧扣原审判决、裁定在适用法律条文方面的错误，用法学原理和法律条文进行申辩。

5）请求事项。扼要地写明申诉目的，提出请求法院撤销、变更原审判决、裁定再审。

6）写申诉书递交的人民法院名称。

7）申诉人签名或盖章，注明年、月、日。

8）附注事项。

【例文】

民事诉讼状

申诉人：郑宝山，男，住××县×××乡××××村。

被申诉人：郑广雨，男，住××县×××乡××××村。

申诉人不服××县人民法院（2005）朝民权初字第×号民事判决，因其认定事实错误，适用法律错误，请求人民检察院依法提出抗诉。事实与理由如下：

一、××县人民法院（2005）朝民权初字第×号民事判决认定事实错误。

××县人民法院（2005）朝民权初字第×号民事判决认为："被告（申诉人）于×年×月×日毁坏原告（被申诉人）堆砌的沙坝，致使×年×月×日发的洪水将原告两道铁丝石坝部分冲毁，433棵树木及林地冲毁，对此造成的损害被告应负赔偿责任。"我认为××县人民法院对这一事实的认定明显是错误的。

首先，虽然申诉人的确曾将被诉人"堆砌"的沙坝扒开过一个小口，但被申诉人所谓自己堆砌的沙坝并不是其合法财产，不应该受到法律的保护。尽管那条沙坝的确是被申诉人堆砌的，但并不能说明那就是被申诉人的合法财产。《中华人民共和国民法通则》第72条规定："财产所有权的取得，不得违反法律规定"《中华人民共和国河道管理条例》第24条规定："在河道管理范围内，禁止修建围堤、阻水渠道、阻水道路；种植高秆农作物、芦苇、杞柳、荻柴和树林（堤防防护林除外）；设置拦河渔具；弃置矿渣、石渣、煤灰、泥土、垃圾等。"根据这条规定，任何人都不能随意在河道范围内修筑阻水的堤坝，这是法律强制性规定。也就是说，就算有人在河道范围内修筑了阻水的堤坝，也不应受到法律的保护，任何人都可以将之毁掉而不必承担责任。因为法律并不保护非法财产。试想，如果有谁在国家所有的河道上划一个圈，说圈里边都是我自己的，谁动就要承担法律责任，这样是不是很可笑？因为古老的圈地运动早就失去了它存在的法律基础！本案的这条沙坝就是这种情况。

其次，被冲毁的两道铁丝石坝、433棵树木及林地也不是被申诉人的合法财产。一审法院在判决中说明被申诉人与村委会有承包合同，约定承包林地四至之一就是东至河套，想以此说明上述财产是被申诉人合法取得的。根据合同约定，承包林地的确东至河套，但这并不能说明河道也在承包范围之内。一来河道并不是村委会财产，村委会无权处理；二来"四至"之一为"东至河套"根本就不包括河道，只是河边的林地而已。所以，那些被冲毁的所谓林地并不是被申请人的合法财产。至于两道铁丝石坝、433棵树木就更是非法财产了。因为这违反了《中华人民共和国河道管理条例》第24条的强制性规定。

根据法律规定以及被申诉人与××××村委会的合同约定，"原告堆砌的沙坝"，"原告两道铁丝石坝、433棵树木及林地"并不是被申诉人的合法财产，不应该受到法律的保护。而一审法院却错误地认定这是被申诉人的合法财产，从而导致错误地判决申诉人承担赔偿责任。

二、××县人民法院（2005）朝民权初字第×号民事判决适用法律错误。

由于一审法院错误地认定了本案的事实，也就是将被申诉人的非法财产认定为合法财产，从而适用《中华人民共和国民法通则》第117条规定，判决申诉人承担复原及赔偿责任。《中华人民共和国民法通则》第75条规定，公民的合法财产受法律保护。也就是说，只有合法取得的财产才能受到法律的保护，而本案被申诉人的前述财产的取得既没有合同的约定，也违反了法律的强制性规定，根本不应该得到法律的保护。那么一审法院适用《中华人民共和国民法通则》第117条规定作出本案的一审判决，显然是适用法律错误。

综上所述，申诉人认为，被冲毁的沙坝、部分铁丝石坝、433棵树木及林地根本不是被申诉人的合法财产，不应该受到法律保护。而××县人民法院（2005）朝民权初字第×号民事判决却无视事实，错误地适用《中华人民共和国民法通则》第117条，判决申诉人承担赔偿责任，致使申诉人的合法权益受到了极大地损害。为了维护申诉人的合法权益，特请求贵院根据本案的事实及证据，依法抗诉，以使本案得以重新审判。

此致

××县人民检察院

申诉人：郑××

×年×月×日

简析：这份申诉状格式正确，申诉人在摆出不服原判的论点后，充分运用事实论据进行说理、反驳及论证，并根据有关法律条款的规定，在陈述事实、归纳理由的基础上，推导出合理合法的申诉请求。

思考与练习

一、填空题

申诉状有______申诉状、______申诉状和______申诉状三种。

二、判断题（正确的画对号，错误的画错号）

1. 申诉状一般递交原审人民法院，且不受时间的限制。(　　)

2. 申诉时，判决、裁定可停止执行。(　　)

3. 有申诉权的人要比有上诉权的人范围大些。(　　)

4. 因为申诉是针对原审判决、裁定有误而要求复审改判的，所以没有“被申诉人”一项。(　　)

5. 申诉状尾部的送达法院应写明原审人民法院院名。(　　)

6. 对已经发生法律效力的解除婚姻关系的判决，不得申请再审。(　　)

三、多项选择题

申诉的理由应包括下列（　　）项。

A. 客观事实　　B. 列示相关书证　　C. 列示相关物证　　D. 列示相关人证

四、简答题

1. 试述申诉状与上诉状的区别。

2. 如何撰写申诉人的基本情况？

3. 申诉状应从哪些方面阐明申诉理由？

第六节　答　辩　状

一、答辩状的概念及有关规定

答辩状是民事、行政案件被告人或被上诉人，针对起诉和上诉的事实和理由、请求，进行回答或辩解所用的一种文书。

答辩是应诉行为，是法律赋予被告人和被上诉人的诉讼权利。

答辩状是与诉讼状、上诉状相对应的文书。一审程序的答辩状，是被告人针对原告人的诉状提出的；二审程序的答辩状，是被上诉人针对上诉人提出的。

二、答辩状的类型

答辩状有民事答辩状、行政答辩状和刑事答辩状。

我国《民事诉讼法》第113条第一款规定：“人民法院对追索赡养费、抚养费、抚育费、抚恤金和劳动报酬的案件，应当在立案之日起5日内将起诉状副本发送被告，被告在收到之日起，15日内提出答辩状。”第150条第一款规定：“原审人民法院收到上诉状，应当在5日内将上诉状副本送达对方当事人，对方当事人在收到上诉状副本之日起，15日内提出答辩状。”

三、答辩状的基本格式和写法

1）标题。写明答辩状的性质和审级，如民事（或行政、刑事）答辩状，民事（或行政、刑事）被上诉答辩状。

2）答辩人基本情况。应写明答辩人姓名、性别、年龄、籍贯、民族、职业、单位、住址。答辩人如属企业事业单位、机关、团体，则要写明单位全称、地址和法人代表的姓名及职务。有委托代理人的也应写明。

3）答辩事由。具体行文是：

① 一审答辩状：“因原告人×××诉我××（案名）一案，现答辩如下。”

② 二审答辩状：“上诉人××因不服××人民法院（年度）×字第×号判决，提起上诉，现将上诉状所列各点，答辩如下。”

4）答辩理由。这是答辩状的主体部分，或者说是关键部分。这部分应针对起诉状或上诉状提出的问题来确定，可从以下两方面进行答辩：

① 从事实方面进行答辩。针对诉状或上诉状中提出的事实和证据的不实，用符合客观真实的事实和证据进行辩解。大致有两种情况：诉状或上诉状中提出的事实和证据，全是虚假、捏造的；一部分证据和事实是真的，一部分证据和事实是假的。在写答辩理由时，要针对上述两种情况，各有侧重，分别予以回答和辩解。

② 从适用法律方面进行答辩。第一，原告对法律条文理解错误，以致提出不合法的要求；第二，原告起诉违背法律程序。

5）结束语。可用一两句话结束答辩，如“据上所答，请驳回原告的起诉”，或“请详查事实，予以公正审理”等。

6）答辩状送达的机关名称。

7）答辩人署名，答辩状递交的日期。

8）附注。答辩状副本×份，书证×份。

【例文1】

民事答辩状

答辩人：××市××房地产开发总公司代表何××，公关部经理。

案由：上诉人张××因房屋拆迁一案，不服××市××区［19××］民字第19号的判决，提出上诉。现答辩如下：

答辩理由：为了适应本市商业发展的需要，我公司于×年×月向市城建规划局提出申请报告，要求拓宽新建丝绸百货大楼前面场地150平方米。市城建局于×月×日以市城建字[19××] 71号批文同意该项工程。同年在拓宽场地过程中，需要拆迁租住户张××一户约18平方米的住房，但张××提出的要求过于苛刻。几经协商，不能解决。答辩人不得已于×年×月×日投诉于××市××区人民法院。××市××区人民法院于×年×月以[19××]民字第19号判决书判处张××必须于×年3月底前搬离该屋，并由市房地产开发总公司提供不少于原居住面积的房屋租给张××居住，但张××仍无理取闹。据此，答辩人认为张××的上诉理由是不能成立的。

一、张××说我们拓宽新建丝绸百货大楼前面的场地是未经批准的。这是没有根据的。一审法庭曾审查过房地产开发总公司要求拓宽新建丝绸百货大楼前面场地的报告和市城建局城建字[19××] 71号的批文，并当庭概述了房地产开发总公司的报告内容，还全文宣读了市城建局的批文。这些均有案可查。张××不能因为要求查阅市城建局的批文，未获准许，而否认拓宽工程的合法性。

二、张××说我们未征得她本人同意，与房主×××订立房屋拆迁协议是非法的。这更无道理。张××租住此屋，只有租住权，并无房屋所有权。所有权理当归属房主×××。我们拓宽场地，拆毁有碍交通和营业的房屋，理当找产权人处理，张××无权干涉和过问。

应当指出，对于张××搬迁房屋一事，我们已作了很大的让步和照顾。我们答应她在搬迁房屋时提供离现居住房屋500米的××新建宿舍大楼底层朝南房间一间，计20平方米，租给她居住。而张××还纠缠不清，漫天要价。扬言不达目的，决不搬迁。

综上所述，答辩人认为××市××区人民法院的原判决是正确的，合法而又合情合理，应予维持。

此致

××市中级人民法院

答辩人：××市××房地产开发总公司
代表　何××
×年×月×日

简析：这份民事答辩状是被上诉人的答辩，所以属被上诉答辩状。状文先说明拓宽新建丝绸百货大楼前面的场地是经市城建规划局批准的；再陈述上诉人不服判决，提出的上诉理由是站不住脚的。这就为下面的答辩奠定了基础。理由部分，将上诉状的无理和歪曲事实的主要方面扼要地叙述出来；然后提出根据，列条论证，讲明道理，驳斥上诉人的无理要求；最后用“综上所述，……”提出答辩请求，即要求二审法院维持原判。

总之，这份答辩状针对性强，目的明确，表述清晰，文字简洁，格式正确，可供借鉴。

【例文2】

行政答辩状

答辩人：广西××市公安局。

地　址：××市××路×号。

法定代表人：×××，局长，电话：××××××××。

被答辩人李××诉答辩人行政赔偿纠纷一案，现答辩如下：

一、被答辩人所述与事实不符

被答辩人称梁××身体健康，没有吸毒，这与事实不符。经我局委托法医×××对被害人梁××所作病理鉴定表明梁××是吸毒人员，对其采取强制措施是合法的。

二、梁××的死亡并非我局行政行为所致

戒毒所属我局二级单位，其聘用的临时工张××等人不属我局正式在编人员，我局没有授予他们任何职权。张××等人将梁××殴打致死的行为完全是其个人犯罪行为，梁××致死造成的损失应以刑事附带民事诉讼由张××等人负责赔偿，原告要求我局承担赔偿责任于法无据。

综上，答辩人认为不应当承担赔偿责任，故请求法院驳回原告诉讼请求。

此致

××市中级人民法院

答辩人：广西××市公安局

×年×月×日

附件：1. 本答辩状副本1份

2. 法医×××出具的被害人梁××病理鉴定报告1份

思考与练习

一、填空题

1. 答辩状是______、行政案件被告人或被上诉人，针对起诉和上诉的______和________、请求，进行回答或辩解所用的一种文书。

2. 答辩状按性质划分可分为______答辩状、______答辩状和______答辩状。

二、判断题（正确的画对号，错误的画错号）

1. 答辩状是与起诉状或上诉状相对应的文书。(　　)

2. 答辩是应诉行为，是法律赋予被告人和被上诉人的诉讼权利。(　　)

三、简答题

1. 什么是答辩状？

2. 答辩状的主要作用是什么？

3. 答辩状应从哪些方面阐明答辩理由？

四、应用文写作

依据下面材料写一份诉讼文书。

原告：某甲

被告：某乙

甲与乙签订了一份借款协议，约定甲借给乙1万元人民币，借期一年，还款时以一年后1万斤优质大米的价款作为还款数额（借款时每斤优质大米的价格是0.9元人民币）。到期后，因大米价格猛涨（每斤1.7元人民币），乙不同意按原约定的数额还款，只同意还1万元。甲坚持要依约履行，双方产生争执，甲向法院起诉要求乙按协议约定承担还款义务。

请你代乙拟一份民事答辩状。受理人民法院名称、当事人姓名、住址等有关情况，以及答辩状递交日期等必要内容自拟。

参考文献

[1] 施云燕．应用文写作基础［M］．北京：原子能出版社，2009.
[2] 文渊．最新现代应用文写作技巧与标准范例［M］．北京：蓝天出版社，2005.
[3] 陈子典．应用公文写作［M］．广州：暨南大学出版社，2005.
[4] 申荣季．应用写作［M］．北京：中国商业出版社，1997.
[5] 孙宝水．应用写作［M］．北京：高等教育出版社，1995.
[6] 周冠生．应用文写作［M］．北京：机械工业出版社，2008.
[7] 张俊，付文杰，蒋意春．应用文写作［M］．北京：北京理工大学出版社，2009.
[8] 张中伟，白波．应用文写作［M］．北京：北京理工大学出版社，2008.
[9] 徐艳．应用文写作［M］．北京：北京理工大学出版社，2007.
[10] 赵兵战．实用文体写作［M］．北京：北京理工大学出版社，2009.
[11] 黄泽才．新编应用写作［M］．北京：北京理工大学出版社，2007.
[12] 庄宗荣．文学鉴赏与应用写作［M］．北京：北京理工大学出版社，2006.
[13] 杨慧人．应用文写作与实训［M］．北京：北京理工大学出版社，2009.
[14] 宦平．语文［M］．北京：中国劳动社会保障出版社，2003.

机械工业出版社

教师服务信息表

尊敬的老师：

您好！感谢您多年来对机械工业出版社的支持与厚爱！为了进一步提高我社教材的出版质量，更好地为职业教育的发展服务，欢迎您对我社的教材多提宝贵意见和建议。另外，如果您在教学中选用了《应用文写作》（樊秀芳　佟伟　主编）一书，我们将为您免费提供与本书配套的电子课件。

一、基本信息

姓名：__________ 性别：__________ 职称：__________ 职务：__________

学校：______________________________ 系部：__________

地址：______________________________ 邮编：__________

任教课程：__________ 电话：__________（O）手机：__________

电子邮件：__________ qq：__________ msn：__________

二、您对本书的意见及建议

（欢迎您指出本书的疏误之处）

三、您近期的著书计划

请与我们联系：

100037　机械工业出版社·技能教育分社　马晋　收

Tel：010-88379079

Fax：010-68329397

E-mail：major86@163.com